奇蹟課程釋義

正文 行旅

Journey through the Text of A Course in Miracles

第二冊（第五章～第八章）

肯尼斯・霍布尼克博士（Kenneth Wapnick, Ph.D.）◎著

若　水◎譯

奇蹟課程基金會授權出版

目　次

第五章

療癒與圓滿

導　言

從貝多芬的大賦格談小我與聖靈

我們在前面說過，《奇蹟課程》第四章正式將小我推上檯面，到了第五章，聖靈才隆重登場；可以說，這是《奇蹟課程》首次長篇細述聖靈的角色。

在討論聖靈的角色以及祂臨在心靈的意義之前，我要再次回到「前奏曲」提過的貝多芬和他的《大賦格》（*Grosse Fuge*）四重奏。遙想當年，在我開始埋首研讀《奇蹟課程》、沉思人心內小我和聖靈的戰場之際，浮現腦海的正是貝多芬這首《大賦格》。貝多芬的作品一般分成前期、中期、晚期三個階段，備受推崇的名曲大都屬於中期，包括第三、第五和第七交響曲，第九交響曲是他中晚期之間的巔峰之作，晚期作品則以鋼琴奏鳴曲及弦樂四重奏為主。在我心目中，貝多芬的弦樂四重奏可說是音樂史上前無古人後無來者之作。各位可能還記得我說過，《大賦格》乃是貝多芬人生最後階段的創作，它原是貝多芬為《第13號弦樂四重奏》所作的最後一個樂章。

要了解《大賦格》，必須先說明這個所謂的「賦格」（Fugue），簡單地說，它是同一樂曲裡，先後推出兩三個主旋律，而且不斷翻新，乃至變化無窮。這種特質恰恰是小我的拿手本領，「無明法則」就是這麼形成的。相對於「賦格」，《大賦格》這首樂曲更猶如千軍萬馬，力道之強，幾乎無法演奏，更別提一般聽眾的欣賞了。整首曲子不到二十分鐘，聽起來卻令人感到永無盡頭似的。有一次，我躺在客廳的地板上欣賞貝多芬最後幾首四重奏，播放至《大賦格》時，突然感到整個房間天旋地轉，書架上的書本好似飛落到我身上，我簡直失魂落魄了。幸好，在樂曲一開始曾經曇花一現的柔美旋律及時出現，當下解救了我。這種感受近似許多人都曾經歷過的恩典經驗，而我從那柔美優雅的旋律中領受到了聖靈以及祂的寬恕（當然，貝多芬絕不會這麼說的）。然而好景不長，很快又冒出另外一段失序混亂、令人震耳欲聾的音樂，把聽眾打入地獄一般。所幸，那個天恩一般的旋律也不時會流淌出來，慢慢的，馴服了無明的喧囂。經過陣陣跌宕起伏，柔美的旋律才逐漸穩住，成為賦格的一部分。整個過程像極了小我和聖靈的來回交鋒，相互追逐，但最終小我的旋律必會逐漸轉為神聖的凱旋之音的。

我在「前奏曲」也提過，繼《大賦格》之後，貝多芬又創作了《第14號四重奏》第一樂章，仍是一首賦格曲。我敢說，人間最能夠呈現上主平安的音樂，莫過於這首曲子了。如果把這些四重奏串連為一個整體來欣賞，我們不難領悟出，若非經歷一場小我的混戰，是很難體驗天堂的平安的。話說回來，若無聖靈的溫柔指引，我們也難以安然度過小我的驚濤駭浪。也就是說，一旦邁入奇蹟的實修之路，我們如果不是只用頭腦去研究這部課程，而是真心想要活出它的教誨，心中必然會經歷這兩種勢力的交戰的。當然，我們都知道聖靈絕不參戰，但在小我眼中，聖靈卻是它除之而後快的大敵。然而，聖靈的愛終將大獲全勝，一如貝多芬這些曠世傑作所呈現的過程——只要把小我的肅殺之音帶到聖靈愛的歌聲中，它就馴服下來了。

〈正文〉「遺忘的歌曲」那一節曾為我們描述天堂的溫柔天音（T-21.I），詳細的內容，留待後文再來敘說。另外，在〈頌禱〉這個篇章裡也用歌聲來象徵天父和聖子之間的相互唱和（S-1.in.），生動地呈現出上主的平安以及天父和聖子的一體境界，可以說，沒有比這樣的歌聲更貼切的象徵了；至於聖靈，正代表著這首歌曲留在正念之心的那個記憶。上述這番解說，用意就是要我們意識到，這首歌的記憶不僅存留在每個人的心內，還一刻不停地吟唱著甜美的旋律。不幸的是，在充滿仇恨、敵意以及恐怖的現實生活中，愛的天樂經常被淹沒在小我刺耳的叫囂中。縱然如此，那首愛之歌仍會長駐於我們心裡——這就是救贖原則的真諦。的確如此，聖靈始終臨在我們心中正是「分裂不曾發生過」的鐵證，即使我們千方百計地掩藏祂，也不可能把祂的愛忘得一乾二淨的。縱然活在充滿罪咎仇恨的小我亂世，人心內永遠都有幾個音符暗暗敲打著我們的心，提醒我們：「重新選擇吧！」

《奇蹟課程》的遣詞用字

在探討什麼是聖靈愛的臨在之前，我要再解釋一下《奇蹟課程》的用詞問題。關於這一點，各位應該還記得我不只在「前奏曲」提過，進入〈正文〉後也不斷提醒大家，千萬不要拘泥於文字表面的意思（即形式層次），而應領會內涵層次所要傳達的真理。要知道，〈正文〉並非理科教科書，而毋寧說是一部文學作品，因此不能過於咬文嚼字，硬把象徵性的說法當真。就以莎士比亞的《奧賽羅》（*Othello*）為例，劇中主角進入妻子苔絲狄蒙娜（Desdemona）的臥房時說：「把燈關了，然後，把燈關了吧……」為什麼他要重複兩遍？前一句是指奧賽羅關了妻子臥房的燈，後一句則暗指他殺妻的意圖。同樣的，《奇蹟課程》也充滿了這類象徵語法，因而切莫拘泥於表面文意。比如耶穌說上主感到孤單與不圓滿（T-4.VII.6:4,7），甚至會為祂兒女的「犧牲」而哭泣（T-5.VII.4:5）；毋庸贅言，上主既不可能孤單或哭泣，更不會感到不圓滿。這些文字只是用我們所能懂的**形式**來傳遞聖愛的**內涵**而已。試想一下，還在幼兒階段的我們，如果知道即便自己不在父母身邊，他們仍會想念我們或感到孤單，還可能為我們所受的苦而哭泣，我們心裡就會比較踏實一點。當然，這只是耶穌安撫我們的貼心話，不可過於當真。同理，把上主形容成某種人物的說法也不能當真。畢竟，生命的源頭不是一個人，祂沒有身體，更無性別之分。換言之，上主不是一位與我們不同的另一種生命實體，只因我們認為自己是個與眾不同的生命，耶穌才用我們慣用的思維幫我們開竅。

《奇蹟課程》多處談到聖靈時確實像在說一個人似的，還賦予了男性代名詞，稱之為老師、中介、嚮導、詮釋者、翻譯者、撫慰者等等，無一不是人稱名詞。如今我們已經明白了，把祂**當成**一個人，甚至一位聖者，純屬象徵說法，用意所在，只是為了幫助我們跟臨在於心靈內的神聖之愛拉近距離。缺少了這一層認知，我們很容易掉進擬人化的陷阱，把人性的特質投射到某人或某物上。打個比方，當車子拋錨時，我們會忍不住大聲咒罵它，把車子當成一個存心找自己麻煩的人；相同的，我們面對上主以及聖靈時也經常產生類似的心態。

那麼，什麼才是對聖靈的正確認知？確切而言，祂不過是那一念或那個記憶的一個象徵而已。自從我們深信自己和上主分裂就陷入了昏睡，而且還具體投射出一個分裂的夢境；但在同時，我們原是上主之子的那個記憶始終存在於作夢的心靈內。簡單地說，那個記憶就是聖靈。我們會在這一章看到，耶穌一邊借用擬人手法來描繪聖靈，一邊卻不時澄清，聖靈其實僅僅是一個觀念或一個念頭罷了。接近〈詞彙解析〉的結尾，耶穌仍不忘再次提醒我們，那好似存在心靈內的神聖天音或人物，只是聖靈的「形式」，仍屬幻相之列。但無可諱言的，祂是人間最有用的幻相了。只要我們還自視為一個人，而且想要和心內的聖靈思想體系建立關係，那麼，代表這套思想的，最好也是一個人。為此，千萬要記住，不可把這些象徵過於當真，唯有隨時警覺，才不會陷入「形式與內涵」、「身體與心靈」的層次混淆。更何況，聖靈的任務就是化解小我的妄造，這表示我們確實需要把祂想成一位能和小我勢均力敵的人物，否則，我們還真不知該如何與祂互動才好。既然人類至今仍認定自己是活在身體內的個體生命，祂自然只能因勢利導，從這一層次來教導我們。

光是活在這個充滿芸芸眾生的世界，便不難想像，我們的問題大都是發生於人際關係，故聖靈也只能藉著人際關係療癒我們。但究竟說來，連人都不存在，還有什麼關係有待療癒的？它們純粹是我們的心念投射出來的幻影而已。問題是，我們已經堅信自己就是這具身體，而且還跟其他身體有著剪不斷理還亂的關係，這意味著我們需要在這些關係中具體感到聖靈的療癒才行。終究而言，療癒只可能發生於心靈內。更嚴格地說，療癒人間關係的，不是聖靈，而是**我們**；因為當初選擇拒絕聖靈的，也正是我們。這個錯誤的選擇成了人間所有疾苦的起因，但一經修正，療癒之源便開啟了。由是可知，聖靈其實什麼也沒做，祂只是代表聖愛之念，始終臨在我們心中，默默地「呼喚」我們，放下小我，選擇祂吧！

請記住，聖靈只會借用小我妄造的一切，重新加以詮釋而已，祂不是「超越」過去！正如貝多芬的《大賦格》裡面那些美如天恩的旋律，最後並沒有成為整首樂曲結尾的主旋律，而只是轉化了小我的憤怒之音罷了。耶穌還會在後文為我們逐步解釋，聖靈是怎麼轉化特殊關係的（T-17.IV.2:3; T-18.II.6~7）。只因我們把人類的形象套在上主、基督、聖靈和耶穌的頭上，《奇蹟課程》才借用這些有形象徵，賦予它們全新的內涵，如此而已。

舉例來說，耶穌在本章第六節，就重新詮釋了《聖經》裡幾個令人反感的說法（T-5.VI.5~9）。他當初的用意，只是藉之教導海倫與比爾如何重新詮釋自己難以啟齒的事，為他們的錯誤洗脫罪名而已。在此順便提一下，耶穌所賦予的新意未必代表《聖經》的原意，他的範例只是用來教導海倫和比爾看到「同一形式可能傳達極其不同的內涵」：特殊關係原來是要鞏固罪咎的，但仍有可能轉變成化解罪咎的工具；人間的愛恨未必只為小我冷酷的死亡體系撐腰，它們同樣可以轉化為天堂永恆生命在人間的倒影。

總而言之，當我們閱讀到《奇蹟課程》對聖靈的種種描述時，請務必牢牢記住，切莫被文字表面蒙蔽，而應著眼於那些比擬或稱謂背後的深意，它們的內涵好似正念的仙樂在心內迴響，不只讓我們憶起天堂之愛，還會溫柔地引領我們回歸愛的天鄉。

聖 靈

下面這段話優美地敘述了聖靈的運作方式：

(II.7:1) **聖靈的天音，不是命令，因為它不會如此傲慢或強勢。**

言下之意，凡是好發指令、喜歡操控的，必然是傲慢之人，只因他等於是在推翻上主對聖子的看法。如此一來，分裂顯得更加真實，「你我大不同」的信念也愈發天經地義，於是大吃小、強欺弱的局面就勢所難免了。

(II.7:2) **它也絕不強求，因為它沒有控制你的企圖。**

聖靈的天音從不命令我們做什麼，因為祂深曉世間沒有什麼可做之事，也沒有一事值得管控，連救贖的真理也只會靜靜等著心靈主動接受而已。

(II.7:3) **它更無意征服你，因為它從無攻擊之意。**

愛，無意征服任何人，因為它的一體本質是不可能與自己交戰的。這種事只可能發生在夢中；既然是夢，醒來便無事了，何需療癒？何來征服？

(II.7:4~5) **它只是在旁提醒。是它所提醒的訊息本身讓你不得不信服。**

上主的天音令我們想起那首天堂之歌，明白上主的愛始終與我們同在；而唯有回到正念之心，方能選擇此愛。既然愛就在身邊，那麼只需記得它在也就成了。至於如何才能使我們憶起上主和祂的聖子——就是練習寬恕，在弟兄身上看到基督的聖容。

(II.7:6) **它為你的心靈指出另一條路，即使在你庸人自擾之際，它始終保持寧靜。**

這正是貝多芬的《大賦格》所傳達的訊息。在驚濤駭浪的世間，人心內始終藏有一段寧靜的記憶或旋律，悄悄提醒我們：「我的弟兄，重新選擇吧！」（T-31.VIII.3:2）即使陷於恐懼、憤怒或絕望之際，臨在人心內的慈愛真理仍然一刻不止地呼喚我們回歸；不管我們陷在何種情緒當中，它依舊殷切地叮嚀我們：「你能夠作出不同選擇的！」

(II.7:7~8) **上主的天音總是如此寧靜，因為它傳達的是和平的訊息。和平比戰爭更有力量，因為它有療癒能力。**

請注意，耶穌並不是說聖靈會為我們找停車位、治癒癌症，或為世界帶來和平。聖靈寧靜的臨在，純然是為了幫助我們憶起自己存心遺忘的事，祂的聖愛鼓舞著我們作出另一選擇，走上另外一條路，選擇平安之念取代人間的戰爭。這一觀念，其實就是我們反覆重述的那個主題曲：問題的癥結不在於分裂的小小瘋狂一念，而是我們忘了對那荒謬無比的想法一笑置之，才把它當成嚴重無比的問題（T-27.VIII.6:2）。回到本書所附的「奇蹟課程思想體系圖」，在橫線下方左邊的「小我」那個方框裡，所呈現的正是把這錯誤當真的悲慘後果；而右邊的「聖靈」那個方框，則為我們顯示聖靈的修正結局——我們只需針對那不可能發生的癡人夢境輕輕一笑，便沒事了。

縱然面臨看似極其嚴重的問題，不論發生在自己或他人身上，或世間任何一個角落，我們心內那寧靜溫柔的臨在，依舊會微笑著提醒我們：「你能換個眼光去看的。」祂會在我們心中潛移默化，幫助我們看穿小我的底細，而非把小我除之而後快。聖潔的愛一出現，我們便會憶起自己的真實身分：我們是上主之子，是祂所創造的神聖自性，而且與祂共享同一生命。接下來，請看這一段：

(III.7; 8:2~4) **聖靈是溝通小我的詮釋與靈性的真知的中介。祂有解讀象徵的能力，使祂得以用小我的語言來應付小我的信念。祂又有超越象徵而直觀永恆的能力，不僅了解上主的天律，而且成了它的發言人。因此，祂確有重新詮釋小我之妄造的能耐，祂靠的是了解，而非消滅的手法。了解等於光明，而光明導向真知。聖靈存在光明之中，因為祂在你內，你就是光明；只是你自己還不知道這一真相而已。因此，聖靈的任務便是代替上主重新為你詮釋真相。……而聖子奧體的正位就是上**

主本身。這是你的生命，你的永恆，也是你的自性。聖靈耳提面命的不外乎這一真相。

如實了解聖靈或耶穌只是引領我們邁向真理的象徵性人物，是我們這一生至為重要的課題。這個觀點反映出《奇蹟課程》的特質，凸顯了它如何將「一體不二的形上學」（也就是上主的永恆天律及真知境界）和「如何在象徵性的知見世界裡活出不一樣的人生」這兩個層面銜接得天衣無縫。〈正文〉隨後還會如交響樂一般，逐步推出「聖靈如何借用人際關係的課題教導我們明白寬恕的道理」，以及「祂如何把現實人生轉化為學習的課堂，引導我們回歸天堂，恢復了我們的自性」。由此可知，聖靈最大的任務就是利用我們打造出來的世界，改變它原有的目的，教導我們看清此地不是我們的家鄉。這個核心觀念在〈正文〉中首次出現於此。我們繼續讀下去：

(III.11:1) **小我按照自己的認知方式營造它的世界，聖靈則知道如何重新詮釋小我妄造的一切，世界在祂眼中，都成了領你回家的教學工具。**

小我的世界乃是為分裂與特殊性而打造的家園，那是「饑渴交迫，奄奄一息」之地（W-PII.十三.5:1）。這一說法並非暗示世界可能是真實的，它只是重申世界是為了打擊上主才造出的（W-PII.三.2:1）。故唯有真心向聖靈求助，祂才能指引迷津，幫助我們看清世界存在的另一目的，從而作出另一選擇，也就是把世界當作我們反照出心靈決定的一個工具。如此，我們的攻擊念頭以及罪咎後果，方有機會在聖靈的寬恕功課中逐漸化解，一步一步走出自己打造的地獄，邁向上主為聖子創造的天堂——這就是奇蹟。

(III.11:2~5) **聖靈必須懂得時間觀念，才能重新詮釋時間，而領你超越時間的領域。由於祂的服務對象乃是活在二元對立下的心靈，因此祂必須藉助相對事物來進行祂的工作。一邊修正一邊學習地虛心受教吧！真理不是你造出來的，它卻有釋放你的能力。**

我們再次看到，聖靈並非要我們否認世界與身體的存在，或否認自己的現實經歷，也不要求我們對人間的仇恨和戰爭故意視而不見，祂只期望我們能夠轉換眼光去看待這一切。我們切莫企圖跳過中間的過程，奢望自己一步登天，只因為我們對愛的恐懼實在太深了。為此，我們才需要一部循序漸進的課程，以及一位最有耐心的明師。這位明師會傳授我們那超乎時空的寬恕眼光，來面對這個受困於時空的世界；不只如此，祂的教學進度還會顧及我們所能承受的範圍，以免激起我們的恐懼。換言之，這個充滿對立和衝突的世界，會逐漸轉化為另一種世界，在那裡，我們能夠看出上主的兒女原是同一聖子。而《奇蹟課程》的宗旨，就是教導我們看破這個分裂與分別及對立的**形式**世界，只著眼於所有分裂之子普遍共有的同一**內涵**。正是這個內涵，反映出完美一體的天堂真相，最終，這一天堂倒影也會慢慢讓位給永恆自性的真相，也就是「合一與一體」

的圓滿境界（T-25.I.7:1）。

(III.11:6) **試著以聖靈的眼光去看，從祂的角度去了解吧！**

所謂「以聖靈的眼光去看」，就是看清世界僅僅是心念的投影。耶穌教導我們從眼之所見，轉向當初作出這種選擇的心靈那兒。我們會不斷在〈正文〉讀到這種轉化知見的過程——如何把眼光由世界拉回心裡，或者說，由有形的攻擊轉向內在的罪咎，再轉向聖靈的寬恕。

(III.11:7~9) **祂的了解會勾起你對我的記憶，而喚醒你對上主的記憶。聖靈是你的一部分，且與上主永遠密切地交流著。祂是你救恩的嚮導，因為祂不只掌握著你過去與未來的一切記憶，還會將它們帶回當下這一刻。**

在本章後面，耶穌才開始詳盡解說小我是怎麼利用罪咎而妄造出時間的。這個觀念會在整首奇蹟交響曲中反覆出現，耶穌在此只是點到為止。他教導我們把罪孽深重的過去和忐忑不安的未來帶入聖靈的臨在，小我整套思想體系便會在這神聖的一刻頓時瓦解。順帶一提，「你對我的記憶」影射了福音裡的經文，以及天主教在彌撒中舉行聖體聖事來紀念耶穌的儀式。儀式中，神父先祝聖餅和酒，透過朗誦經文，把餅酒質變為耶穌的「體和血」，象徵他「親自臨在」人間，隨之，信徒以領受被祝聖的餅酒之方式來與耶穌合而為一。顯然的，這種宗教儀式含有古代牲祭儀式的寓意。

(III.11:10) 祂在你心中溫柔地為你守住這份喜悅；祂對你只有一個要求，就是因祂之名去與人分享，使它不斷增長，你內心這份靈性喜悅也會隨之源源不絕。

我們在第四章已經討論過，寬恕的基本要素即是能和所有人共享同一的愛，也就是把眼光由「個別利益」轉為「共同福祉」之意。耶穌巧妙利用我們渴望幸福的私心來誘導我們：只要發出正念思維，從一己之心推恩到眾生之心，喜悅必會日益增長。反之，若將任何一人排斥於外，分裂之念必會趁機坐大，令我們感到罪孽深重，活得了無生趣，因為罪咎原本就是為了抵制天堂生生不息的喜悅而打造出來的防禦機制。

在繼續第三節的討論之前，我想稍為解說第一節的兩個重要觀點：

(I.1:14) 世界只是一種觀念

(I.2:4) 世上每一物都只是一個觀念

我要提一下叔本華（Arthur Schopenhauer），一位十九世紀備受尊崇的德國哲學家，他在代表作《意志與表象的世界》（*The World As Will and Idea*）中便已說過：「世界不是一個地方或某個實體存在，它毫不真實。」耶穌在此也提出同樣的概念：「世界只是一種觀念。」不僅世界或自我，連聖靈或上主都只是一個觀念或想法而已；它們只存在人心內或天心之中，心外別無一物存在。這個教誨非常重要，它能防止我們掉入把聖靈或耶穌當成某種人物的陷阱。雖然聖靈和耶穌同為象徵，我們會感覺聖靈的象徵比較抽象，而對於活在心內的耶穌象徵，多半會感到親切一點，彷彿可以直接跟他說話似的。儘管如此，各位仍應記住，耶穌不過代表了正念之心所作的那個選擇，就是放棄小我分裂之念而選擇救贖的那個決定。他那一念能將我們領回自性，回到我們不曾離開過的終極源頭——上主那兒——就是這位上主按照自己的完美肖像創造出聖子的完美生命。

(III.2:1~2) **聖靈即是療癒之念。就在你想到之際，這一念便會因著你的分享而茁壯。**

耶穌再次點醒我們，觀念必須給出去才會壯大。任何一事，不論是真是假，我們多說幾回，就會愈加相信它。每當我們給出愈多的愛，毋寧說是讓更多的愛透過我們而傳播出去，因之，我們便會更深切地認同自己確實是愛中創造出來的生命。同理，我們愈想消除心裡的內疚而不惜投射到他人身上，並且加以攻擊，我們必在內疚中愈陷愈深。這正是觀念層面的運作法則，不論是愛之念或咎之念，我們只會愈給愈多；而物質世界的運作法則卻是另一回事，你若給人某樣東西，自己就少了那樣東西。上面這段引言再次重申「把世間萬物視為一個觀念或一個想法」是何等的重要，也因此，切莫把眼光滯留在有形之物上。

(III.2:3~6) **它是人心對上主的渴望，故也算是與上主相關之**

念。而你又是上主的一部分，故它既成了你自己的一念，也是上主整個造化的一念。聖靈之念具有人間所有觀念的通性，因為它既是宇宙的一部分，自然得按照宇宙的法則來運作。觀念是愈給愈強的。

我們隨後討論到寬恕時，還會繼續發揮本段引言的深意。它再次叮嚀我們，眼光別再盯在聖靈的人格特質上，指望祂應允我們的祈禱或解決我們的困難，干預我們的生活。其實，祂只是存留在心靈的一念罷了。《奇蹟課程》在他處還把聖靈比喻為小我之外的「另一種神聖的選擇」（M-5.III.2:6）。既然選擇聖靈或耶穌為師的目的乃是修正自己的思想體系，跟著他們從頭學起，《奇蹟課程》自然得提供一套體系完備的教材，故而有了〈正文〉、〈練習手冊〉和〈教師指南〉這三部書。究竟說來，《奇蹟課程》是一套「**解除舊學**」（unlearn）的課程，因為我們最需要的就是先解除自己從小我學來的那一套，尤其是關於上主、自己和世界的觀念，並且開始學習分辨真相與幻相之分，小我之子和上主之子之別。

至此，我們總算知道該如何與聖靈認同或互動了，緊接著，我們會切入兩個極其重要的主題：救贖原則以及小我對救贖的恐懼。我在第四章便已強調過這兩個主題的重要性，它們可說是〈正文〉反覆出現的主旋律，只是每次切入的角度與表達形式會隨機變化而已。

救贖原則

下面的引言，用「法庭」的意象來比擬救贖原則，描繪得十分簡潔有力：小我把我們的罪咎及恐懼提告到「上主的最高法院」，但不論小我的控訴多麼狠毒，那位大法官只會做出「罪狀不成立」的宣判。

(VI.10:6) **不論你怎麼控訴或誣告，只騙得了人間笨蛋，絕對騙不了上主的。**

小我的罪、咎、懼以及死亡懲罰那套神話，確實很難令人質疑，再加上註定一死的身體為之作證，難怪在小我的封閉體系內幾乎沒有反駁的餘地。但它一碰到那立於夢境之外的真理實相，立刻就潰不成軍了。那一真相絲毫不受小我知見所編的謊言影響，而聖靈則代表了真知境界對我們的溫柔提醒。

(I.4:10~11) **真知一向是無遠弗屆的，而且絕不會與任何一物為敵。縱然你永遠不可能失去它，你卻能夠阻撓它的來臨。**

「真知」，在《課程》的思想體系內和「天堂」是同義詞；在夢境裡，我們確實有否定真知的自由意志，但對真知之境產生不了絲毫影響。同理，我們也有否定聖靈臨在人心內的自由，但這並不意味祂會就此銷聲匿跡。老是怨天尤人的我們，不斷以小我的刺耳噪音淹沒聖靈的美妙旋律，然而，天堂的旋律始終臨在我們心內。這正是我聆聽貝多芬《大賦格》時的體會：一開場就出現的仙樂一般的旋律，即使中途被擱置了好一陣子，卻仍深深烙印在我們的記憶中。曾幾何時，我們都聽過天堂那首聖愛之歌，它一直耐心地等候我們回到正念之心，再度選擇它。天堂之歌絕不會消失，唯有在我們神智不清而決心遺忘之際，它才會由我們的意識中隱退。

(II.1:5) **那個心志一直存於你內，因為那是上主親自置於你心中的；你能任它沉睡不醒，卻無法使它滅跡。**

我們的心志乃是上主旨意的延伸，而我們的生命真相即是基督，或說是靈性；我們可以選擇將它埋藏在心底，卻無法將它「滅跡」。在心靈層次，我們始終結合於上主的唯一旨意內，因聖子乃是祂按照自己的肖像而造出的生命。

(II.7:13~14) **你不可能真正失落**〔我們的靈魂〕**，只是渾然不覺它的存在而已。因此，在你作出正確選擇之前，它對你而言確實是「失落」了。**

「靈魂」在這句話中應視為「靈性」的同義詞。「失落」一詞加上引號，表示我們不可能真的失落靈魂，只是不知從何尋回它而已，因為早已失心的我們總是朝著它所不在之處尋找。幸運的是，不論我們的知見錯得多麼離譜，愛始終寸步不離；即使在我們氣得咬牙切齒或苦到不堪言表之際，那個愛依然溫柔地在我們心中吟唱著。

(II.8:3) **祂是你與上主之間僅餘的交流管道；你能夠切斷天人交流，卻銷毀不了這一管道。**

是的，我們確實能夠充耳不聞聖靈之音，決心與小我及世界認同，從而切斷了天人的交流，但我們銷毀不了聖靈的臨在，這豈不是「分裂不曾發生過」這一救贖原則的最佳佐證——上主之外沒有一物改變得了上主的愛。換句話說，源自於恐懼的小我思想體系，充其量只能算是愛的假想敵，絲毫改變不了救贖的真相：

(IV.1:1,4~10) **恐懼存心隱藏之物，其實依舊盤據於你心中。……你沒有摧毀真理的能力，但接受真理卻是你能力所及之事。真理非你莫屬，它是你與上主的共同創造，因為你是上主延伸出來的生命。真理非你莫屬，因為它是你的一部分，一如上主創造了你而使你成為祂的一部分。凡是美好之物，不會失落，只因它出自那為上主造化發言的聖靈。凡是不美好的，絕非出自創造，你想要保護它也保護不了的。只有救贖才能保障天國的安全，聖子奧體的一體本質乃是它的護身符。只要聖子奧體結合起來，小我便難以與天國抗衡。**

小我的謊言傷害不了我們，我們永遠安全無虞；分裂的噩夢怎麼影響得了上主之子的一體生命！至多，只會令我們意識不到真理的存在，卻撼動不了真理分毫。《奇蹟課程》還這樣形容：「這個真理，聖靈會為我們妥善保管的。」凡與這一真理相反之物皆屬幻境，虛幻不實之物怎麼左右得了實相！再強調一次，不論小我如何虛張聲勢，也戰勝不了極其單純的救贖真相。這一真相就是：以分裂、分化及特殊性為軸心的小我思想體系，永遠改變不了上主的一體造化。

(V.6:12~13) **你自己營造之物，則如白雲蒼狗，變化莫測，因為當你不以上主的模式去想時，你是想不出任何名堂的。出自錯覺的妄想，不能算是真正的想法，不論你如何相信它們。**

這就是聖靈針對小我以及相信小我之輩所作的回應：「任何不可能之事，你有權利相信它，但不表示它就是真的；你的想法根本不足以將它們弄假成真。」這幾句引言對小我可說是一針見血，甚至是當面羞辱。然而，對正念之心而言，沒有比這更令人欣慰的了。因為它等於在說，不論我們心裡起了什麼極度瘋狂而且極具毀滅性的念頭，都無法弄假成真，只因它們全都「出自錯覺的妄想，不能算是真正的想法，不論你如何相信它們」。然而，我們都很清楚自己多麼把這個瘋狂人世當真，而且還堅信不疑。所幸，不論自己相信或幾十多億人全都信了，也無法將瘋狂的人間變得更真實一點，最多只是證明這個世間罹患妄想症的病患高達數十億而已。

(VI.3:1) **……記得，身為天國一份子的你是不可能迷失的。**

但我們一直認定自己失落了天國，經過一番瘋狂投射之後，便開始相信是別人把這寶貝偷走的。事實上，什麼也未曾發生，我們永遠都是上主所創造的模樣。

(VII.1:1~2) **難道你真的相信自己造得出一種淹沒天音的聲音？你真的相信自己發明得出一種能將你與上主隔離的思想體系？**

不幸的是，神智失常的我們確實相信自己幹得出這等事情。幸好，我們製造出來的雜音，只不過「好像」淹沒了上主之聲，以致在那一刻難以聽到天音而已，但不論耽擱多久，天堂的歌聲始終迴盪在我們心中。同樣的道理，我們可能真的認為分裂思想體系乃是天堂完美一體境界的最佳替代品，而且小我許諾的特殊性幾乎可以媲美救贖。然而，真理永遠是真理，絲毫不受這些幻相所動。

雖說如此，我們仍可能相信小我之言，認定那首遺忘的歌曲從此一逝不返、分裂的事實徹底毀了上主的一體生命、世界也已經名正言順地取代了天堂。小我之所以死抓著那套謊言不放，只因它怕死了救贖原則。這種「救贖恐懼症」，我們留待下一節專文討論。

小我對救贖原則的恐懼

(II.3:1~2) **救贖原則與分裂原則的運作是同時啟動的。上主在小我形成的那一刻已把喜悅的召喚置於心靈之內了。**

究竟而言，上主當然不可能幹出這種事，倘若祂真的把喜悅的召喚置於分裂妄心內，作為祂對分裂信念的答覆，豈不表示祂也把人間幻相當真而跟我們一樣神智不清了？幸好，我們的造物主不曾如此，這真是莫大的喜訊。「我什麼都不需要做」(T-18.VII)這一原則也適用於上主。祂無需做什麼,因為什麼也不曾發生,故無需作任何彌補。反之,《聖經》裡頭與小我沆瀣一氣的那種神明必會在人間大顯神通,因為根據「無明法則」(T-23.II.5~6),那種神明是不可能不出手的。

既然如此,為何耶穌卻說上主創造了聖靈,並且將祂置於我們心中?因為只有這麼說我們才聽得懂。小我一向先聲奪人,它不時警告我們:「天堂派遣了一位大將軍(聖靈),率領一群天兵為上主復仇來了,祂誓言要將我們逮捕歸案,斷絕後患。」我們被小我這個神話嚇得趕緊逃離心靈(即上主所在之處),淪為名副其實的「失心瘋」;世界就是這麼形成的。為此,耶穌根據我們所熟悉的這個神話,改寫了其中的象徵意義,告訴我們,上主將聖靈置於我們心中,並非企圖逮捕我們,而是派祂來修正或療癒我們,溫柔地引領我們回家的;祂絕無消滅大逆不道的聖子之意,只是一心想幫助聖子憶起自己仍是永恆一體的聖愛之一部分。總之,耶穌給了小我的故事一個不同的結局罷了,反映出形式與內涵之別,要我們切莫把象徵及象徵之物混為一談了。(T-19.IV.三.11:2)

(II.3:3) **這召喚如此強烈,小我只要一聽到它的聲音,立刻潰不成軍。**

上面這段引言再次點出小我的心頭大患。小我心知肚明,聖子一旦決心聆聽聖靈的天音,它只好銷聲匿跡,回歸虛無。我先前說過,由於小我許諾給我們一個個體生命,而我們又跟它一樣害怕聖靈，自然也害怕聽到祂的天音。至於小我的聖靈，我們一點也不怕，因祂會站在我們這一邊，聯手打擊異教徒、無信仰者和為非作歹之徒。更何況，這位聖靈不只十分看重我這個人，還會幫我應付人間種種的難題。因此才說，我們害怕的，並不是願意在人間跟我們攪和的聖靈或耶穌，我們真正害怕的，其實是上主的天音以及祂的使者，因為祂們所代表的那個「選擇」，就足以瓦解小我整個存在基礎。正因如此，我們必會全力否認聖靈以及祂的救贖，不惜讓自己失心也要保全這個我。從此，我們再也沒有機會憶起心內的抉擇者，自然也沒有機會推翻或修正它當初選擇小我的那個錯誤了。

(II.3:4~5) **為此，你必須在這兩種聲音之間選擇其一。一是你自己造出的聲音，與上主無關。**

說實話，我們一點也不喜歡聽到這個真相，難怪《聖經》裡的神如此廣受歡迎，因為它主張你我不同的個別生命**確實**是上主創造的。《奇蹟課程》的說法恰恰相反：「一是你自己造出的聲音，與上主無關。」只因這個小我之音乃是個體的我得以存活的基礎，它的神又這麼重視我們的存在，自然深受我們愛戴；即使祂最終會毀滅我們，至少表示被毀滅的我們曾經存在過！

(II.3:6) **另一則是上主給你的聲音，祂要你僅僅聽從這一聲音。**

「這一聲音」當然是指聖靈之音，它正是上主為了喚醒分裂夢境的聖子而「給予」的禮物；唯有如此，這位聖子才回歸得了他不曾真正離開過的家園。至於如何聆聽天音，下文馬上就會談到了。

(II.4:3) 你天人永隔的心態便會在祂榮耀的光輝下銷聲匿跡，天國方能突破重圍而再度現前。

「銷聲匿跡」，英文dissociation，意即「解離」，是一種心理機制，它能將相互抵消的兩種念頭或兩套思想體系從中切割，分置兩處，讓雙方都意識不到對方的存在而得以並行不悖。在「奇蹟課程思想體系圖」中，清晰地表達出我們如何讓小我和聖靈「井水不犯河水」，並且把正念埋藏到妄念下面，令自己再也意識不到正念的療癒力量，只會意識到妄心的存在，而且也只看得見妄心投射出來的世界。小我若想大展鴻圖，就絕對不能讓我們意識到聖靈的救贖原則。這就是何以我們會這麼害怕知道聖靈的臨在，因為一旦意識到祂，解離的機制就應聲坍塌了。為此，我們只要讓陰暗的小我思想體系與救贖光明打個照面，它就會知趣而退，那個靠黑暗勢力才能存在的自我也就隨之銷聲匿跡了。

(II.5:3~4) 你若選擇其一，表示你已放棄了另一條路。選擇聖靈等於選擇上主。

這句話一語道出了整個問題的癥結。選擇聖靈等於和小我作對，這無異於和個體之我為敵。難怪我們對聖靈之愛避之猶恐不及，因為小我和聖靈屬於兩套無法並存的思想體系，不僅沒有妥協的餘地，甚至毫無了解對方的可能；也因此，只要選擇其一，我們便意識不到另一的存在了。

(III.6:1~4) **我也反覆強調過，這一層次的心靈是無法了解另一層次之事的。小我與聖靈，時間與永恆之間也是聲息不通，不相為謀的。永恆屬於上主的觀念，故聖靈了解得十分透徹。而時間屬於小我的信念，隸屬小我領域的低層次心靈，也會毫不遲疑地接受。**

這段話只是以另一種方式為我們解說「上主不知道、也不可能知道小我的存在」這一事實真相。時間只可能存在於永恆真理之外，試想，永恆若知道時間，表示它的完美本質便不再圓滿。反之，小我所知道的一切僅僅限於時空的產物，因為整個罪咎懼的妄念思想體系，都只能靠時間運轉下去。

(III.8:6~8) **這種慧見寧靜得讓小我不寒而慄。平安是小我的頭號大敵，因為根據小我對真相的詮釋，戰鬥才是確保它續存之道。小我必須靠奮鬥才能壯大。**

這幾句話為我們說明了人類為何如此好戰（不論在戰場上或運動場內），只因戰鬥最能強化小我，這是人類樂此不疲的真正原因。可還記得，小我就是從「與上主開戰」的那個集體意識中誕生的，這種瘋狂念頭藉著一具一具的個體生命延續萬代。難怪小我怕死了只矚目於「聖子與造物主一體不分」的救贖慧見，對此，它必須奮起自衛，要我們相信，唯有不斷鬥爭下去，自己才有得救的可能。

(III.10:4) **不論小我如何企圖掩飾這一部分〔聖靈的慧見〕，它的威力仍比小我強大得多，只是小我尚未認清這一事實。**

雖說小我並不真懂聖靈是怎麼一回事，冥冥中卻十分害怕這一股比它強大而且與它作對的力量。根據上述引言的原意，這股力量似指正念之心，其實心靈內的抉擇者才是力量之所在，只有它能夠選擇正念而結束小我的統治。一旦作出正確的選擇，等於認同了聖靈的救贖之音，這正是小我最深的隱憂，難怪它會不惜任何代價也要嚴防這種事發生。

(IV.1:11) **只要有人聽從聖靈的召喚而合為一體，小我立刻潰不成軍。**

救贖最偉大的象徵人物耶穌，從不與小我沆瀣一氣，他為我們揭穿了「小我不靠抉擇者的信念也能獨立存在」這一天大謊言。我們的心靈只要決心聆聽真理之音，小我必然化為虛無，此外別無他途。

(IV.2:1~3,7) **不論小我營造出什麼，只能自己獨享，故產生不了力量。它自身的存在也是無法分享的。小我不會死亡，因為它從未真正活過。……我來此不過是幫你打下一個基礎，讓你能憑自己的念頭而獲得徹底的釋放。**

毫無疑問，小我只有打造幻相的本事。既然「觀念離不開它的源頭」，幻相自然也離不開神智失常的心靈，難怪人心總是著眼於萬物的脆弱無能。它什麼也無法與人共享，故它什麼也不是；這一事實成了我們必會得救的基礎。雖說如此，如果心靈自甘賦予世界萬物任何能力，它便能將我們牢牢禁錮於分裂世界的枷鎖裡。但也別忘了，心靈內同樣存有解放我們的正念，這個具有療癒力量的救贖之念還會不斷在心中提醒我們這一事實。

(IV.3:4) **小我能將你放逐於天國之外，讓你有家歸不得；但在天國裡，它一籌莫展。**

只要看看這個觀念在奇蹟交響曲出現的次數，不難體會它在耶穌心目中的重要性。因此，若想了解《奇蹟課程》，就必須深入體會耶穌如此反覆推出「救贖」和「小我對救贖的恐懼」兩個觀念的用心所在，因為我們的人生就是根據這兩個原則架構而成的。這種「對救贖的恐懼」正是促成我們投胎人間的動力，也是我們不惜一死也要保全個體價值的原因，難怪我們常常透過宗教、政治、國家、種族或身體等種種管道，來維繫自己的優越感。反之，上主聖愛如此抽象，從不著眼於我們的具體價值，無怪乎我們避之猶恐不及。這就不難明白，何以我們那麼努力想要學習這部課程，卻始終難以活出它的教誨，原來就是這個恐懼作祟之緣故。但話說回來，我們絕非罪孽深重的邪惡之輩，只是對正念之心所嚮往的真愛恐懼萬分而已；也正因如此，我們才會如此相信**小我**的能力，跟著它逃離心靈，打造出一個世界，藏身於一具具失心的身體內。

(V.4:10~12) **罪在小我的眼中不只是缺乏愛心而已，它是一種具體的侵犯行為。這關乎小我的存亡，故它不能不如此去看。因為你一旦把罪僅僅視為一種缺失，你自然會想辦法彌補或挽救。而你必會如願以償的。**

匱乏感是由罪的信念滋生出來的，若要彌補這種匱乏，只能選擇永遠豐盛的愛。也就是說，必得好好跟耶穌學習寬恕，接受聖靈的救贖。我們說過，只有心靈具有選擇能力，但由於心靈已經選擇了罪充當自己的存在現實，耶穌若想要給我們奇蹟，必須先將我們導回這個心靈，步上「由失心到覺心」的旅程。唯有如此，我們才有機會擺脫小我的分裂罪咎，重新選擇基督的純潔無罪作為自己的真實生命。

(V.4:13) **這對小我而言等於是窮途末日；至於你，你必須學習看出那是你的解脫之途。**

如何終止和小我的認同——這正是《奇蹟課程》的宗旨所在。為此之故，抉擇者的觀念才顯得如此重要。但我們早已跟小我混得如膠似漆了，這部課程才再三提點我們如何和小我保持距離，轉而認同作抉擇的那一部分心靈。對小我而言，上主豐盛的愛代表了詛咒和毀滅；只要是活在匱乏和特殊性的思想體系內之人，一定會害怕真愛和教導真愛的神聖導師以及人間老師。正因如此，我們的焦點必須先從認同已久的小我那兒抽回，轉向具有抉擇能力的我，作夢的夢者才有機會選擇救贖的自由，踏上歸鄉之路。

(V.5:9) **它**〔小我〕**存心篡奪上主在它心目中所有的能力**〔上主既能定罪，也能拯救〕**，因為它明白，只有贏得你全面的投誠，它才能高枕無憂。**

只要我們忘了自己還有一顆心靈，就已經淪為小我的死忠盟友。當我們放棄聖靈而選擇小我時，那個選擇必是全面性的，小我才會這麼害怕我們改變心意。要知道，所有投胎到這個世界而且活成一具失心失憶的身體之人，本身就代表著效忠小我這一選擇。無怪乎我們才剛剛踏出第一步，想要拜耶穌為師，而以他的眼光去看世界之際（也就是著眼於內涵而輕忽形式），小我就開始全力反撲了。它控訴我們的背叛之罪，絕不容許我們對它有二心。它更害怕自己會化為虛無，開始轉身嚴懲其他的罪人，把他們打入邪惡的迫害階層，以凸顯自己與眾不同。

(VII.3:4~6) **小我最後一道求生法門就是將自己放逐於救贖之外。這反映出小我不能不分裂，也反映出你自願加入它的分裂陣容。你自甘如此，表示你還不想獲得療癒。**

可以說，投胎為人的選擇，本身即是在聲明：「我不願療癒！」小我若要存活下去，就絕對不會讓作抉擇的那一部分心靈意識到救贖的存在。在「奇蹟課程思想體系圖」中，用一條虛線將妄念和正念的左右兩個方框隔開。對小我而言，這條虛線堪稱為一道銅牆鐵壁，足以阻隔我們目睹聖靈的神聖光輝、聽見天上美妙的旋律。也因此，這條分界線代表著我們想要繼續分裂的決定。小我最狠毒的一招就是令聖子相信自己真的罪孽深重；因為只要罪咎存在一天，小我就能存活一天。相信自己有罪的信念不只鞏固了分裂與罪咎的思想體系，還逼得聖子為了逃避天譴，竟然決定將這充滿罪咎及恐懼的自己投射成一具具的身體，芸芸眾生就是這麼幻化出來的。

罪　咎

在小我和上主的天人之戰中，罪咎可說是小我的秘密武器，它最擅長阻斷我們作出與上主認同的選擇。第五章在「小我利用罪咎的伎倆」一節，為我們簡介了罪咎的概念，然後暫時擱置，直到第十三章才集中火力全面揭露罪咎的來龍去脈；我們在這一節只會討論小我是如何利用罪咎來鞏固罪的信念。人心的罪咎感等於招認了自己有罪，而且理當為此受罰；也因此，罪與罰的存在無異於證明了分裂小我的存在。

(V.2:8~12) **小我既是分裂的象徵，自然也成了罪咎的象徵。罪咎不僅與上主風馬牛不相及，它其實象徵著人對上主的侵犯。這種觀念荒謬至極，對小我而言卻意義非凡；切莫低估了小我賦予這一信念的力量。所有的罪咎就是由這一信念衍生出來的。**

我們相信與上主分裂的自己犯下了欺天之罪，深埋心底的咎又進一步強化了罪的信念。縱然我們自知這種想法荒謬至極，卻仍堅信不疑，只因我們存心想要活成小我。說穿了，分裂妄心中確實有一部分十分歡迎任何能為分裂和攻擊之體系撐腰的觀念。下文為我們揭開了這個內幕。

(V.3:1~6) **小我代表了心靈內相信分裂的那一部分。與上主決裂的那部分心靈怎麼可能不認為自己侵犯了上主？我們先前所談的主權問題，就是源自「篡奪上主能力」的概念。小我認定你確實幹過那檔子事，因為小我認定它就是你。如果你與小我認同，勢必感到罪孽深重。只要你一與小我沆瀣一氣，不會不充滿內疚而害怕天譴的。**

　　這一段話所描述的，正是我們早已耳熟能詳的「罪咎懼」那個連體嬰，它正是小我思想體系的靈魂。我們先相信自己已對上主發動攻擊，篡奪了造物主的尊位；而我們內在的**咎**又證實了自己確實犯下滔天大**罪**且應受天譴。正是這種期待懲罰的恐**懼**心態，始終在折磨著人類。

(V.3:7~11) **小我其實就是那個充滿恐懼的念頭。縱然「攻擊上主」這觀念對神智清明的心靈顯得荒謬無比，但別忘了，小我已經瘋狂失常了。它代表一種精神錯亂的思想體系，還會挺身為它發言。聽從小我的聲音的人，必然相信自己有攻擊上主的能力，並且相信自己已佔據了上主的某一領地。為此，你不可能不害怕上天的報應，這種罪咎椎心刺骨，使你不能不設法把它投射出去。**

一旦將自己的罪咎投射到他人身上以後，不可能不擔心對方的報復，因而徹底忘了我們在他們身上看到的罪咎其實源自於自己；這麼一來，當然會覺得對方的懲罰簡直罪大惡極。綜觀當前世局，任何發兵侵略他國的國家都會理直氣壯地說：「我當然要轟炸你，是你先犯了不可饒恕的罪！」難怪，從未有過一個國家承認自己才是發動攻擊的元兇。人類就這樣「一報還一報」地來回投射，玩著傷人的罪咎遊戲，但始終沒有人敢承認我們**全是**始作俑者，因為所有的罪都是我們共同犯下的。直截了當說，罪咎的遊戲不外乎：人們先將彼此分化對立，而後把自覺有罪的那一部分投射到對方身上，造成一種錯覺或妄想，接著一口咬定：「全是別人的錯，我無罪！」歷史上曾經發生的種種人際衝突乃至國際戰爭，此刻無一不在上演，而且愈演愈烈，永不消停，因為它們全都出自同一個瘋狂信念。可以確定的，除非我們提升到罪咎與攻擊的戰場之上，決心著眼於純潔無罪的基督自性，不再向罪孽深重的分裂聖子討債，否則，人間的瘋狂永無終止的可能。

(V.5:4~8) **我曾說過，疾病屬於怪力亂神之術〔T-2.IV〕。說得更確切一點，它是藉怪力亂神來解決問題的方案。小我相信它若先下手懲罰自己，上主很可能會放它一馬。連這種想法都透露了小我的傲慢。它先把懲罰的意圖投射到上主身上，然後把這意圖視為自己的特權或招牌。**

耶穌在此直言不諱：生病乃是一種怪力亂神的伎倆，企圖藉此來平息上主的義怒。我們好似傲慢地向上主表態：「不勞祢動手懲罰，我已經自行了斷了，瞧瞧我病得多重，活得多苦，我正在為冒犯祢的罪作補贖呢！」為什麼說是傲慢？試想，我們先自行賦予上主一個憤怒的報復神之角色，然後向祂宣稱：「我們已經懲罰自己了，祢沒有任何發怒或報復的理由。」如此，一舉就徹底**將祂排除於外**。神智不清的我們接著又幻想出一個愚笨的上主，祂竟然忘了懲罰我們而開始憐憫我們的處境。於是，我們設法跟這位上主修復關係，把特殊的恨轉變為特殊的愛，期盼祂能減輕我們存心與祂作對而受的苦。還有比這更傲慢而且瘋狂的想法嗎？這種顛倒妄想不會有任何效果的，因為我們替天嚴懲自己之舉，必會勾起我們最初企圖篡奪造物主地位的記憶。如今只是故技重施，企圖用小我妄造的自我和世界來取代上主創造的基督自性罷了。如此一來，罪咎當然會惡性循環下去，所有的痛苦與不安，更顯得好似全是自己應得的報應。

請看看，這種思維是多麼的「不正常」，因它與上主正常且完美的一體之境截然相反。也只有在這種「非理性」的心態下，才可能產生罪咎。耶穌繼續為我們解釋下去：

(V.7:1~6) **非理性之念必然本末倒置。只有上主能為你的思維清出一條理路，因為你的思維是祂創造出來的。罪咎感的出現，通常是「你不知道真相」的標記。它同時顯示出你相信自己想要並且能夠離開上主而獨立思考的企圖。每一個顛倒之念，從**

一開始就籠罩在罪咎的陰影下，而且得靠罪咎才能繼續運作下去。凡是相信那些想法都是出於自己的指令，為此而不能不言聽計從的人，心中不可能不充滿罪咎。

自從我們選擇與違反理性的小我思維認同，決心捨棄上主完美有序的存在（也就是天父及聖子的一體境界），是不可能不覺得自己罪孽深重的。不僅如此，我們還會情不自禁地在自己和他人身上繼續捕捉罪咎的影子，因為，唯有如此，我們才可能保全那本末倒置的分裂思想體系。

(V.8:1~3) **你孤注一擲於分裂的決定，這是你的罪惡感揮之不去的唯一原因。我們先前提過這一觀念，只是沒有強調這個決定的殺傷力而已。心靈每一個決定都左右了你的行為及經驗。**

心靈自甘選擇罪咎以後，勢必會感到痛苦難當，不能不把這個罪咎投射出去，然後千方百計地掙脫罪咎的陰影及死亡的枷鎖。這種怪力亂神的解決之道實在瘋狂無比，不只甘願為小我的顛倒夢想推波助瀾，最後還要我們的身體承受一切苦果。想要跳出這個可怕的迴力圈，唯有改變心內那個毀滅性的選擇，才有脫離苦海之日。這個觀念在《奇蹟課程》中如此重要，它和下一節的「寬恕」構成了整部書的兩大核心主題。

寬恕的決心

關於小我的神話，已經詳說如上，現在，我再綜結一下重點：小我愈來愈害怕救贖的來臨，使出渾身解數企圖淹沒聖靈輕柔而寧靜的天音，不惜編出一套罪咎懼的故事，令我們感到罪孽深重，使得罪的信念以及天譴的恐懼更加根深柢固。由於這一切都發生在心靈層次，於是我們認定自己若還逗留在心內，遲早會被上主逮到而且定當死罪，這就迫使我們不能不棄「心」而逃，造出這個芸芸眾生的物質世界。這讓我們想起〈練習手冊〉提到的「雙重遮罩機制」（W-136.1~5）：第一重是用小我的罪咎懼故事淹沒聖靈的溫柔歌聲；第二重，再用世界來覆蓋罪咎懼的存在。簡言之，兩重遮罩即是**心靈**的罪咎思想體系，以及罪咎懼所投射出來的**世界**。終有一天，我們會開始意識到還有另一條路可走，明白自己確實是有選擇的。說到這裡，我們便進入了本章另一個關鍵主題：選擇聖靈的寬恕之深意。

(II.3:7~10)**「聖靈在你內」，沒有比這更真切的描述了。祂就是呼喚你回歸自己的本然（也是未來本然）的天音。即使在世上，你是可能做到不聽其他聲音而唯天音是從的。這需要投入極大的精力及學習的願心才行。**

這兒出現了一個很有意思的字眼「極大的願心」，因為耶穌通常都說「小小的願心」（T-18.IV）。其實類似的說法在其他章節也出現過，例如〈教師指南〉提到的「充分的願心」（M-17.8:4）。耶穌在此告訴我們，若要恢復我們「曾經擁有而且終將尋回」的那一覺知，需要投入相當的功夫。讀過《奇蹟課程》的人都知道，這部書並不是讀一遍即可束之高閣的，寬恕的歷程真的是要二六時中全神投入，才克服得了內在的抵制本能。畢竟，我們是不會輕易放棄自己的特殊性的，故需要**極大**的願心才行。

(II.3:11) **這是我在世時所學的最後一課；不論是從學徒角色或聖子身分而言，上主兒女是全然平等的。**

耶穌說，這是他在人間學到的最後一門功課，意味著我們一定也能學會，因為上主只有一位聖子，一個心靈，即使它分化為幾近無限的有形眾生，所有人都仍擁有選擇「天堂或人間，救贖或分裂」的同一能力。

(II.6:1) **聖靈要你記住，同時又要你忘掉。**

始終臨在我們正念之心的聖靈，殷殷呼喚我們忘掉過去所選而且當真了的小我那一套，並且憶起創造我們的上主，也就是我們在妄念體系中相信自己不僅冒犯而且還背棄了的那位造物主。

(II.6:2) **只因你已經選擇要活在一個對立可能存在的**（對立）**世界。**

現在，耶穌又開始玩「對立」一詞的文字遊戲了。無可諱言，人類全都活在對立之境，因為我們認為自己不只和上主交戰，也和所有人交戰；對立的世界就這麼形成了。只要是人，攻擊便是他的本能，而且得靠衝突與對立方能存在，這是原初那場天人交戰的遺害，導致人類至今仍在上演我們與上主的「形上之戰」。在美國就有一個機構，每年都會舉辦美國內戰的歷史模擬劇；其實，我們也在不斷上演類似的歷史劇，人間所有的衝突，不論是人際或種族之間都在重演**無始之始**那場天人之間的內戰。

(II.6:3;V.6:6~8) **從此你便不能不挑來選去了。……聖靈和小我都屬於你的一種決定。兩者構成了心靈可能接受及遵循的所有選項。聖靈與小我是你絕無僅有的兩種選擇。**

兩種選擇，無論選擇小我或是聖靈，完全操之於己。自從我們造出一個相對的世界以後，在這幻境內，選擇能力成了我們唯一的希望。天堂裡當然沒什麼可選的，因為那兒只有唯一上主以及不可分割的一體生命；但在分裂的夢境，我們是有可選擇的，我們可以選擇繼續判斷攻擊而讓自己沉睡下去，也可以練習寬恕，開始覺醒。

(II.6:4) **意志在神聖境界中原是自由的，故具有無限的創造力，選擇在那兒毫無意義。**

請注意，這兒所說的「意志……是自由的」和**自由意志**是兩回事。後者是指活在幻境的我們，在兩種聲音中具有選擇聆聽其一的自由；而前者則是指天堂內的自由，因為天堂內的意志不受任何限制。上主的旨意永遠圓滿地活出自己，並且享有「延伸」及「創造」完美一體生命的自由，在這個境界中已經沒有什麼需要選的了。

(II.6:5) **選擇的自由和創造的自由原是同一力量，但由運用層次而言，它們成了截然不同的兩回事。**

每個心靈都具有這兩種自由，然而，「選擇的自由」屬於分裂妄心的二元世界，它至多只能算是「創造的自由」的畸形變種；「創造的自由」則僅僅存在於上主或基督天心的一體之境。

(II.6:6~9) **心靈分裂之後，才有選擇的必要。聖靈成了其中一個選項而已。上主從未棄祂的兒女於不顧，縱然是他們自己決定要離開天父的。他們放入自己心中的聲音，絕非代表上主旨意發言的聖靈。**

大家可注意到這段話的語氣？耶穌首次說得如此直截了當。表面上，他說我們有聆聽某一聲音的自由，但是，我們若意識不到自己還有心靈，怎麼可能知道自己是有選擇的？即使我們讀到第五章，也許尚未意識到耶穌是針對心靈在講心靈的事，但有一點**非常**清楚，他在談的，正是選擇的能力；然則，若要談選擇的能力，總得先假定有一個能作選擇的心靈才行。

(II.8:1~2,5) **聖靈是在選擇之際為你指引迷津的嚮導。祂代表了**

你常為正確抉擇仗義執言的那一部分心靈，因為祂會代上主發言。……天堂與世界都在你內，因為你心裡同時具備了天堂與世界的召喚。

耶穌開始為我們解析分裂妄心的兩重結構：小我之音與聖靈之音（也可說成世界之音與天堂之音）。除了〈教師指南〉（M-5.II.1:7）有一處另有所指之外，《奇蹟課程》從未明文用過「抉擇者」一詞，但只要從耶穌三番兩次敦促我們作個選擇這一事實來推論，可以確知我們心內必然存在一個能作選擇的主體，這是不言而喻的。簡單地說，能夠在兩種聲音中作一選擇的那一部分心靈，我們稱之為抉擇者。

(II.8:6~7) **上主的天音是由你心靈深處的祭壇向祂發聲的。這類祭壇並非有形之物，它代表著你的效忠。**

祭壇一詞對我們已經不生疏了，雖然如此，耶穌還是特別提醒一句：它絕非有形之物，祭壇不過代表了心靈的抉擇——它決心供奉小我還是聖靈。〈練習手冊〉曾把小我的祭壇形容成鮮血淋漓，而以寬恕的百合來描繪聖靈的祭壇（W-PII.十二.4:2~5:1）。再說一次，我們寧願效忠或信仰哪一種聲音，完全操之於己。

(II.8:8~12) **然而，如今你的忠誠已經投向其他事物了。就是你那三心二意的忠誠，在你內形成了兩種不同的聲音，你必須選擇為哪一座祭壇效力。此刻，你願答覆哪一個召喚，這個決定**

代表了你的評判。這一決定其實單純得很。你究竟重視哪一種聲音，就會作出什麼樣的決定。

耶穌在第四章已經為我們對比了選擇他的種種好處，以及選擇小我而受到的懲罰。到了本章，這位老師又再次叮嚀：選擇聖靈真的比選擇小我要划算太多了，前者能帶給我們無比的幸福，後者則陷我們於痛苦的深淵。問題是，我們連什麼是苦、什麼是樂都分辨不清了（這一點留待第七章再討論），故耶穌教了我們一招：與人互動時，只要著眼於共同福祉，不再追逐個別利益，我們的日子自然好過很多。反之，我們若以判斷或攻擊之念而加深與人的隔閡，日子當然愈來愈難過。只因寬恕必會帶來平安，特殊性則會引發衝突。也為此之故，耶穌才不斷呼喚我們選擇聆聽那給人希望的天音，還要我們牢牢記住：小我之音對真理實相一無所能，因為世間沒有一物戰勝得了上主旨意。

(VII.1) 難道你真的相信自己造得出一種淹沒天音的聲音？你真的相信自己發明得出一種能將你與上主隔離的思想體系？你真的相信自己做得出比祂的旨意更安全又喜悅的計畫？你不必過於在意，但也別毫不在意，你只需將自己的掛慮交託給祂，因為祂會保佑你。你一直在祂的保佑之下，因為祂深愛著你。祂的天音不斷提醒你，因著天佑之故，你的前景光明。但你沒有逃避天佑的餘地，因為這與祂的旨意不符；你只能接受天佑，且善用它無限的天佑之力去照顧祂的一切創造。

既然小我那套理論及許諾明明是睜眼說瞎話，耶穌就在此反問我們：「為何如此冥頑不靈，一味聽信瘋狂而又虛幻的小我，卻充耳不聞清明的真理呼喚？」兩段之後，耶穌又作出同樣的反問，殷切期盼頑石點頭。

(VII.3:1~3) **你明明知道上主的天音就在你內，為什麼還要聽信那些你認為是衝著你而來的叫囂？上主為你遣發了祂的聖靈，要求你也將你的靈遣發給祂。祂必會將它保存於圓滿的平安中，因為你與祂共享同一個心與靈。**

上主之子與生俱來的一體本質，成了我們的護身符，絲毫不被那套神智失常的分裂思想體系撼動分毫。我們的正念之心乃是上主天音安止之處，必然永遠平安無憂。只有神智失常之人才會故意充耳不聞聖靈的呼喚，拒絕從夢中醒來。耶穌諄諄勸誘我們走出小我的瘋狂世界，回到他那健全的奇蹟世界。只有回到那兒，我們方能憶起生命的靈性真相，也就是上主按自己的肖像所創造的聖子。

若想回歸生命之源上主那兒，靠的就是寬恕的決心。「寬恕」這個詞，到了第五章第七節才有了一個定義式的解說，有條不紊地列出寬恕的過程，再度重申我們的「決定」所扮演的重要角色（即使它沒有明言點出「決定」一詞）。由於寬恕並非這一節的重點，故也只能點到為止。《奇蹟課程》這個最重要的主題「寬恕」，此刻還在一步一步地醞釀著，最終會推向交響曲的高峰。現在，我們就來讀一下最後一節的兩段引言：

(VII.5:1) **只要你的喜悅不是全面而徹底的，表示你對上主的某個造化少了一份愛心。**

可以確定的，我們若不快樂或有點不安，只有一個原因，就是我們覺得某人不配得到自己的愛。我們通常認為，自己不高興是由於某人對我很沒愛心，其實，真正的原因是我們**自己**對人缺乏愛心。由此生出的罪咎感往往深不可測，因為它會讓我們想起自己當初「不愛」上主的那個原始決定。正因我們對這個痛徹心扉的罪和咎一籌莫展，只好否認它的存在，然後投射出去，讓別人來背這個黑鍋。總之，如果自己經驗不到全面而徹底的喜悅，只有一種可能，就是自己（在念頭、言詞或行為上）對人的愛心不夠，這才是不爭的事實。

(VII.5:2~3) **你若視此為一種「罪過」，必會起身辯護，因為你擔心自己受到攻擊。這種反應模式既是出自你的決定，你必然也能自行化解。**

對於別人的攻擊，不論是真是假，我們通常無計可施；但自己該如何回應，卻有很多可為之處。這段話再次強調心靈的選擇能力——所有的不快樂都是來自錯誤的選擇。

(VII.5:4) **一般的懺悔贖罪無法化解任何過錯，因為那種懺悔影射你確是有罪之人。**

這句話暗指基督教，或任何教人們行善積德來贖罪的宗教或靈修傳承。說到底，贖罪之舉只會強化罪與咎的真實性，形成怪力亂神之念，以為只要為自己不仁不義之舉做些補償，就能化解自知有罪的惡行。進而言之，這種信念背後其實暗藏了某種僥倖，冀望自己無需改變心念，只要調整一下行為，自我的感覺就會改善了。切莫忘記，小我的陰謀策略就是絕不讓我們意識到心靈的存在，故它鼓勵我們犧牲、贖罪，目的即是在抵制真正的救贖。由於我們一直相信自己真的犯了罪，也理當受罰，因此不能不找一些「非心」或「失心」的方式來彌補那些後遺症，卻不去修正心靈的錯誤信念。如此一來，便與真正的救贖失之交臂了。

(VII.5:5) **只要你讓自己感到一點罪咎，這一錯誤便會根深柢固而更難化解了。**

錯誤一旦帶到真相前，便化解了，這就是「把分裂信念置於救贖」之意。小我最愛讓我們感到罪孽深重，因為「咎」證實了「罪」的存在，迫使我們更加與個體之我認同。聖靈則反其道而行，祂告訴我們，我們沒有犯下任何罪行，故沒有內疚的必要。正因為人間沒有一事或一物毀滅得了上主與造化的完美一體境界，故說**上主之子的觀念不曾離開過祂的終極源頭**。

此刻，我要再強調一次，《奇蹟課程》從不討論**形式**層次的問題，只著眼於**內涵**。但這並不表示我們在人間不可有一番作為；它只要我們在行動之前（即形式層次）盡可能給自己的心靈一個療癒的機會（內涵層次），其實就是逼著我們認可心靈的存在，承認內在種種怨尤純粹出自心靈的一個決定。我們都知道，每當自己心裡一開始不安，便會本能地歸咎於外境或外人。如今我們總算意識到了，自己的不快樂完全出於心靈想要分裂的決定，如此一來，所有外境或關係反倒成為幫助我們回歸心靈的管道，讓我們再次覺察到自己的錯誤選擇。如果能意識到問題的癥結，同時意識到心靈的存在，我們自然不會企圖去改變外境或他人，我們的眼光便由外境拉回心靈的決定了。心靈一旦療癒，舉手投足之間自然充滿愛心。即使有時必須態度強硬一點，心中仍然不失愛心。由此看來，「化解心靈的錯誤選擇」可說是這一節的壓軸戲。

(VII.6:l~2) **作一個決定並非難事。這是顯而易見的，只要你明白了，當自己感受不到全然喜悅時，這必然是出自自己的選擇。**

　　這種一針見血的說法，常會令奇蹟學員讀得惱火，因為耶穌好似擺明了意思：「別跟我說你無法作決定或這太難了；你其實已經作出一個決定了，如今只要重新作一個相反的決定，真有這麼難嗎？」言下之意，耶穌並非要求我們作出什麼大決定，而只需意識到先前的決定並未帶給自己幸福，那麼，解除那個決定就成了。

(VII.6:3) **因此，化解的第一步就是認清：既然這一錯誤決定是你作出的，你當然也能另作選擇。**

　　這段話指涉出，只有自己的心靈才有抵制平安的能力，除此之外，世間沒有一人或一事能夠從我們心中奪走上主的平安。這個觀念，不只是《奇蹟課程》的核心理念，也是真寬恕的基礎——既然世間沒有一物破壞得了內心的平安，故也沒有什麼需要我們寬恕的。不論別人的小我做了什麼，除非我甘願受他的「罪」控制，否則絲毫影響不了自己。請記得，要定罪還是寬恕，全都操之於自己的選擇。即使當我們對弟兄發怒時，耶穌仍會藉此事幫我們看清，我們對他人的指控其實只是自我譴責所投射的倒影，而此刻正是修正這一心態的大好機會。這個觀念和前幾章的重點若合符節，耶穌要我們正視心靈的力量，縱使它一度作錯了選擇，如今也仍能靠它的抉擇能力來扭轉這一錯誤。

(VII.6:4) 但你的立場必須非常堅定，內心也一清二楚，化解的過程雖不是出自於你，卻是上主在你內進行的大事。

「你的立場必須非常堅定」一語，和前一章那句「必須對自己非常誠實」（T-4.III.8:2），口氣十分相近，聽起來好像頗為嚴峻，其實耶穌只是強調兩者的重要性，他並無譴責之意。如果我們真心渴求平安，找出海倫和比爾的「另一條路」，那麼，每當自己想要遷怒他人之際，應立刻反觀己心，這個願心不只要堅定，還必須持之以恆。耶穌勸勉我們多多善用各種人際關係，給自己一個機會轉向內心，還要記得這麼說：「我沒有活在平安中，表示我作錯了決定，我唯一的責任就是重新作個選擇。」這種化解過程與外界扯不上任何關係，因為我們才是心靈的抉擇者，只有我們主宰得了自己的命運，耶穌是無法代替我們化解小我的；但我們必須聽進他的話，學習向內在的嚮導求助才行。

(VII.6:5) **你的責任只是將自己的想法帶回到當初犯錯的那一點上，安心地將它託付給救贖。**

「帶回到當初犯錯的那一點上」，指的正是心靈的抉擇部分；它既是錯誤的起點，自然只能從這兒化解。

(VII.6:6) **請你試著誠心誦念下面的句子，也請記住，即使你的邀請只是輕描淡寫的一個手勢，聖靈仍會全力以赴地回應的：**

煩惱生起時，我們並不需要逐字逐句地念出這幾句話，也無需倒背如流，關鍵在於它們的**內涵**——這幾話傳達了寬恕的完整過程，耶穌要我們一意識到自己心神不寧，立即開始寬恕，把我們自以為的煩惱之源頭（身體），一步步導向真正的起因（心靈）；聖靈及救贖始終在那兒等著我們回到心靈那一點上，修正先前的決定：

(VII.6:7) **我必已作了錯誤的決定，因為我沒有活在平安中。**

一句話就把問題拉回作抉擇的心靈那部分，這就是我們所說的寬恕三步驟的第一步。我們得先意識到自己的不平安，並且知道這個不平安不是他人的行為或外境導致的，純粹是因為自己與小我認同的緣故。

(VII.6:8) 既然是我自己作的決定，我也能作出另一種選擇。

既然認同小我及選擇罪咎是出於自己的決定，我們必定有能力改變這種想法。第一步必須先把罪咎的問題拉回心靈層次，**第二步**才能發揮心靈的選擇能力，奇蹟的大用即在於此。現在請看「奇蹟課程思想體系圖」，右邊的「奇蹟」弧線，代表我們的視野已經由外在世界轉向抉擇之心的過程。一旦說出「我必已作了錯誤的決定，因為我沒有活在平安中」，小我想要偷天換日的陰謀便霎時破功了。小我的陰謀就是先暗中灌輸我們一堆荒誕的故事，再進一步將這個記憶由我們的意識中徹底抹滅（T-4.V.4），接著又警告我們心靈已非安全之地，唯有逃到身體內，而且還得學會一套投射的本領，才能脫離上主的魔掌。就這樣，小我在心靈罩上一塊漆黑的帳幔，讓我們徹底遺忘這是自己的選擇，使得投射之境穩如泰山，好似永無修正的可能。

針對小我的這番「作為」，寬恕或奇蹟的作用恰好幫助我們掀開這一帳幔，讓我們看清錯誤所在，重新選擇，從而修正了錯誤。我已經解釋過，這過程和奇蹟第一原則的「**奇蹟沒有難易之分**」的含意異曲同工。既然我們的困境不是外界引起的，那麼，不論是手指扎了一根刺或罹患癌症，是孩子吵架或國際戰爭，問題的外在形式對於奇蹟的療癒力量絲毫沒有影響。奇蹟必然沒有難易之分，只因幻相沒有大小程度之別，表示它們全是同一回事，幻相就是幻相，永遠虛幻！問題的癥結始終出在那個錯誤的決定，故解決之道唯有改變自己的想法一途，所有問題也必然隨之迎刃而解。

下一句話告訴我們如何作出正確的選擇：

(VII.6:9) **我願意作出另一種決定，因為我要活在平安中。**

我們終於意識到自己在小我和聖靈之間是有選擇餘地的，而且知道如果選擇聆聽上主的天音，必會獲得平安的賞報，但如果選擇小我，便與平安絕緣了。小我心目中的平安通常都是透過打倒「壞人」而逞一時之快，但這種勝利的快樂永遠如曇花一現；聖靈的平安則不然，它能一舉解除所有的罪咎，徹底切斷衝突與煩惱的根源。

(VII.6:10) **我無需感到內疚，因為只要我給聖靈機會，祂就會化解那錯誤決定所帶來的一切後果。**

這是寬恕的**第三步**。我們已經明白聖靈不會真的出手干預，因為祂不是藏在我們心裡的另一個人。我們只能靠自己把先前與黑暗幻相認同的那一錯誤選擇，帶到真理的光明內，罪咎所有的後遺症就在光明中自動化解了。好比暗室的燈光一開，黑暗即刻消失，是一樣的道理。光明並沒有**對**黑暗動什麼手腳，是光明本身即有驅逐黑暗的效果。同理，聖靈也沒有**對**小我動過任何手腳，只要把小我帶入寬恕的光明中，被罪咎籠罩的整個陰暗世界就自動銷聲匿跡了。聖靈不會硬生生地奪走我們的小我，而是我們的抉擇者作出拒絕與小我認同的選擇而已。這既是我們犯下的錯誤，自然只有我們能夠解除這個錯誤。總之，是我們在作工，不是聖靈。

(VII.6:11) **我決心放手，讓祂為我「選擇上主」。**

這仍屬寬恕過程的第三步，寓意著正念的決定所帶來的美好結局。選擇聖靈為師，就等於選擇上主，讓聖靈為我們「作決定」。

第五章到此打住，奇蹟交響曲雖然開場不久，但我們已不難從前面幾篇樂章推測出全書的梗概了。耶穌先幫我們了解自己當初為何選擇小我，而且看到這個選擇令自己吃盡苦頭。唯有鼓起勇氣，為眼前的困境、疾病及絕望自我負責，我們才有希望脫離人生苦海。最後終會領悟出，真正能帶給人希望的選擇就在自己心中。只要回到心中，我們便有機會捨下那充滿衝突、判斷的小我而選擇平安與愛。

在結束本章之前，我要再補充《奇蹟課程》裡其他幾段引言，它們雖沒有直接提到「寬恕」一詞，卻道出了寬恕的真精神。這幾段和前面所揭示的「與人分裂，便回不了天鄉」之道理毫無二致。至此，我們應已明白「救恩原是一趟『聯袂探險』的旅程」（T-4.VI.8:2）的真實含意了，這種說法並非指示我們在行為層面必須事事與人聯手，或隨時和他人廝混在一起；它只是提醒我們，我們**心內**只要排斥任何一人，便不可能享有平安。可以說，耶穌的教誨特別著重於人心內相互排斥的本能傾向，以及排斥心態必然引發的判斷習性。由此又衍生出另一個重要觀念：排拒他人，等於排拒了天堂，唯有全面接納所有的人，才能將我們領至天堂之門；如此，才能顯示出我們已經化解了一直在分化聖子的那一道深溝。縱然我們永遠無法從世間形體的角度去了解天堂一體生命，但只要不再在聖子奧體中分別取捨，便足以反映出一體境界的單純真相。這種越過「**形式**」而直指心靈「**內涵**」的慧眼，乃是「療癒」的核心和本質。現在，讓我們一起來讀一下耶穌是怎麼說的：

(In.2:5~7) **於是，療癒他人或是給人喜悅，與幫人整合或重歸一體便成了同一回事。為此之故，聖子奧體中哪一部分給出療癒，或哪一部分接受療癒，其實毫無分別。每一部分都會從中獲益，而且獲得同等的利益。**

這幾句話解釋了「奇蹟（或療癒）沒有難易之分」的道理：一個問題代表了所有的問題，一個方案代表了所有的解決方案。外表好似分裂的聖子，只要其中一位作出正念的選擇，就足以照亮整個聖子奧體。由於一顆心靈代表所有的心靈，一位弟兄代表了所有的弟兄，故聖靈所帶來的救贖恩典，所有的人必也平等地同霑這一福份。

(In.3:1,4,6~8) **任何一位弟兄，不論身在何處，所發出的每個慈心善念，都祝福了你。……那一光輝如此的燦爛，不只遍照聖子奧體，還會返照於天父，感謝祂所賜的喜悅之光。……上主的兒女不可能不愛人如己的。為此之故，從事療癒的人都應這**

樣祈禱：

願我知道這位弟兄的真相，正如我知道自己一樣。

如果我們不認識自己，自然也無法認出弟兄的真相。寬恕的療癒力量無遠弗屆，道理即在於此；聖子奧體的每一碎片，全都心懷同一渴求、同一福祉以及同一人生目的，而且**絕無例外**；這個領悟成了我們此生唯一有意義的祈禱。因為唯有這種慧見才解除得了小我的信念，足以瓦解「分裂、分化以及特殊性」的思想體系，這正是療癒的真諦。

(I.1:1~2) **療癒是什麼？就是兩顆心靈歡欣地認出彼此原是一個生命的那一念。這一歡喜之心邀請了聖子奧體的每一份子與他們一起慶祝，不只讓上主進入自己的生命，還能經由自己將祂通傳出去。**

〈練習手冊〉有這麼一句話：「我的幸福與我的任務是同一回事。」（W-66）只要真正寬恕了，內心不可能不充滿喜悅的，因為我們必會聽到聖靈的天音向我們訴說聖子奧體的共同福祉，並且明白了眼前充滿判斷和死亡的夢境不僅不曾發生，而且對我們毫無影響。還有比這更令人歡欣的喜訊嗎？

(III.2:7~10) **你一旦與弟兄分享**〔聖靈的觀念〕**，那觀念便會在你心中茁壯。在你的弟兄親自意識到聖靈在他內或在你內以前，奇蹟照樣可能發生的。就算他早已切斷了自己對上主的渴望，正如你以前一樣。只要你開始意識到他心內的這一呼喚，**

並且認可它的存在，你們兩人天人永隔的心態便同時獲得了療癒。

「對上主的渴望」或「對上主的呼喚」，和「上主的天音」都是同義詞，全是代表聖靈的臨在。我若真正意識到聖靈活在你內，你怎麼可能是我心目中那個狡猾邪惡的壞蛋！故我必須十分警覺自己老想把聖靈從你心內驅除的那種念頭——我多麼希望那個「邪魔、黑暗與罪惡的淵藪」（W-93.1:1）是你而不是我。為此，耶穌反覆提醒我們，如果我們老是盯著他人的邪惡外表，看不出他是聖子奧體的一部分，我們便已經把自己剔除於聖子之外了。因為上主只有一位聖子，聖子奧體是不可分割的一個生命。那些互不相屬的碎片並不存在，它們純屬幻相；我們始終是一個生命，這才是真相。由此可知，聖子奧體中只要有一位接納了上主的呼喚，即代表整個聖子奧體都永不退轉地接受了上主的恩典。〈教師指南〉也說過類似的觀點：當耶穌親自領受救贖之際，我們就和他一起復活了（M-23.6:8~9; C-6.5:5）。順便一提，《奇蹟課程》的復活觀念就是「領受救贖」，與《聖經》的神蹟故事大異其趣。

在天堂裡沒有個人、個體意識或個體經驗這一回事，它們只可能存在於幻境裡。意識到這一點十分重要：我們全是一個神聖完整生命的一個小碎片，排斥一人，等於排斥了整個聖子奧體的整個生命。言下之意，我們是不可能只傷害一位弟兄而不牽連整個上主之子的，包括耶穌和自己在內。一體的觀念至此只透露出一點玄機，它會隨著交響曲的精心鋪陳，而逐漸發展為完整的主旋律。

(III.3) **你能以兩種截然相反的眼光看待自己的弟兄。這兩種眼光必然並存於你心中，因為你是從知見著眼的。他心中必然也有這兩種想法，只因你也是這樣看待著他。如果你能透過他心中的聖靈去看待他，你才可能認出也同樣存在你心中的聖靈。不論你在弟兄身上認出什麼，必會在自己內認出什麼；不論你與別人分享什麼，你就會助長什麼。**

我們若已意識到心內存有兩種聲音，表示每個人心裡也有兩種聲音，而且我們怎麼看別人就會怎麼看自己。說得更露骨一點，他們在我們心目中的模樣，其實和真實的他們無關，而是跟自己的內心狀態關係密切。依此類推，如果我們想跟隨耶穌，在他的愛中一起回歸上主，我們就不能繼續為自己的怒氣找藉口了。但這並不是說我們從此不會生氣了，而只是說，我們不再把憤怒合理化，因為「為憤怒找藉口」才是一切問題的癥結。我們得轉向那位新老師求教，他會教我們看清任何形式的憤怒都是無法自圓其說的。只要我對一人心懷怨尤，這個決定不只排斥了那人，同時也把自己驅出了聖子奧體。不消說，心懷怨尤對自己一定是百害而無一利的。我先前說過，耶穌常利用我們的私心或本能需求來誘導我們。例如，他會說：「只要放下怨尤，我們就會好受一點。」他的方法就是教導我們從支離破碎的聖子身上認出普遍同一的存在本質，不再著眼於形體層面，也不把外表的種種差異過於當真，這樣才會活得快樂一點。

(III.4:1~2) **聖靈之聲在你內仍然相當微弱。為此之故，你必須與人分享才行。**

我們又回到「觀念必須與人分享才會壯大」的主題了。反過來說，我們只要著眼於「你我有別」，聖靈的天音立即顯得微弱而不可聞，這又解釋了為何我們如此熱中於攻擊。我們不只喜歡與人對立，還要表現得義憤填膺，這樣才能顯示出自己和對方的分裂一定是出自他的錯，如此一來，上主便會懲罰他而放我一條生路了。故說向耶穌學習療癒特殊關係，其實是療癒自己心靈的最佳途徑。只要我們還把彼此的關係視為兩具身體的互動，那麼真正有待療癒的，正是自己的知見而非人際關係。由於我們不知道自己還有心靈，故耶穌不能不利用外在的關係來教導我們明白投射的玄虛，藉此療癒心靈與小我的特殊關係。

(III.4:3~4) **你必須提高它的音量，才可能聽到。這聲音在你心中如此微弱，你是不可能在自己內聽見的。**

當有人告訴你他聽到了聖靈的聲音時，千萬要留神，因為不論他說得多麼謙虛，骨子裡都是在傳達自己的特殊性。如果他能聽到而我們聽不見的話，豈不證明了他與我們不同。聖靈既然是一體生命的代言者，我們若想和耶穌或聖靈建立道地的關係，必須非常謹慎，絕不能影射自己和他人有別或彼此是兩個不同的生命。這是最根本的奇蹟理念，一點也不容妥協。

(III.4:5) **這不是因為聖靈之聲本身的微弱，而是因為你不願聆聽而把它壓下去了。**

天堂的光明必然反映出光輝聖潔的大愛，那麼，我們為何視而不見？表示我們必已砌起抵制的高牆。聖靈的寬恕之歌如此美妙動人，我們為何充耳不聞？只因特殊性刺耳的噪音硬把祂的天音覆蓋下去了。要知道，天音、仙樂或光明本身並不微弱，但我們決心和「分裂、分化及特殊性」的小我認同的那股力量也絕非弱者。如今，我們只需把心靈的力量轉個方向即可，只因我們已經把小我的「分裂、分化及特殊性」投射在自己的人際關係上了，故寬恕的功夫也必須從這兒切入才行。

(III.4:6~7) **如果你誤以為能夠僅從自己心內尋獲聖靈，你會被自己心裡的種種念頭嚇倒，因為你一直對小我的觀點唯命是從，如今仍想以小我為師，而你踏上的卻是小我完全陌生的一條路。如此一來，你不可能不陷於恐慌的。**

聖子當初之所以把事情搞砸了，就是因為我們決心依靠自己，不讓上主介入。如今，耶穌在此明確地說了，我們是無法僅憑自己來操練這部課程的。他並非暗示我們必須找一位有形的道友作伴，只是提醒我們絕不能把任何一人排除於自己的寬恕或愛之外。我們若想憑靠一己之力而躋身天堂，這簡直是癡人說夢，因為它等於是在為當初害我們失落天堂的那個「分裂」心態助紂為虐。由此可知，「聖戰」是一個極其荒謬的概念，人們不可能為任何宗教或政治理想而發動戰爭的，因為它必會加劇人心中的衝突之念，乃至最後不置對方於死地絕不甘休。這一點，奇蹟理念說得更為直接：只要一人受損，天下之人皆蒙受其害。我們其實也很清楚《奇蹟課程》只談心念層次，從不在行為層次妄作議論。不過雖然在理論上仍可作此分割，但現實上確實很難做到即便身在戰場而心靈還能保持平安。然而，原則上我們還是有可能身在戰場，心靈卻能把所有的人都納入自己的平安，內心沒有一絲內疚和恐懼；只不過，果真如此，那也就**稱不上**什麼戰爭了。

據〈新約〉裡著名的「登山寶訓」所述，耶穌曾經這樣訓勉他的門徒：「當別人掌你右頰時，把左頰也轉過來由他打。」(〈馬太福音〉5:39) 然而，針對這段經文，耶穌在下一段引言給予一個不同的詮釋，他並不是要我們挨打兩次之後再寬恕他人的惡行，而是要我們向弟兄示範，他人沒有傷害我們的能力，因為上主之子是神聖不可侵犯的。這和〈練習手冊〉第一百三十五課的「不設防才是我的保障」旨趣完全一致，可說是寬恕的最高境界。

(IV.4:4~6) **沒有一物傷害得了你，那麼，只向弟兄顯示你圓滿的一面吧。讓他知道他無法傷害你，你既不懷恨於他，也不怨怪自己。這是「將你另一邊臉頰轉給別人」的真正含意。**

這幾句話太重要了，它正是寬恕的核心。關於這點，後文還會深入發揮。我們必須不斷給予彼此這種禮物，有朝一日才可能領悟到：我們的罪真的沒有產生任何後遺症，因為我們始終結合在造物主的大愛內，從未真正分開過。

(IV.6:1) **聖靈以化解的方式在我們每一個人心中進行救贖，如此才能卸除你加在自己心上的重擔。**

第一章的奇蹟原則曾說：「救贖具有『化解』（undo）之義。」（T-1.I.26:2）倘若真心想要贖罪，就不能先把罪當真，再為自己的妄念妄行懺悔一番。反之，奇蹟的教誨大異其趣，它要我們只需看一眼罪的表相，然後解除（或修正）小我的妄見；一旦知道那只是小小瘋狂一念的一片陰影，什麼也沒發生，自然不會產生任何後果。聖靈的救贖就這麼溫柔地為我們卸除了壓在心頭的罪咎重擔。

(IV.6:2) **只要跟隨祂，你便會被領回上主那裡，那才是屬於你的地方；但是，你若不與弟兄同行，是不可能找到歸鄉之路的。**

在返鄉的路上，小我常會慫恿我們把聖子奧體的某一部分排除於外，渲染他們的罪過，將他們打為異類。耶穌則告訴我們排除異己的代價，我們若真正聽懂他的話，還能不改弦易轍嗎？唯有邀請先前的仇敵同行，方能跟上耶穌的腳步，踏上歸鄉之路，回到自己不曾離開過的天鄉。

(IV.6:3) **我的救贖大業也有待於你的參與以及你的分享，才算功德圓滿。**

在耶穌的心中，聖子奧體是始終一體不分的，因為他的分裂信念已經痊癒了。但對於昏睡的心靈而言，分化的夢境依舊支離破碎；而唯有每一分裂碎片都作出與耶穌相同的選擇，才可能意識到一體之境。

(IV.6:4) **你只有在教人之際才會真正學到。**

我們又回到了第四章曾經討論過的「教與學是同一回事」的主題，這也是奇蹟交響曲的另一主旋律。這一觀念直指心靈和身體一體不分的本質（因為**觀念離不開它的源頭**），以及聖子奧體心靈的一體性。

(IV.6:5) **我絕不會離開你或遺棄你，因為遺棄你就等於遺棄了我自己以及創造我的上主。**

沒有人聽到這番話而不會感動的，那麼，我們也必須向所有的人說出同樣的話才行。如果我們想親身感受到「耶穌絕不會遺棄我們」的許諾，就得向周邊的人說出同樣的話，尤其是我們覺得不配獲得天堂之愛而想跟他們一刀兩斷的那些人。聖子奧體若不能涵括所有的人，表示聖子仍被釘在十字架上，尚未復活。可以說，寬恕「*無所不包*」的特質乃是《奇蹟課程》最核心的觀念，下文會繼續發揮它的深意。

(IV.6:6~8) **如果你遺棄任何一位弟兄，就等於遺棄了你自己及上主。你必須學習去看他們的真相，明白他們和你一樣屬於上主。把原屬於上主的生命領回上主那裡，你能想出比這更上乘的善待弟兄之道嗎？**

這句話隱喻著〈新約〉「凱撒的歸凱撒，上主的歸上主」那段經文（〈馬太福音〉22:21）。凡是上主擁有之物必然一體而且圓滿無缺，那麼聖子奧體擁有的一切必然也是如此。問題是，我們無法放下自己的判斷與憤怒，尤其當世上成千上萬甚至數十億的人都一致認為這是天經地義的事。說真的，要我們將罪咎的陰暗拉回自己心靈的源頭，所有人的心理都會本能地抵制這一教誨的，更難說出「我若定了你的罪，表示我已先定了自己的罪」這種話了。耶穌在此明白地告訴我們，我們心目中有罪的那一位，純粹是我們自己的投射。至於他究竟作了什麼決定或行為，不是我們的事，耶穌只在乎**我們**在這事上作了什麼決定。因為我們的心靈若未療癒，是幫不了任何人的，只會淪為第九章所謂的「尚未療癒的治療師」。為此之故，我們必須先祈求耶穌療癒自己的心靈，讓自己變成療癒和愛的工具。也就是說，我們得把過去不想負責的罪咎投射帶到耶穌面前，此舉等於向上主表態，承認祂的聖子確實是平安的唯一希望，而聖靈則是教我們獲此平安的唯一導師。

耶　穌

〈正文〉交響曲進行到第五章之後，論及耶穌的章節愈來愈少，因為耶穌提到自己的次數愈來愈少了。剛開始時，耶穌和海倫尚保持某種私交，但這種私密氣氛隨著〈正文〉的推進愈來愈淡，讀者在字裡行間感受到的耶穌好似另一種權威性的臨在。現在，回顧一下我們先前所說的，耶穌和聖靈兩個名詞是可以交替使用的同義詞，都代表安住於我們心內的神聖導師，而他們指出的靈性旅程，就是帶領我們從具體邁向抽象，從耶穌的形象導向聖靈的天音，最後讓我們明白天音就是我們自己的心聲。由於我們目前還堅信自己活在有形有相的二元世界，而且每個人都活在不同的身體內，為此，我們心內也需要一個比較具體的象徵，才修正得了小我根植在我們心中的那套教導及信念。也因此，對一般的西方人而言，耶穌遂成了這個象徵的不二人選。

耶穌在下面這一段開宗明義地說了，他有能力幫助我們，但卻不能越俎代庖，插手人間的事：

(II.9:1) **我的心與你的心永遠一樣，因為我們是平等的上主造化。**

耶穌在第一章（T-1.11:3~4）也強調過，他和我們毫無不同，只因他的心靈已經痊癒了，故在時空幻境中好似跟我們有「覺與未覺」的差別，但在永恆之境，絕非如此。而且，連他的心靈力量也不會大於我們，因為上主之子只有一個心靈，不論在幻相或真相之境，我們都是同一個心靈。

(II.9:2~3) **當初，是我所作的決定賜給了我天上人間一切的權能。我唯一能給你的禮物，就是幫你作出同樣的決定。**

這句話借用了〈馬太福音〉（28:18）的說法，不過，耶穌在他處卻強調，天上地下的權柄都給了「我們」，不是只給他一人而已（W-191.9:l; W-320.1:4）。如今，承繼了這個大能的，就是我們的抉擇之心，不論在天上或地下，隨時都有選擇聖靈或小我的自由。

(II.9:4) **這個「決心與人分享」的選擇，本身就是一個「分享的決定」。**

要知道，所謂選擇小我，基本上就是一個排外的決定。我們最先是排斥上主，最後把所有人都排拒於外。若要化解這個錯誤，唯有選擇聖靈一途，祂代表了「共同福祉」。我們的共同福祉，不只是共享那具有和上主一樣創造能力的自性，也和所有弟兄共享同一個分裂的妄心。妄心之我即是抉擇之我，它在「幻相和真相，攻擊和寬恕」之間永遠擁有選擇的自由。

(II.9:5~7) **這決定必須靠具體給出才能完成，因此它與真正的創造有不少雷同之處。我是你作決定的典範。我選擇了上主，這個決定為你證明這是可以辦到的，你也能夠作出同樣的選擇。**

這兒說的仍是心靈的抉擇能力，而非指我們在世上的表現和作為。我在第二章已經指出，耶穌在《奇蹟課程》一開始就給出這麼深的教誨，表示這個觀念在他心目中的份量。他在第六章還直截了當地請我們在作決定之際，應該以他為學習的榜樣（T-6.in.2:l; I.3:6; 7:2; 8:6~7）。我們研讀到這兒，已然十分清楚，整部課程的宗旨就是在幫助我們恢復心靈的力量，教導我們把全部心力放在上主之子共有的唯一目標（寬恕），因它反映出我們在天堂共同的唯一任務（創造）；也唯獨這個選擇，方才解除得了妄心先前所作的錯誤選擇。為此之故，耶穌必須讓我們意識到自己還有顆心靈，幫助我們看清外在那具「非心」的身體只是一個虛幻的防衛機制，以及它存心不讓夢境中的我們憶起自己還擁有一顆選擇之心的企圖。

(II.10:1~5) **我已向你保證過，為我作此決定的天心也同樣在你心中，你可以讓它來改變你，一如它徹底改變了我。這天心絕不模稜兩可，因為它只聆聽唯一的天音，自然也只會給人唯一的答覆。你和我一樣都是世界之光。真正的休息不是來自睡眠，而是來自甦醒。聖靈的呼喚不過是喚醒人心，讓它活得快樂而已。**

身體利用睡眠來休息，這和心靈的休息是兩碼子事。真正的休息只可能來自醒覺，也就是從小我的死亡夢境覺醒。如果說夢境代表了小我的一生，那麼，聖靈便是覺醒的呼喚之音，或說大夢初醒時意識到「原來自己的一生只是一場夢」那一念驚喜。從真理的角度來講，我們不曾離開過上主的家園；而聖靈不過代表了那永遠一體不分的心靈所作的救贖選擇。但聖靈必須等待我們的許可，才能幫助我們作出這一選擇。

(II.10:10) **只聽從你內在聖靈所發的召請吧，並且以我教你的方式去教你的弟兄聆聽。**

我們若想教導別人聆聽，不必聲嘶力竭地宣講《奇蹟課程》，或用奇蹟形上理念糾正別人。唯有**自己**靜下心來聆聽，才能教會別人聆聽。因為在聆聽之際，我們好似變成聖靈的甜美歌聲或寧靜記憶，也因著在這神聖一刻所作的這一選擇，我們成了心靈之愛的溫柔象徵。真正的教誨，並非憑靠言語或行動，而是仰賴我們與救贖之念認同的這個決定。所有的愛與平安必然會從這個正念的選擇中湧出，它的推恩能力不只無遠弗屆，還會按照別人需要的形式具體呈現出來。自己真的無需做什麼，只要讓愛與平安輕輕流過聖子奧體昏睡已久的心靈。

(II.11:1) **當你受到虛妄之聲的誘惑時，請記得向我求助。我會給你我的決心，使你更加堅定，為你重述療癒之道。**

等到第五章的「結語」時，我們還會看到類似的說法。內心只要有一絲不安，表示自己已經作了錯誤的決定。耶穌要我們警覺發生在心內的錯誤，切莫急著向外反彈，先進入心內向他求助才是當務之急。請記得，只要我們一開始生氣、批判或焦慮，就知道自己已經誤信了小我之言，才會把一些小小分歧看得那麼嚴重，因而落入了特殊性的魔掌。

(II.11:2) **只要我們有志一同，整個聖子奧體對療癒的渴望便會日漸增長，甘心回歸受造之初的一體境界。**

在整部課程中，耶穌不知道請求了我們多少次，要與他的愛結合，否則我們連自己都無法療癒，更遑論療癒整個聖子奧體了。我們的任務所在，就是一邊示範，一邊學習，以教與學作為自我療癒的管道。耶穌期盼我們能夠一天比一天更肖似他；果真如此，他的教誨及愛的臨在不可能不透過我們痊癒的心靈而推恩到整個聖子奧體的。

(II.12) **我曾叮嚀你效法我的所作所為，但前提是，我們必須聽命於同一天心。這天心就是聖靈，祂的旨意也是上主的旨意。祂會教你如何以我作為你起心動念的典範，那麼你的行為自然會跟我一樣。在有志一同之下，我們的力量會強大得令你難以置信，但卻不是高不可攀之境。只要我們攜手合作，前景必然不可限量，因為你內心對上主的渴望即是對無限的渴望。上主的孩子，我這些訊息是專門為你而說的，你若能一邊聆聽，一邊與人分享，就等於答覆了聖靈在你心中的召喚。**

既然觀念是共享的，心靈又是一體不分的，當我們接納耶穌協助時，所有的聖子必也同霑此恩。與耶穌結合的這一決定本身，直接瓦解了小我認為「自己不只與愛分離，也與愛的造化互不相通」那個瘋狂信念。區區寬恕一念，便足以打通聖子奧體的心靈，那永遠離不開心靈源頭的世界必也一併被寬恕了。換句話說，只要和耶穌聯手，還有什麼做不到的事！

下面還有幾段話，傳達了同一訊息：

(IV.4:1~3) **我只願聽從這一天音，因為我已明白，我是不可能單獨救贖自己的。所謂僅僅聆聽聖靈之聲，表示你為了能親自聽見，已經下定與人共享的決心了。那一度存於我內的天心，繼續以它力不可當之勢吸引著上主創造的心靈，因為上主的圓滿就是聖子的圓滿。**

我們既然是一體聖子，那麼，耶穌的救贖就等於我們的得救，而我們的救贖必也同樣屬於所有的人。故說當我們決心加入耶穌的陣容時，小我那套與愛一刀兩斷的思想體系便徹底崩潰，我們也會和整個聖子奧體一起得救。原因即在於此。

耶穌再次重申了他身為我們表率的這個重要觀念：

(IV.5) **教誨的方式很多，其中以以身作則最為上乘。教誨應具療癒之效，因為它不只分享觀念，同時幫人明白「分享觀念即是強化觀念」的道理。我不能不把自己的學習心得傳授出去，因為我已徹底明白這一道理。我請你也把自己的學習心得教給別人，唯有如此，你的所學才足以信靠。因我之名使它變得可信可靠吧，因為我的名字就是上主之子的神聖名號。我已將自己學到的一切平白傳授了你，你若決心接受我的教誨，天心便會在我內歡躍不已。**

每當情緒快要發作時，不論出自什麼理由，即刻呼求耶穌，透過他的寬恕之眼去看，用他的寬恕之愛去回應。久而久之，我們自然會日益肖似他，如果還能進一步與弟兄分享他的任務，聖子奧體的心靈必會如虎添翼。唯有如此，我們當初因聽信小我的分裂謊言而失落的喜悅才可能重歸內心。如此，我們還有什麼理由不效法耶穌這種教學法？因為唯有這種方式，才能讓我們在學習寬恕的路上充滿喜悅。

(VI.2:8~10) **我的任務只是幫你解除意志上的桎梏，還給你自由。你的小我無法接受這種自由，它隨時隨地都會想盡辦法加以阻撓，從中破壞。身為小我的始作俑者，你很清楚它的能耐，因為這些能力全是你自己賦予它的。**

耶穌不只在此，在整部課程也不知重申了多少次，我們的抉擇之心才是一切問題的癥結，也是一切問題的答案。小我的罪咎及判斷代表了「心靈的錯誤選擇」那個問題，而耶穌的愛則代表了「心靈終於修正了自己的錯誤」那個答案。耶穌本人不過象徵著選擇正念的那股心靈力量，故與耶穌結合，等於重拾選擇的能力；從此，只為救贖的真理效力，而不再與分裂幻相認同了。

結　語

最後，我要用本章第四節結尾那段感人的話作為結語，它包含了好幾個重要的奇蹟理念。這一段的筆法非比尋常，我們從第一章開始，一路讀到這兒，會感到首次聽到這種口吻——耶穌原本十分正經地向海倫逐字啟示他的思想體系，竟然在此突然打住，唱起情歌來了。這一番話原本是針對海倫說的，尤其是開頭那幾句，但顯然也是耶穌對我們每個人的溫柔呼喚：「你有能力重新選擇，它會帶給你截然不同的人生體驗；現在，這一選擇全然操之於你。」縱然我們未必已經準備好重新選擇，可能還死抓著某種對自己以及對他人的不慈之念，讀到這一段話，心裡還是有點安慰的。因為我們知道自己的正念之心仍在那兒，分毫未損；還有耶穌為我們護守著這個「修正」之寶，直到我們有一天甘心選擇他的愛，願意尊他為師為止。等那美好的一天來臨時，切莫忘記與身邊所有人分享他的愛，而且不可有任何例外，耶穌的愛才可能長久存留於我們的意識內。如今，我們終於知道了，自己就是上主的兒女及蒙受祝福的聖子。用這首溫暖動人的情歌來結束奇蹟交響曲第五樂章，何其貼切！

(IV.8) **你是這般的神聖，怎麼可能受苦？過去的一切，除了美好部分以外，全都過去了，留給你的只是祝福。我為你保存了你所有的善良以及每一個慈心善念。我會為你淨化所有令它們蒙塵的過失，為你保存它們原有的無瑕光輝。沒有一物能夠摧**

毀得了它們，連罪咎都難以得逞。它們全都出自你內的聖靈，而且我們也知道，凡是上主創造的必然永恆長存。你大可放心地啟程，因為我如此愛著你，如同愛自己一般。你會懷著我的祝福前進，同時將此祝福帶給別人。只要你接下祝福，並且分享祝福，它就永遠成為我們的了。我將上主的平安置於你心中和手裡，你才可能擁有，且與人分享。只有純潔的心才能擁有它，只有堅強的手才能分享它。我們永遠不會失敗的。我的判斷和上主的智慧一般強而有力，我們的實存生命就在祂的聖心及慈掌中。活得心安理得的孩子，就是受祂祝福的聖子。上主的聖念始終與你同在。

第六章

愛的課題

導　言

我們先回顧一下，第四章除了正式介紹了小我，還大致解說了小我的策略——它如何誤導我們相信自己是一具身體而非心靈。第五章則延續先前探討的罪咎觀念，為我們逐步展現小我的整套策略。到了本章第六章，也就是奇蹟交響曲的第六樂章，又把小我思想體系向前推進一大步：罪咎一旦從心中浮現，我們不能不投射出去，而最常見的投射形式就是憤怒和攻擊。我們馬上就會讀到小我「為何」又「如何」投射罪咎之念，令我們忍不住憤怒或發動攻擊。如前所述，聖靈在第五章才正式出場，到了本章的最後一節，耶穌乾脆把主旨「愛的課題」稱為「聖靈的課程」，我們即將深入探討這些課題究竟在講些什麼。

進行到這兒，我們已不難感受到這首雄偉的交響曲在形式與內涵上交融得如此完美。為此，我們不妨再溫習一下「前奏曲」的一個重點：從形式和內涵的角度來描述《奇蹟課程》怎麼以交響樂的形式呈現出奇蹟理念的內涵。整部課程的形式與內涵是如此緊密交融，我們甚至可以套用「**觀念離不開它的源頭**」的句法而說成「**形式離不開它的內涵**」。等到我們討論「聖靈的課程」之學習過程時，會更加凸顯出形式與內涵的內在關聯。聖靈給我們的功課有一個共通的主旨，即寬恕是需要一段過程的；如同〈正文〉採用交響樂的形式，一個樂章一個樂章推陳出新，成了人類學習過程的最佳寫照。此話不虛，我們若單獨研讀〈正文〉每一章的內容，不難發現每一章都涵括了《奇蹟課程》的整套思想體系，縱然不同的篇章可能在某個奇蹟形上理念著墨較多。整體而言，這部靈修資料不論是呈現的形式還是傳達的內涵，都令人歎為觀止。

本章當然也離不開「小我的計謀」這一奇蹟主旨，我們還會繼續探討小我如何利用投射伎倆，令我們深信不疑自己是一具失心的身體，而不是心靈的造化。但在此之前，我要再重述一遍那為小我思想體系鋪路的舞臺背景——「上主」以及「小我最害怕的救贖原則」；只因救贖為我們反照出天堂圓滿的一體生命以及一體不分的聖愛。

上主—創造（推恩）—救贖

上主乃是唯一的真實存在。我在前文已經說過，相對於其他主題而言，《奇蹟課程》對上主及天堂的本質著墨很少，真理實相之境也不是本課程的主旨，因為那是超乎言喻的。雖說如此，上主的實相仍是整個宇宙幻劇發生的舞臺背景，故也不容忽視。現在，我簡單歸納一下：天堂是個圓滿一體之境，不論是創造或推恩，整個過程跳脫不出上主的掌心；生命始於上主，也終於上主，除了天心之外，生命哪兒也去不了，只因**觀念離不開它的源頭**。

(II.8:1~3) **聖子是在上主延伸其聖念之際造出的，凡是由聖念延伸出去的，必然依舊存於天心之內。因此，祂所有的聖念不只本身是完美的一體，彼此之間也互為一體。聖靈方能當下幫你認出它的圓滿無缺。**

第一句話為我們道盡了上主的圓滿性，這個觀念在第二章一開始便出現過，我們還會不斷讀到類似的說法。它表達的正是救贖的原則，一再重申我們從未和造物主分離過，始終完美地結合於慈愛天心內，因為**觀念離不開它的源頭**。這個主題會再度出現於「聖靈的課程」那一節裡。我們馬上就會討論到「**所有和所是**」，「**給予和領受**」的同一性，它們絕非兩種不同的狀態。我們之所以**擁有**上主的愛，只因我們不只「**有**」愛，我們根本就「**是**」上主的愛；我們既「有」又「是」愛，自然只可能**給出**愛。「給」，就是推恩，只可能發生在心靈層次，因為**觀念離不開它的源頭**，我們永遠都在**領受**自己給出的，故說我們「所有」和「所是」根本是同一回事，代表了造化的圓滿一體性。

下面這句話，可說是救贖原則最經典的定義了：

(II.10:7) **那麼，所謂徹底証入救贖境界，只不過是認清了分裂從未真正發生過而已。**

我們自以為可能存在於上主天心之外，然而，這個**小小瘋狂一念**怎麼撼動得了上主的圓滿生命以及祂的聖子。這才是人類最大的福音，也是人類唯一的喜悅之源——我們永遠都是上主創造的完美生命，與祂一體不分。

(II.6:1~10) **你如何在一個沒有喜樂的地方尋得喜樂？除非你明白自己不是真的活在那兒。你不可能活在上主從未安置你的地方，祂早已將你造成祂自己的一部分了。那才是你存在之處，也是你的本來面目。這是永不改變的事實。生命具有全面的涵攝性。你永遠無法改變這一事實。那是永恆的真相。它不是一種信念，而是絕對的「事實」。只要是上主創造之物，必然與祂一般真實。那真實性純粹基於你的生命完美地涵攝於祂那完美的生命內。**

遺憾的是，我們並不相信這個單純的「事實」，故才需要聖靈一步一步引導我們回歸自己「所有」以及「所是」而且從未離開過的一體生命。對正念之心而言，沒有比接受這一事實更簡單的事了，但小我卻想盡辦法讓我們相信，這將是一段艱辛的旅程，這輩子大概沒希望達成目標了。

(II.11:1~3) **小我其實並不排斥「回歸」的必要，因為它能輕而易舉地把這個觀念變成天大的難事。然而，聖靈卻告訴你，連「回歸」之念都是多餘的，既然它不曾發生過，絕不可能是件難事。是你把回歸的觀念搞成一個十分必要卻難以達成的目標。**

當我們進入「聖靈的課程」那一節時，還會深入這個重要觀念。救贖原則反覆重申**分裂是不可能的事**，所以，要化解的也是一個不可能發生的事，想一想，何難之有！但我們的心靈已經精神分裂到瘋狂失常的地步，確實可能把自己的一生搞得坎坷萬般，還呈現一副宿命難逃的慘狀。不論我們瘋到什麼程度，也沒有能力把分裂弄假成真；不過在經驗的層次，我們卻有可能深受其苦，使得回歸之路走得戰戰兢兢，沉重無比。

由於小我深恐我們忘記自己不僅毀了上主，還把聖子釘上十字架（這正是〈新約〉最典型的救恩神話），故不斷對我們洗腦，害得活在人間的我們與上主創造的百害不侵之聖子判若兩人。

(III.1:5~8) **……它也不受任何威脅。你那肖似上主的心靈同樣不會受到染污。因為小我永遠無法涉足其中，但你仍能透過小**

我而聽、而教，且明白它的虛假不實。你一直都在說服自己相信你並不是那個本來的你。

這兒有一句話令人費解。句中第一個**小我**並非代表妄念之心，而是指整個分裂心靈，這種定義在整部《奇蹟課程》非常罕見。第二個**小我**則用來指稱分裂之心的抉擇部分，並且影射了小我整套思想體系根本不在正念之心或救贖之念裡面。所幸，儘管抉擇者放棄了聖靈而與小我認同，我們仍有機會從錯誤中學習，轉而接受修正。整部課程的主旨就在為我們指出這個錯誤，並且傳授我們化解錯誤的要訣——寬恕。但小我從來不是省油的燈，總有辦法讓我們聽不到真理天音，它的殺手鐧就是不斷釋出罪咎懼的噪音，淹沒聖靈溫柔的救贖訊息，令我們無緣憶起自己仍是上主的完美造化，也渾然不知小我捏造的那個假聖子根本就不存在。下面這一段說得非常清楚：

(IV.6:1~2) **請聽一下聖靈針對小我所有問題所給的唯一答覆：你是上主的孩子，是祂天國內的無價之寶，因為祂已把你創造成祂自己的一部分了。除你之外，沒有其他的生命存在，只有你才是真的。**

這是聖靈對小我**瘋狂一念**的答覆，徹底推翻了「聖子真的與自己的造物主決裂了」之謊言。救贖的答覆十分簡單：什麼都未曾發生過，上主天心之外不可能存在任何生命，自以為活在天心之外的生命絕不可能是真的。

(V.三.8:3~4) **天國的圓滿不是靠你的認知而存在的，可是你對這圓滿性的覺知卻需仰賴這一認知。需要保護的是你的「覺」，因為實存本身是凜然不可侵犯的。**

《奇蹟課程》有時會用**實存**（being）來表達我們的生命本質，也就是基督自性；世間沒有一物侵犯得了它，或改變它，更不可能毀滅它。只因自從我們精神錯亂之後，不僅認為自己擁有打擊天國的自由，還神智失常地相信自己成功了，天堂已經四分五裂，失去它本有的圓滿。然而，不論我們怎麼胡思亂想，真理實相絲毫不為所動。這個救贖真相正是小我的心頭大患，它必須無所不用其極地廢除心靈的抉擇能力，令聖子對於過去的錯誤選擇感到回天乏術，自然也聽不到聖靈的呼喚了。小我就這樣軟硬兼施，說服我們棄守心靈，精心策畫出一個「失心大計」，打造出世界與身體，再利用疾病、憤怒、恐懼與特殊關係，建構起一個固若金湯的堡壘，全面防堵真理之光照入。

小我對救贖的恐懼

現在，我們從第二節第五段切入這個主題：

(II.5:5~7) **……救贖是普世人類共有的唯一需求。而以這一眼光來看自己，則成了你在世間尋得幸福的唯一途徑。因為那表**

示你已承認自己並不屬於這個世界，因這世界並非幸福樂土。

想一想，如果我們並不真的活在世上，也不可能是這一具身體，那麼，我們究竟算什麼？這類反問一定會激起小我的恐慌，因為這一追問遲早會指向「我們是心靈」這一真實身分，霎時開啟我們的耳朵而聽到聖靈的天音，當下便瓦解了小我的罪咎與痛苦思想體系。為此之故，小我不能不奮起抵抗救贖的真理，精心編制一場「失心大計」，把我們脫離世界的唯一出路（即心靈選擇寬恕的機會）全面封死。

(II.10:3) **既然聖靈亦在你的心內，你的心必也可能只相信真實之物。**

短短一句話便足以令小我如坐針氈，因為它知道心靈如果下定決心只聽信真理，小我的瘋狂虛幻世界便被徹底推翻了。

(II.10:4~6) **聖靈僅能為這一真相發言，因祂是上主的代言人。祂要你回心轉意，重歸上主，因為你的心靈從未離開過祂。既然它從未離開過祂，你一旦認清這一真相，便已身在家中了。**

小我為了確保我們永遠看不見心靈內隱藏的真相，不惜將我們打入眾所周知的失心狀態。正因如此，耶穌才明著說暗著講，不斷對我們耳提面命，切莫對小我的失心大計掉以輕心。要知道，小我讓我們如此死心塌地認同世界及身體，目的就是讓我們永不得翻身。我們若對小我的陰謀認知不深，必會扭曲這部課程的教誨，即使套用在個人的生活層面也照樣陷入層次混淆的錯誤。這就是何以然耶穌如此不厭其煩地重述救贖的要旨。對我們心內所亟欲**分離自主**的小我而言，下面這幾句話尤其會讓它聽得膽戰心驚：

(II.10:7~8) **那麼，所謂徹底証入救贖境界，只不過是認清了分裂從未真正發生過而已。小我對此毫無招架之力，因它公然聲明小我不曾存在過。**

只要我們抵制得了小我而選擇聖靈的救贖原則，小我是不可能不銷聲匿跡的，因為救贖為我們反映出一體不二之境，在那圓滿境界，小我根本沒有立足之地。小我若不存在，自然沒有一個獨特的「我」如此不惜一切把心靈逼瘋也要保住自己的個體生命，全力防堵我們接受救贖。故「親自接受救贖」便成為我們此生的唯一責任。（T-2.V.5:1）

(IV.1:1~3) **請記得，聖靈是上主的終極答覆，而非問題本身。小我一向喜歡先聲奪人。它反覆無常，對製造它的主人居心叵測。**

除非我們知道那個終極答覆究竟在回應什麼問題，否則我們是不可能選擇那個答覆的。然則，我們的問題究竟是什麼？無非就是：為什麼心靈的抉擇者會選擇小我？為什麼我們寧可受苦受難也要選擇分裂？至此，我們終於了解，小我防堵那「終極答覆」的伎倆就是讓我們徹底失心，一旦失心，我們便永遠與聖靈絕緣了。這就是為什麼選擇奇蹟成了我們的天職，因為唯有奇蹟能把我們的焦點帶回心靈；也唯有在心內，問題才會和終極答覆照面。這也解釋了小我對於造出它的主人為何如此居心叵測，因為它深恐自己的主人（也就是心靈中有抉擇能力的那一部分）一旦大夢初醒，必然會跟它唱反調（下文馬上就會談到）。為此，聖子成了小我的大敵，然而，小我又得倚靠這位大敵選擇它才可能存在。難怪我們的世界以及自己一生充滿各式各樣的矛盾與衝突，因為矛盾**正是**打造出我們這一生的主人；而我們若要保住自己的特殊價值，就得繼續衝突下去。

(IV.1:4~7) **它認定主人隨時會拆它的台，這倒不假。如果小我真的是為你好，它應該為此高興才對；就像聖靈那樣，一旦將你領回家後，祂會因你不再需要祂的引導而為你高興。小我從不認為自己只是你的一部分而已。這是它所犯的最大錯誤，它的整套思想體系都奠基於此。**

請留意，這兒所說的**你**，不是活在身體內的你。《奇蹟課程》中的**你**，幾乎都是指心靈內尚有學習潛能的那位抉擇者；耶穌所有的教誨都是針對這個主體或對象而發的。小我心裡有數，**自己**並非真實生命的一部分，故對抉擇者戒慎恐懼，因為它有否定小我的能力。換句話說，小我很清楚自己並非抉擇者，只好設法說服心靈相信心靈就是小我。其實小我心知肚明，若非某種更大的力量選擇了小我，小我根本沒有存在的可能。為此，小我殫精竭慮，也要把我們變成失心之人。如此一來，全宇宙唯一能化解小我的心靈就被廢掉了。要知道，化解小我只能靠我們自己，聖靈或耶穌甚至上主都愛莫能助。抉擇者只是聖子心靈的一部分，但也唯獨它能在救贖與分裂之間作一選擇；而就是這一部分，小我無所不用其極地想要廢除它的武功。

(IV.2:9) **小我最具創意的伎倆就是把問題搞得曖昧不明；其實答案都在你心裡，小我才那麼怕你。**

大家必然留意到這個觀念出現得如此頻繁，若以音樂作比喻，《奇蹟課程》好似用不同的樂器及種種變奏反覆呈現同一主題曲。我之所以這麼強調這個觀念出現的頻率之多，因為唯有明白其中玄虛，我們才可能了解小我打造世界以及自己選擇這一生的真正動機，從而警覺以忠實奇蹟學員自居的我們，何以然一直在做和奇蹟教誨背道而馳的事。

(IV.6:3~4) **即使你曾選擇活在噩夢裡，上主會將你由這虛幻的夢中喚醒。你一聽到祂的聲音，便會甦醒過來，夢中的一切頓時煙消雲散。**

這個夢，指的就是小我的分裂思想體系，包含了光怪陸離的罪咎懼心理劇，以及特殊關係每天在人間戰場的具體演出。然而，只要我們不繼續跟瘋狂的分裂夢境裡那些特殊角色認同，整個夢境當下就消失了。

(IV.6:5~6) **你夢裡充滿了小我形形色色的象徵，使你意亂神**

迷。那只是因為你睡著了，不知道真相。

自古以來，人們絞盡腦汁想要破解宇宙的謎團，但這是不可能的事，只因人類尚未意識到宇宙的虛幻本質根本就是不可理喻的。可以說，我們方方面面都被這個世界蒙蔽了；而也唯獨只有一個角度才解釋得通，此即「世界存在的目的就是讓我們繼續失心下去」。難怪世間每一事物都在強化我們的個體性及特殊性，將我們推向更深的小我夢境。

(IV.6:7~8) **你一旦甦醒過來，看到周遭以及自己的真相，便再也不會相信夢中的一切了，因為它們在你眼中頓時顯得虛幻無比。於是，天國以及你在天國創造的一切對你都變得極其真切，因為它們如此美妙而真實。**

這一番話說得小我膽戰心驚。正因小我生怕我們覺醒，才想盡辦法讓我們在失心之夢中永遠昏睡下去。它利用我們心中的「咎」來恐嚇我們：「心靈是個危險之地，上主會在這兒逮到我們的。」此念一起，我們必然力求自保，於是夢出一個世界，以為只要躲在失心世界的肉體裡，便能高枕無憂了。由於我們認定自己是夢中的角色，而非作夢之人，故我們一定會聽信小我之言：「心靈一旦張開眼睛，夢境當下消失，自己也必會跟著消失於無形。」小我絕不會向我們透露的真相是：消失的只是夢境裡的幻相，剩下的，唯有光輝燦爛的自性，那才是活在上主天國內的真我。

在本章最後一節「聖靈的課程」，耶穌解釋了為何世界如此痛恨他，因為他代表了救贖原則，這恰恰好正是小我的心頭大患；這股難言之恨激發了恐懼和投射，架構出整套小我的防衛機制。

(V.二.1:5~6) **許多人以為我在攻擊他們，其實我毫無此意。瘋狂失常的學徒所學得的經驗必然十分詭異。**

可以說，我們學到的「詭異」功課實在不勝枚舉，好比說，愛是危險之物，我們對救贖原則和聖靈敬而遠之乃是天經地義之事，更要防備在夢中宣揚「我們從未與上主的愛分離過」這類訊息的耶穌，因他始終在昏睡的夢者耳邊輕聲提醒：「聖愛的記憶仍在我們心中，而且纖毫未損。」為此，我們若想明白耶穌在**這兒**說的深意，必須先放下《聖經》所教的那一套。世界很怕耶穌，就因為他代表了救贖原則；但如果耶穌說的是真的，那麼天人分裂之說必然純屬幻相，我們也不是真的活在這兒。這對我們的個體性與特殊性，不啻當頭一棒，難怪我們必會反彈，因為我們感到自己受到了攻擊，故也理所當然地反擊回去。

(V.二.1:7~9) **有一點你必須認清：你若拒不接受某個思想體系，就等於削弱了它的力量。而相信那些觀念的人便會認為你在打擊他們。這是因為每一個人都把自己的思想體系當成自己，而每個思想體系又以「自己是什麼」的信念為軸心。**

聖靈所代表的那一套思想體系，和小我絕對勢不兩立，也根本無法並存。只要選擇了聖靈，小我當下消失。難怪小我一直在對世人洗腦：「分裂、罪以及身體都是不爭的事實，上主給的那套救贖計畫就是要我們犧牲受苦來換取上主的寬恕，如此天堂才會歡迎我們回歸。」毋寧說，凡是與自己的個體生命認同的人，全都深陷於上述這套瘋狂的小我思想體系。

由此可知，耶穌和《奇蹟課程》代表的是另一套思想體系，它甚至直言我們根本就不存在。雖然歷史上能活出救贖原則的聖賢不乏其人，但我們卻與耶穌和《奇蹟課程》這兩個象徵特別有緣。耶穌臨在於幻夢世界的事實即已表明了分裂不曾發生過，因為夢境存在的前提是：「上主的愛早已與我們分離了。」如今，聖愛明明臨在於夢中，不論它是透過心靈內的救贖原則（即聖靈），或是透過完成救贖的人間典範（即耶穌），他們的「臨在」本身，不僅讓小我的分裂之說搖搖欲墜，更對小我思想體系構成莫大的威脅。耶穌在上述這段引言中，表面上是說小我多麼害怕我們的心靈選擇救贖，其實他真正要說的是，我們一旦與小我認同，就一定會害怕那個愛，而且一定會對愛發動攻擊。

我繼續引用「聖靈的課程」的幾段話，再次重申「選擇能力」實乃一切的關鍵。

(V.二.4:1~2) 原本就是非顛倒的小我，自然會把第一課視為瘋狂失常的課程。事實上，它不可能不如此反應的，因為若不是

課程瘋了，只剩下另一更難接受的可能性，那就是自己瘋了。

正因聖靈的第一課「若要擁有，普施眾生」，徹底推翻了小我「非此即彼，非你即我」的立身原則，小我絕不允許我們意識到自己精神錯亂，反而讓我們覺得這種課程才是瘋狂至極。其實，相信自己可能存活於上主天心之外，才是徹底瘋狂的表現。小我為了確保我們意識不到這個瘋狂之心如何打造出一個瘋狂世界，乾脆把心靈徹頭徹尾從記憶中抹去，從此，虛幻的小我便能堂而皇之冒充真理之音發言了。

(V.二.4:3~4) **小我的判斷一向受制於自己的存在本質，此刻也不例外。唯有思想者改變自己的心念，才可能產生根本的改變。**

「唯有思想者改變自己的心念，才可能產生根本的改變」，這種說法一定把小我嚇壞了。由此可知，《奇蹟課程》真的不是一部改造世界的課程，它從不教我們怎麼去行奇蹟，也不需要我們組織祈禱會，更未曾指示我們為世界做什麼。它只是不斷耳提面命，唯有在心靈下功夫才可能帶來真正的改變。我們已經說過（馬上還會讀到），小我的保身之計就是令我們失心；我們若不知道自己還有心靈，又怎麼可能改變心念？在束手無策下，我們只好全心致力於改善自己或他人的身體，為身體大肆宣揚二元世界的「真理」，防止聖子的眼光轉向心靈。可以說，基督教及歷史各大宗教都是沿著這個軌跡演化出來的。它們絲毫沒有察覺如此強調有形的表相，早已將世人的眼光從那唯一需要改變的「心靈」抽離開了。小我一點都不擔心我們多麼虔誠地投入靈修，只要別把靈修跟心靈連在一起就成了。不僅如此，小我還會針對我們有形可見的虔誠表現而大肆褒獎，只因我們的眼光已經不再落在心靈上了。

(V.二.4:5~6) **這時，聖靈的聲音便會顯得清晰無比，使學生無法充耳不聞。因此，到了某一階段，學生會同時接收兩種矛盾的訊息，而且他很可能全盤接受。**

我們都經歷過這種矛盾，但此處所謂的「矛盾」，不是指人與人、國家與國家，或各種意識形態之間的衝突，而是背後隱藏的小我和聖靈之衝突（但我們都知道聖靈是不會攻擊任何人或任何事的）。當聖靈的聲音愈來愈清晰，或不如說，我們愈來愈「願意聆聽」祂的天音時，小我的恐懼反彈必會變本加厲。小我會警告我們，你再聆聽聖靈的話就無法繼續存在了。其實，我們既然不是小我，故消失的只會是小我而不是我們。至此，我們更加明白了，為何小我必須即刻武裝自己，奮起抵制心靈復出，讓它毫無機會使出抉擇能力。

(V.二.5:1) **若想解決這兩種相反的思想體系的矛盾，唯一的辦法就是選擇其一而放棄另一。**

小我絕對不樂見我們意識到自己心靈內有兩股對立的思維方式，其實，它更不希望我們意識到自己還有心靈這麼一回事。小我心裡有數，我們若看清了自己內心存有「分裂」與

「救贖」兩套思想體系，兩者還相互否定，我們必會意識到自己選錯了，因而另行作出正確的選擇。為此，小我才不斷慫恿我們把內在的衝突投射出去。比方說，國家領袖常常告訴國人：「我們正在面對正義與邪惡之戰，**我們**代表正義這一方，**他們**代表邪惡那一方。而且我方必須勝利，對方才會銷聲匿跡。」試看，人心的衝突就這樣演變成外界的鬥爭了。這一切全是小我精心打造的策略，不讓我們看到自己心內的衝突，自然就無從化解了。為此，小我才會打造出一個「非心」的世界與芸芸眾生。這是我們下一節的主題。

(V.二.5:2) **如果你與自己的思想體系認同（我敢說你不能不與它認同），而且同時接受兩種截然相反的思想體系，你的心靈是不可能平安的。**

在人間，沒有一個人活得平安，因為人類會不斷地把兩套對立的思想體系投射到外界，自然只會看到外界衝突不斷，使得心內的衝突永不得解。心內的衝突一日不解或不得療癒，不可能不投射出烽火連連的世界，令我們不知從何下手去改變，因為我們打造世界的初衷原來就是不想改變。畢竟而言，真正有意義的改變只可能發生在心內。自從失心之後，我們就和真實的改變絕了緣，小我也從此高枕無憂了。

(V.二.5:3~5) **只要你接受二者，你等於在教人兩種全然對立的思想，那麼你不只在教人矛盾，自己也在學習矛盾。然而，你真正想要的其實是平安，否則你不會向那「和平之音」求助。**

聖靈的課程絕不可能讓人瘋狂失常的，只有衝突才會逼瘋一個人。

任何靈修教誨若只著眼於行為層次（絕大多數宗教都是如此），等於在傳授人類兩套矛盾的思想體系。這就說明了為何許多傳統宗教原本想為人類解除仇恨之罪，結果連它們本身也陷於仇恨心態，甚至有過之而無不及。難怪耶穌在〈心理治療〉一文說出這麼語重心長的話：

> 形式化的宗教組織在心理治療中沒有存在的必要，形式宗教在宗教裡其實也沒有真正的地位。這個世界有一種令人費解的傾向，總喜歡把互相矛盾的字連成一個詞，卻看不出其間的矛盾。企圖把宗教形式化，充分顯示出小我的居心叵測，想讓水火不容之物妥協並存，我們無需為此耗費筆墨。（P-2.II.2:1~3）

國際上也一直在做類似的事，原本說要為世界驅除恐懼，結果製造更多的恐懼，助長了小我埋在潛意識的衝突。不幸的是，我們根本意識不到自己一直在傳播兩套矛盾的體系（儘管只有一套是真的），只因我們將它們投射出去了，才使得衝突幻相如此真實地橫梗在眼前，讓我們更難以接受正念的療癒及修正了。

(V.二.6:1~2) **神智清明與瘋狂失常之間也不會正面衝突。因為只有一個是真的，故也只有一個真的存在。**

耶穌的教學手法極其靈活，不但傳授我們他那套思維方式，還不斷和小我思想體系作一對比，誠如他在第二十三章的最後如此反問我們：「在聖愛的呵護下，還有誰會在奇蹟與謀害之間舉棋不定？」（T-23.IV.9:8）只要真正看清楚一套存心害人，另一套則帶來平安，這種選擇，何難之有？問題是，我們不想張開眼睛看清這一真相，才會面對著「神智清明」及「神智失常」這兩種天壤之別的心境，卻不知從何選擇。要明白，救恩不在天邊，它就寄身於這個單純無比的選擇內。

(V.三.9:1~2) 真相之內沒有任何幻相，因此它只能存於天國中。天國之外的一切都是幻相。

請看，聖靈又在提醒我們的抉擇之心了：我們的自性只可能存在於天國內；此刻活在人間的個體之我徹頭徹尾虛幻不實。要知道，這個事實蘊含了化解小我的千鈞之力，能夠幫助我們一眼看穿身體在小我「保身大計」中所扮演的關鍵角色。小我賦予身體一個重大的任務，即是將我們永遠拘禁在夢中，這一領悟堪稱為學習《奇蹟課程》的重要里程碑。一旦看透了身體存在的目的，世界存在的意義也頓時昭然若揭了；由是，我們才有機會轉換另一條道路，開始發揮心靈的選擇能力。請記得，心靈重獲自由乃是我們能從小我分裂噩夢覺醒而轉向幸福天國的先決條件。

小我的計謀：失心的身體

(IV.4:1) **小我不會聆聽聖靈的，反而認定造出它的那一部分心靈存心與它作對。**

小我根本不認識聖靈，對愛或救贖也毫無概念，因為小我代表分裂，與分裂相反的境界自然超乎它的理解範圍。但小我非常清楚自己的生存險境，因它全靠心靈的認同才可能存活下去。它既是心靈的產物，那麼，它最大的噩夢就是這位抉擇者有朝一日認清自己的錯誤，而決心不再對它言聽計從。聖子只要把信念從小我身上抽離，轉而投注於聖靈，小我頓失它呼風喚雨的能耐。

(IV.4:2) **為此，它認為自己攻擊主人是情有可原的。**

小我不可能不對抉擇者發動攻擊，設法廢除它的武功，甚至除之而後快的，因為這個天敵直接威脅到它的自主性，小我當然會想盡辦法殲滅這個心頭大患。

(IV.4:3) **它相信最佳的防衛莫過於反擊，要「你」也如此相信。**

請牢牢記住，《奇蹟課程》的**你**幾乎都是針對心靈的抉擇者而發的。這個世界及活在世界中的我們就是靠攻擊而存活下來的，若非抉擇者已聽信小我之言，認定聖子打倒了自己的造物主，我們豈會甘心與小我結盟？又豈會相信自己就是淪落人間的孤立生命？從此以往，攻擊不僅成為我們的一種生存現實，它還成了小我打擊心靈最拿手也最凌厲的攻防武器。

(IV.4:4~5) **若非你真相信這一點，豈會與它同流合污？小我急著找尋盟友，而非弟兄。小我在你心內感到有個來路不明之物，因此急於跟身體聯盟，因為身體並非你的一部分。**

沒有錯，小我根本不想要弟兄，因為它如此重視分裂及歧異，當然不會對跟它一樣的東西感到興趣。但它十分需要盟友，而最忠實的盟友莫過於身體了。小我非常清楚身體不是心靈的一部分，但它一直向我們隱瞞這個事實。也正因身體不屬於生命的一部分，它才可能成為小我的盟友，進而聯手攻擊一直令小我戒慎恐懼的心靈。

(IV.4:6~8) **所以身體才能成為小我的盟友。這聯盟分明是建立於「分裂」的基礎上。一旦加入了這一聯盟，你不可能不害怕，因為你等於是與恐懼結盟。**

試看，只要我們與某一派建立聯盟，表示我們正在**抵制**另一派。可以說，尋找盟友之舉，透露出人心對外界的恐懼，否則我們豈會尋求盟友來抵禦外侮？也因此，結盟本身遂成為恐懼的象徵。這也是前面引用的那句經典名言的深意：「所有防衛措施所『做』的，恰恰變成了它們所『防』的。」（T-17.IV.7:1）

(IV.5:1) **小我會利用身體來暗算你的心靈，因為小我明白你這「敵人」萬一識破小我和身體並非你的一部分，它們的命運就**

此告終了，因此它們必須聯手，先下手為強。

心靈的抉擇者能在瞬間（也就是神聖一刻）結束身體和小我的存在，自然成了小我的心頭大患。為此，小我必須把我們囚禁於失心之境，才能確保我們永無回心轉意的機會。於是妄心和身體聯手陷害抉擇者，讓聖子相信自己絕非上主的一念，而是這具脆弱的身體，最後只能視小我為他的忠實盟友。下文馬上為我們指出，身體其實只是一具空殼子，它只會執行小我的指令。小我卻告訴我們，身體才代表真正的我們自己，若要保住自己的生命，必須聽信小我那一套說詞：「世界不在心內，而是心外之物；我們沒有心靈，只有大腦。」小我就是靠這個謊言穩固它的江山的，故當科學家把心靈說成大腦的一種作用時，絲毫意識不到自己已經掉進小我的圈套了。他們既然找錯了地方也看走了眼，又怎麼可能測出心靈的真相？究竟地說，心靈不在任何**地方**，它是「非空間」的存在。

(IV.5:2) **只要深思一下這種邏輯，沒有比它更荒謬的觀念了。**

正因如此，我們毫不警覺小我思想體系所牽涉的幅度有多廣，更意識不到小我世界瘋狂到什麼程度。我們當然知道世界確實瘋狂無比，但絕大多數的人仍懷著一線希望，期待世界有朝一日會變得清明正常一點。但那是不可能的事！唯獨這一領悟，才是世間僅存的清明之念；也唯獨這一點靈明，才會將我們領回真實的清明之境，因為抉擇者終於選擇聆聽聖靈了。

(IV.5:3~4) **虛妄不實的小我，千方百計想要說服真實無比的心靈承認自身只是小我的一項學習工具而已，還要它相信身體比心靈更為真實。任何具有正見者都不可能相信這種說詞的，事實上，也沒有一個正見之士真正相信過它。**

小我不只進一步讓我們相信身體比心靈真實，它甚至乾脆告訴我們，根本沒有心靈這一回事。小我太厲害了，它利用心靈的學習能力，不斷對心靈洗腦，讓它相信自己根本就不存在；唯一可信的，只有失心之夢裡的芸芸眾生——我們是其他身體打造出來的另一具身體，其他的身體有時愛我們，有時恨我們，最終一定會毀了我們。因此小我最怕我們突然一念清明，轉而對它的那套荒唐說詞一笑置之。也因此，身體成了小我手中的王牌，最能遮掩心靈的真實力量，讓我們永遠失心下去。下文開始解說心靈的力量：

(V.一.2:6~7) **倘若心靈能治癒身體，身體卻無法治癒心靈，那麼心靈必然要比身體強大得多。每個奇蹟都在證明這一點。**

唯有認清心靈的力量是「因」，身體只是它的「果」，我們才有機會改變過去的錯誤決定；而一旦作此決定，奇蹟便發生了，這就是心靈的自我療癒之道。小我高壓統治的生死夢境就此告終，最後，我們必會覺醒於自己的永恆生命，即基督自性：

(V.一.1:1~5) **當你的身體、小我，以及夢境一舉撤銷之後，你**

便會知道自己原是永世長存的生命。也許你還會以為這是死亡之後才可能成就的境界；其實，死亡無法成就任何事情，因為死亡根本就是虛無的。唯有生命才可能成就事情，而生命屬於心靈層次，也在心靈之內。身體既不曾活過，故也不會死；它容納不下你，因你是生命。我們既然享有同一心靈，你必然也能如我一般克服死亡。

「身體**徹底的虛無**」，這個重要觀念首次出現於此，還會不斷出現在〈正文〉、〈練習手冊〉以及〈教師指南〉。身體真的什麼也不是，它不曾活過，故也不會死；它不可能生病，自然也無需療癒；它既不能看，也不能聽，更遑論思想了。它最多像個木偶，按照心靈的指令行事。小我當初造出這具可朽的身體作為我們安身的家園，令我們更加堅信死亡是上天對人類罪孽的最高懲罰。但如今，我們終於能夠扭轉小我的目標，把身體當作回歸心靈的工具，成為救贖的基地，由此慢慢覺醒於永恆的生命。

(V. 一.1:6~7) **死亡企圖以不作任何決定的方式來解決衝突。這和小我其他荒誕的應變伎倆一樣，根本於事無補。**

死亡解決不了任何問題，因為它屬於身體層次，與心靈一點關係都沒有。所以說，死亡也是虛無，它只是小我的一念，也只可能存在於小我瘋狂虛幻之心所作的生死大夢裡。

(V. 一.2:1) **身體並非上主所造，因為它是可朽之物，故不可能出自天國。**

《奇蹟課程》不知提過多少次，上主從未創造過世界和身體，這兒只是其中一例。世界和身體均為無常且可朽之物，不斷變化、分解、衰萎、死亡，和天堂的永恆不易之境截然相反。生與死，不易與變易，一體與分裂，都屬於彼此相斥的境界，無法並存，而且只有一方是真實的。這一邏輯成了耶穌的寬恕法門之形上基礎——我們只是寬恕不可能發生故也不曾發生的事，因為沒有人毀滅得了那個完美的聖愛。

(V. 一.2:2~3) **身體不過是你心目中的你的一個象徵而已。它顯然是一種分裂伎倆，故不可能真的存在。**

由此我們不難理解，為何小我不讓我們真心學會奇蹟而回到心靈的源頭，它故意讓我們誤信耶穌的本意就是要讓我們的血肉之身變得快樂一點、健康一點，或者神聖一點。小我還會鼓勵我們多為他人祈禱，傳播愛和療癒的正面思維，讚美我們強化了人我的不同。即使是最虔誠的奇蹟學員也經常落入這一陷阱，追根究柢，就在於我們不敢承認身體與生俱來的虛無本質。其實，真正需要我們祈福的不是身體，而是心靈，小我打造身體的目的無非是存心混淆我們的眼目，忘了真正有待療癒的是什麼。

身體最擅長把罪咎弄假成真之道，故可說是小我的最佳推手。我們在第五章已經說過，罪咎是維繫分裂狀態的利器，只因我們一旦相信罪咎存在，必會設法逃避懲罰而將它由心內投射出去，落到身外的某個特定人物身上。正如〈練習手冊〉所說：「形相世界就是為此目的而造出來的。」（W-161.3:1）我們需要一個恨的對象，只因我們急需解除自己與上主分裂所衍生的罪咎感，故不能不把這個咎投射到另一個形體上頭，竊盼上主會在他們身上看到罪咎的蹤影，轉頭去懲罰他們。這是我們打造世界的動機——原來我們十分需要代表分裂的具體象徵，才會搞出這種世界並往裡面塞進一堆血肉之身，充當投射的靶子。下面這一段話言簡意賅地道出小我如何利用身體，以及它的後遺症：

(V.一.5:3~4) **小我把身體當作攻擊、享樂，甚至引以為傲的對象。就是這瘋狂失常之見把身體變成了可怕無比之物。**

小我的最終目的，就是陷我們於失心狀態，而且把自己投射到一具身體內；基於「觀念離不開它的源頭」之原則，身體不過複製了小我的罪咎與攻擊之思想體系，而成了小我在世上的化身。不僅如此，小我嚐到了罪咎的甜頭後，還進一步把這個精神錯亂的念頭輸入身體，把身體變成一個能夠享受快感的主體。然而，身體的快感一消失，我們立刻感到痛苦。說到底，不論是苦是樂，或什麼苦或什麼樂，一點都不重要，只要身體覺得它們非常真實，心靈便意識不到那是自己投射出去的咎，不知不覺地加深了內心對報應和死亡的恐懼。緊接著，我要特別闢一個小節來討論「投射」，剖析一下攻擊背後的動力究竟是什麼，因為攻擊可說是罪咎的守護神，也是罪咎的藏身之處。

投射：憤怒和攻擊

奇蹟交響曲在第二樂章就已經點出「投射」一詞（T-2.I.1:7），到了第五章才嚴肅探討這個主題。我們馬上就會看到，「投射」一出場，立刻成了小我思想體系的一員大將。因此，倘若不清楚投射的伎倆，便不可能了解小我的整個陰謀，我們就更難體會出寬恕的重要性，以及它在整部課程中舉足輕重的角色。唯有在投射的舞臺上，我們才可能明白寬恕扭轉乾坤的大用，因為所有的問題都是出自心靈所作最糟糕的決定，竟然企圖透過投射來擺脫心內的咎。若想扭轉投射的後遺症，就得仰賴奇蹟來幫助我們重新選擇了。

(II.1:5~6) **我們先前提過，分裂作用自始至終都是為了斷絕關係；切斷聯繫之後，投射便成了它最主要的防衛措施，也成了它的存活之道。其中的原委，遠非你想像的那麼單純。**

我們首先與上主切斷聯繫（也就是「解離心態」），令自我與自性斷交，再進一步將妄念之我與正念之我徹底切割。當小我把妄念之我全面從心靈撤除，再投射成宏觀的世界及微觀的身體之後，它的防衛系統便大功告成了。由此可知，投射乃是小我防衛機制的主力。接著，耶穌繼續為我們揭發投射過程的內幕：

(II.2:1) **你投射出去的正是你拒絕接納之物，你自然不會相信它原是你的一部分。**

投射的前提是基於「天人分裂」的信念，而分裂出來的自我，成了我在人間的真實身分。由於小我一直灌輸我們自己罪孽深重，還不斷加深我們的罪咎感；而罪咎期待懲罰，我們自然愈來愈怕隨時降臨的天譴。我們已經說過，罪、咎、懼乃是小我失心大計的陰魂，逼得我們不得不從心靈出走，另行打造一個世界及身體作為棲身之地；只因我們相信自己若留在心靈內，必遭上主毀滅。我們自願接受「自己有罪」這個存在現實後，便只有投射一途方能擺脫罪孽深重之感。為了擺脫內心這種自我憎恨，上上之計就是與這個有罪的我劃清界線，轉而投射到剛造出的世界，從此，芸芸眾生便成了自己的投射靶子。不消說，世上所有的人也正在對我做同樣的事。

(II.2:2) **你一判斷你與自己投射之物有所不同，你便成了他的「身外」之物。**

「不同」一詞在《奇蹟課程》具有舉足輕重的份量，反覆迴盪於整首奇蹟交響曲中。根據小我的說法，我們既與上主分裂，表示我們和上主屬於兩個不同的生命。我們繼而把這個分裂信念所產生的「咎」投射到別人身上；一歸咎他人之後，我總算清白無罪了，從此便可理直氣壯地說：「**你**是有罪之人，跟我是兩個不同的生命；上主必會懲罰你而放過我的。」

(II.2:3) **因著你對自己的投射的排斥，你會不斷加以攻擊，因為你存心與它保持分裂狀態。**

只要誠實反思一下，我們都心知肚明，投射並沒有達成它所預期的目標，但只要能杜絕我們往內看，也就達到小我的目的了。罪咎始終深埋人心內，只因念頭不會因為我們丟出去就消失不見，這正是「觀念離不開它的源頭」的原理。**不論**是愛或咎，在這層次，施與受是同一回事。投射最多只會給我們一個「終於擺脫了它」的錯覺，事實上，我們嫌惡的自我形象始終留在心內。至於那位接收我們的投射而顯得有罪的他，和我們愈發顯得「不同」。縱然我們精神錯亂地以為自己的罪咎已經跑到他人身上去了，其實那個罪咎哪兒也沒去，反而被投射保護得更加隱密而高枕無憂了。〈練習手冊〉有言：「這（不寬恕）念頭會保護它所投射之物……」（W-PII.一.2:3）正是這個意思。衝著任何人發出的攻擊念頭，其實是企圖遮掩我們當初對上主的攻擊之念，結果反倒加深了那一直在啃噬心靈的「咎」，令我們不得不繼續奮力將「咎」推到身外。下文告訴我們，小我這種居心叵測的伎倆進行得神不知鬼不覺，我們根本意識不到。

(II.2:4) **這種反應都是下意識的，它蓄意不讓你覺察出你其實是在打擊自己，卻異想天開，以為是在保護自己。**

總而言之，罪孽深重的傢伙是**你**而不是**我**！只要我深信罪咎在我身外，自己就安全無虞了，因為我清白無罪；這是每個人暗藏心內的秘密夢想。由此，我們不難明白為什麼在自己的世界以及集體的世界裡，我們那麼想要定罪及懲罰他人，因為唯有如此，才能把那些邪惡之輩推出自己心靈之外。

(II.3:1) **你的投射所傷害到的一定是你。**

投射必定會對自己造成極大的傷害，因為它是建立在「我們全是罪咎之子而非上主之子」的前提上，這麼一來，分裂遂成了我們此生的最高指標，救贖則自動退位。定了**他人**之罪而視**自己**清白無罪，還會令我們誤以為成功地改造了他人及自己。其實我們的心靈依然故我，始終相信自己罪孽深重，因為小我絕不想讓我們感到純潔無罪，更不會讓我們意識到選擇小我這個錯誤所帶來的痛苦。

(II.3:2~6) **它使你更加仰賴自己分化的心靈；它唯一的目的就是維持分裂狀態。這純粹是小我的伎倆，使你覺得自己與弟兄是兩個完全不同且毫無關係的獨立個體。小我還會設法使你感到自己「高人一等」，以顯示你們的不同，進而抹殺你們的平等關係。投射與攻擊其實是一丘之貉，因為小我一向是用投射來為自己的攻擊行為辯護。沒有投射，憤怒便無從生起。**

「不同」的觀念，正是小我分裂思想體系以及特殊關係的軸心信念，隨後幾章會開始為我們逐步解釋寬恕如何化解「不同」的信念。投射必會導致我們認為自己「高人一等」，只因你有罪而我無罪，況且我還願意寬恕你這可憐的罪人，這就是〈頌禱〉所說的「毀滅性的寬恕」（S-2.II）。投射必然引發憤怒，因為我把自己的罪咎投射到你身上，你便成了有罪之身，理當承受懲罰。攻擊之念投射出去之後，發怒變得天經地義：

「看看你幹的好事！」至於他真的幹了沒有，一點都不重要。重點是，我需要把一切錯誤諉罪於他，這樣我才有理由生氣。即使在夢境裡，事情究竟是真是假，對小我而言，同樣是毫無意義的。

(II.3:7~8) **小我利用投射，純粹是為了破壞你對自己及弟兄的看法。它的陰謀是這樣得逞的：先把你無法接受的某一部分剔除於自身之外，最後又把你剔除於弟兄之外，這是遲早的事。**

投射一舉毀滅了「我們全都一樣」的正知見，令我們意識不到彼此的平等性，也就是我們全都共享同一分裂思想體系以及同一救贖思想體系。小我一直慫恿我們把心中當真的罪咎感剔除心外，其實，我們真正想要剔除心外的是「自己早已將自己剔除於上主聖愛之外」那個信念。總之，是我們拒絕了聖愛，將它隱藏在正念之心內，轉身接受小我給的罪咎來取代自己的生命真相。但我們又不甘為罪咎所苦而將它投射給他人，把聖子奧體變成一個個截然不同的人，如此，自己才有繼續發怒及攻擊的理由。這就是上述引言所說的「剔除」之深意。

(In.1:1) **憤怒與攻擊的連帶關係是顯而易見的，但憤怒與恐懼的關聯並不那麼顯著。**

我們深恐留在充滿罪咎的心內只怕是死路一條，故用發怒來掩飾這一恐懼，為此，我們很不容易看清憤怒與恐懼的關聯。我們為了保護自己而把罪咎投射到別人身上，再加上心中一把怒火，更證明了對方確實有罪。如此一來，我們怎麼可能不害怕別人的報復？於是我們更加相信內心的恐懼全是外人或外境引發的。正如下文所言：

(I.3:3) **投射意味著內心的憤怒，憤怒會激起攻擊，攻擊又加深了恐懼。**

我們不難看出這種連環反應威力之強大，簡直超乎想像。我們所怕的威脅既是由外而來的，自然不會聯想到那是自己心靈投射出去的罪咎；就是這種投射的防衛機制令自己憤怒得理直氣壯，把所有的心力轉向外界，抵禦外在威脅（連我所認同的這一具身體也屬於外在的威脅之一）。如此一來，我們更沒有正視內在那個恐懼思想體系的必要了。如今，我們終於知道了那個恐懼既是自己的選擇，那麼也只有內心的抉擇者才有能力化解。

耶穌繼續剖析憤怒下面的隱情：

(In.l:2~3) **憤怒通常都是分裂心態投射出去的結果，因此當事人終究得為自己的憤怒負責，無法怪罪他人。你不會無緣無故發怒的，除非你相信自己受到了攻擊，理當還以顏色，而且不應為此負任何責任。**

奇蹟交響曲到了尾聲，也說過類似的話：「憤怒是毫無道理的事。」（T-30.VI.1:1）言下之意，憤怒是可理解的，但**絕非理所當然的**，因為憤怒所假設的前提根本就錯得離譜。上面這段引言雖然沒有明講，卻在字裡行間影射出憤怒背後的隱情：我們氣得理直氣壯，因為他們害我們感受不到上主的平安；我們會失落平安都是他們造成的。其實，我們的不平安純粹是因為自己做了一個與平安分手的決定，跟外人一點關係都沒有，外人絕對不是我生氣的真正緣由。

(In.l:4~7) **這三個非理性的前提必會導致同樣非理性的結論：那位弟兄活該被你攻擊，他不配接受你的愛。從這瘋狂失常的前提，你只能期待一個瘋狂失常的結論。若要化解這瘋狂失常的結論，你得先反省一下它所根據的前提是否神智清明。你是不可能被攻擊的，也沒有一種攻擊是理所當然的，你必須為自己深信不疑的那些想法負起責任來。**

也就是說，只要不去反省與深思小我那套瘋狂邏輯，我們便能篤定地說：「外面的世界瘋了；只有我沒瘋，他們全瘋了。」或者說：「他們才是冷血無情的兇手，不是我！」這是我們當初打造出芸芸眾生的真正動機，讓我們覺得問題都出在別人身上，自己便能安然躲在特殊性的懷抱裡。直到有一天，我們懂得向耶穌求助，逐漸意識到問題其實出於自己心內，而且只有寬恕方才解決得了問題，那時我們就敢反身質問小我的基本前提了：「我們犯了褻瀆上主之罪；分裂乃是既定的現實，我們才不得不發明投射來逃避責任，躲開分裂之念必然導致的痛苦結局。」對此，寬恕的目的，就是溫柔地幫助我們解除這套瘋狂的思想體系，將它轉換成救贖的清明記憶——原來上主及聖子那兒什麼事也沒發生；天人分裂只是一場噩夢，對真理實相一點影響都沒有！

寬恕與耶穌

耶穌透過他在〈新約〉中的特殊身分，為我們示範如何應付世間的種種打擊，藉以闡述寬恕的道理。耶穌被釘十字架的記載，究竟是真是假，其實並不重要。不論你是基督徒、猶太教徒或無神論者，都知道這位「上主的義人」如何遭受世界的迫害，最後「殉道而死」。正因為這個救恩故事已成為西方文化的重大基石，故耶穌最有資格針對小我思想體系的本質以及化解小我的訣竅，為我們現身說法。有一點值得我們留意，耶穌在本章的「導言」及第一節，總共提醒了四次，要我們以他為學習寬恕的榜樣，到了第四及第五節又重述了兩次。我把這六處引言節錄於下：

(In.2:1) **你應以我為學習的楷模，因為一個極端反常的示範常是最有效的教學工具。**

(I.3:6) **……我……成為你學習的楷模了。**

(I.7:2) **我是「重生」的楷模……**

(I.8:6~7) **我只能在你身上建立祂〔上主〕的教會，因為唯有以我為楷模的人才算真正的門徒。既是門徒，便需追隨師表，如**

果老師想盡辦法幫助學生解除一切痛苦，學生卻裹足不前，實在愚不可及。

(IV.9:4~6) **你有一位神聖的嚮導，祂會教你如何培養那些能力，可是真正發號施令者是「你」。為此，你身負掌管天國之職，有位嚮導不僅陪你找回天國，還會教你守住天國。此外，你還有一個楷模可以追隨，他會穩固你的領導地位，不再誤入歧途。**

(V.三.9:7~8) **你的心靈一旦療癒，自會散發健康的光輝，表示你已開始教人療癒之道了。如此，你便已躋身於與我同等的教師行列。**

耶穌力勸我們把他當作寬恕的榜樣，當然不是指外表的模仿（形式），而是他的精神（內涵）。換句話說，當我們受到攻擊時，不再以暴制暴，以牙還牙，關鍵在於我們不再針對他人的行為而任意反彈了。究竟說來，世界的出現**本身**即是一種攻擊表現，世人會攻擊我們乃是意料中的事。然而，只要回到正念心境，就不會把那些行為視為攻擊，而會解讀成愛的求助——沒有一個人不渴望這個愛的。我們一旦落入妄念心境，對方的挑釁行為便給了我們分裂的藉口，更無需為自己的攻擊負責了。下面兩段引言特別解說了寬恕的過程：

(II.8:4~5) **上主創造你，為的是要你去創造。但你得先了悟天國的圓滿無缺，才可能將祂的天國推恩出去。**

換言之，我們一旦把外在的攻擊當真，是不可能領悟自己本有的圓滿生命的。只要相信罪孽全都來自外在世界，與自己毫無瓜葛，我們便再也無法憶起天國一體不分的境界。唯有學會寬恕周遭世界相互攻擊的分裂幻相，我們才會憶起上主的圓滿造化。

(II.13) **上主賜你聖靈，是出自大公無私之心，因此，你必須具備大公無私的眼光，才可能認出聖靈來。小我好似一個軍團，聖靈卻是一個完整生命。天國內沒有任何黑暗的角落，你的職責只是不讓任何黑暗藏匿於自己心中而已。你只要如此與光明輝映，它便無遠弗居，因為你等於是與世界之光相輝映。我們每一個人都是世界之光，只要我們的心結合於這光明下，便等於同聲宣告天國的來臨。**

「大公無私」，意味著人心內已無「特殊性」的陰影。我們不可能只愛或只恨聖子奧體的某一部分，我們的愛或恨必然是針對整個聖子奧體而發的；在聖靈的寬恕思想體系內，絕無灰色地帶。我們對某人某事的責難，等於聲明他們是黑暗之子，而非世界之光。我們若在聖子奧體的任何一顆心靈內看不到這一光明（而且**絕無例外**），表示我們已經把自己心裡某個污點（即罪咎）弄假成真了，才會想要藉著投射而把那些黑暗之子剔除於聖子奧體之外。這一段引言雖然沒有直接提到「寬恕」一詞，卻道出了寬恕的真精神，也就是在投射的對象身上認出那只是自己內心選擇了罪咎；如此一來，尚未被我們寬恕的這群人恰好給予我們一個寬恕自己的機會。只要自己甘心視而不見黑暗世界包藏的陰森罪咎，便會憶起救贖的光明，看到整個世界都籠罩在溫柔的寬恕之光中。那時，我們原是基督的記憶便已慢慢甦醒，且和基督自性及祂的造物主永不分離。

現在，讓我們回到耶穌的身上，探討一下如何在小我世界裡仿效他的應世之道。由於我們都相信自己活在一具身體內，故我們得先調整一下自己的想法。縱然耶穌在此具體地談論福音中有關他被釘十字架的記載，還有他「不設防」的表現，但我們務必記住，耶穌真正要我們了解的，乃是事件中的內涵（即心靈），而非形式（即行為反應）。

(I.5:1) **我和你一樣，你也和我一樣，我不能說得比這更清楚了；可是我們之間最基本的平等性，唯有在共同作出決定的那一刻才顯示得出來。**

耶穌再度指向我們的心靈，我們若想活得像他一樣，那個決定只能出於心靈層次。他指出我們和他唯一不同之處只存在時空幻相裡，因他已明確而徹底地作出「選擇聖靈」的決定，心內已無小我的陰影；而我們仍然處在學習作出那個決定的過程中，故亟需以他為表率。

(I.5:2~3) **只要你願意，你隨時都能視自己為受害者。你一旦選擇了這種回應方式，很可能會想起那在世俗眼中受盡迫害的我；問題是，我從不如此看待自己。**

受害感純屬一種知見，與別人怎麼對待我是兩回事；這種知見是基於我們需要在別人身上看到自己的罪咎，才會作出這種詮釋。如果我們真心想效法耶穌，就必須先接納他的正知見，明白沒有人能對我們做什麼，因為我們始終都在一體之愛內。他在人間那場經歷，向我們示範了世間再慘的經歷也不足以奪走心靈真正的平安。總之，這位長兄在教導我們：「寬恕吧！因為他們並未對我們做出任何事情。」

(I.5:4~6) **我既不接受這一詮釋，自然不願助長這類觀點。如此，我便賦予了「攻擊」另一種詮釋，這才是我要分享給你的。你若願意相信我的詮釋，等於是在幫我傳播這一訊息。**

奇蹟交響曲到了〈正文〉第十二章，會比較詳盡地解說我們面對攻擊可作的不同解讀（T-12.I.8~10）。耶穌會教我們明白，攻擊只是恐懼的流露，那其實是在向每一個人心內本有的愛求助（縱然我們根本不承認自己心中有愛）。為此之故，當我們感到自己受到不公待遇之際，那一刻特別需要記住耶穌的榜樣。我剛才說過，耶穌死在十字架上的事件是否真如福音的記載，一點都不重要，重要的是這些故事傳達了最深的寬恕。因此，我們應把耶穌視為一個象徵性的人物。在耶穌眼中，攻擊乃是「向愛的求助」，在這種慧見下，報之以愛自然成為他唯一的選擇。耶穌能做到這一點，只因他已認同了愛是自己的生命本質。我們心中若還有以牙還牙之念，表示心靈已經選擇了小我思想體系（至於外在究竟發生了什麼事，一點關係都沒有)。一旦意識到自己的錯誤，立即放下攻擊而選擇那位寬恕良師，我們自然不會跟對方選擇的小我繼續起鬨了。慢慢的，我們會成為那位代表聖愛的心靈導師在人間的化身。耶穌繼續開導我們：

(I.6:6~11) **我從不要求你把自己釘在十字架上，這是我對世人最有貢獻的教誨之一。我只要求你，下回碰到無傷大雅的挑戰時，不妨跟隨我的表率，別再誤把它們當作你發怒的藉口。也別再為自己不可理喻的反應自圓其說了。不要相信任何藉口，也不要教人找藉口。隨時記住，你自己相信什麼，就會教別人什麼。你若能相信我所相信之事，你我便成了同級的教師了。**

這就是祈求耶穌引領我們回家的真義——我們願意以他的慧眼去看待人間的一切。既然世間沒有一人侵犯得了上主之子，而只有聖子傷害得了自己，那麼世間還有什麼需要寬恕的？這麼說來，我們更沒有憤怒的理由了。只要我們肯學習這一門功課，心境必然日益肖似耶穌，直到小我消融殆盡，我們便跟耶穌一樣，可以跟他平起平坐了。耶穌擔心我們還沒聽懂他話中所蘊含的**形式**與**內涵**之別（也就是心靈的妄念及正念之別），下面兩段又再度為我們詮釋十字架的深意，堪稱為醒世箴言：

(I.9:1~10:1;11) **我為了你以及自己的緣故，不惜以身示範，那在小我眼中慘絕人寰的暴行，對我們一概毫無影響。在世俗的判斷下（而非上主的真知），我曾遭人背叛、遺棄、鞭撻、折**

磨，最後一命嗚呼。這顯然都是別人投射在我身上的形象，因我那一生只知療癒，不曾傷過一人。

你無需重蹈我的覆轍才配成為與我平起平坐的人生學徒。……沒有一個人傷害得了你，我也不是一位受害者。因著我們同享一個聖靈，使你無需重蹈我的覆轍。然而，你仍需由我的典範中學習如何看待那些事件，它們對你才能產生正面的作用。我們的弟兄仍在忙著為那些不可理喻之事自圓其說。其實，沒有一個與聖靈判斷不合的看法能夠自圓其說的；這是我在世上學到的，也是我必須教人的課題。我藉著一個極端的示範為這一事實作證，我的榜樣會對那些經不起一點挑戰便發怒攻擊的人帶來很大的示範效果。我和上主都懷有同一大願，就是沒有一位上主之子需要受苦。

這兩段話實在太經典了！耶穌說，福音中有關他被釘十字架的記載，唯一的價值在於它的**內涵**，意思是，他要藉此教導我們如何以不設防的心態來面對攻擊的假相，而非渲染他在**形式**層次所作的犧牲及所受的苦難或死亡。要知道，懸在十字架上的那具**身體**已經被世人膜拜兩千年了，耶穌才勸我們：「別再盯著那具被釘死的身體了，請向我療癒的心靈看齊吧。」那顆**心靈**正在向我們示範：世間沒有一人剝奪得了上主所賜的平安與聖愛；不論身體承受什麼打擊，也傷害不了正念之心分毫。除非我們誤把自己視為這具身體，外在的攻擊才會顯得真實無比。為此，我們才說，以牙還牙絕非天經地義的回應方式。最終的理由在於：「你認定的那件事根本不是你想的那一回事！」這才是十字架要傳遞給我們的唯一訊息：「**什麼事也沒發生！**天人分裂只是一場噩夢，絲毫影響不到我們的真實身分——我們全是聖愛之子。」下面短短兩句話就把兩千年的傳統觀點修正過來了：

(I.13) **十字架的訊息簡單而明確：**

只教人愛，因為那是你的天性。

不幸的是，世界必須靠罪咎、犧牲、痛苦及死亡才能存在，故它會將愛的訊息當下竄改成「**只教人罪，因為那是你的天性**」。你不想要面對的罪咎一遭你否定，必會投射到他人身上。這就是為什麼人類世世代代都善於打著愛的旗幟，卻極盡批判、迫害及戰爭之能事。耶穌繼續為我們分析其中的隱情：

(I.14) **你若賦予十字架任何其他的詮釋，表示你已將它扭曲為一種攻擊武器，忘了它原本的和平訴求。我的十二門徒常誤解了這一點，後人的誤解也不出同一理由。只因自身不完美的愛，他們不能不投射；只因心中的恐懼，他們不能不把「上主的義怒」形容成一種報復的武器。只因內疚的激怒，他們一提到十字架，便掩不住一股怨憤之情。**

再提醒一次，正由於海倫及這個世代相當程度接受了基督教這個神話，且視為真理，故《奇蹟課程》才會借用基督教的象徵人物，來教誨我們神話下面隱藏的「內涵」**乃是**真理之所在。不論你是否相信《聖經》的記載，都無礙於十字架事件所傳遞的核心教誨——寬恕那不曾發生的事。這一詮釋會將十字架的意義從一個歷史事件轉移到心靈那兒，只要進入心靈層次，我們**便有**機會在「十字架與復活，昏睡與覺醒，小我與上主」之間作一選擇了：

(I.16:2~8) **我也不願看到我所傳給你的思想體系裡夾雜一點恐懼。我要召請的是教師，而非殉道烈士。沒有人會為他的罪受罰，上主兒女亦非罪人。任何懲罰觀念都與你想要歸咎別人的心理投射脫離不了關係，它還會助長「歸咎別人是情有可原」的觀念。結果，你所教的成了一門如何歸咎別人的課程，因為你在舉手投足之間傳播了行動背後的信念。十字架是兩種截然相反的思想體系激盪出來的後果，成了小我與上主之子的「衝突」最貼切的象徵。直到現在，這衝突的力道仍然不減當年，這一課題對現代人的重要性也不減當年。**

耶穌要我們去**傳揚**他的寬恕和愛之訊息，別再宣揚他的殉道事蹟，因為殉道觀念和小我最愛標榜的罪咎、懲罰和犧牲那套思維實屬一丘之貉。《奇蹟課程》只有一個目標，就是幫我們作出一個真正有助於我們解脫的選擇，也就是接受寬恕的思想體系；唯有寬恕，方才解除得了那些不曾真正發生的事。這也同時是《奇蹟課程》常說的「一個問題，一個答案」，或「一個衝突，一個解決方案」。小我的方案則與此完全背道而馳，它鼓勵我們活出它那種「**非此即彼，非你即我**」的立身原則：「我的痛苦證明你有罪，為此，該受罰的是你而不是我。」這正是十字架一直在向人類傳遞的思想「原型」——聖子之死證明了分裂之境一定有輸有贏。不僅基督教神話裡暗藏著這種你輸我贏及你消我長的觀念，世上各個民族的神話也都擺脫不了它的陰影。即使在現實人生的夢境裡，輸贏的原則也主導著各個領域。耶穌這部課程就是要幫助我們一舉扳正這個錯誤的生存原則。

下面這一段引言為我們濃縮了耶穌的寬恕功課以及不設防的心態。他又進一步邀請我們好好學習他所學的，用心去教他所教的：

(I.19) **請記住，聖靈是天父與自己的分裂兒女之間唯一的交流管道。只要你願聆聽祂的天音，你就會知道自己既無法傷害別人，也不可能被人傷害，許多人正等著你的祝福才可能親耳聽見這一天音。如果你在他們內只矚目這一需求而不理會其他需求的話，表示你已獲得了我的真傳，也會像我一樣迫不及待地分享自己的所學。**

所謂聆聽聖靈，意味著我們決心接受祂的慧見，願意在面臨人間形形色色的攻擊之際，僅僅著眼於聖子百害不侵的那一面。無可否認的，我們的身體確實不堪一擊，幸好心靈存在於世界夢境之外，不論夢中發生任何事都撼動不了它分毫。話說回來，唯有明白了「我是心靈而非身體」這個核心教誨，才可能以不設防的心態面對外在看似真實的攻擊。這種心境對他人成了最佳的示範與鼓舞，表示他們也能學會這門功課，這其實也是聖子奧體每一份子遲早都得學會的功課。如此，我們不只是耶穌的學生，還成了他在人間的代表。反之，我們若對聖靈的提醒置若罔聞，又對耶穌的示範視若無睹，自然不會接受「愛是我們的天性」這個真相，那麼，我和耶穌便成了兩個不同而且不等的生命。

(I.7:4~5) **我對此深信不疑，故能接納它為我的生命真相。為了天國之故，請你幫我將此真相教給我們的弟兄，但你自己必須先接納它為你的真相才行，否則，你必會誤導別人。**

世間仍有不少人對耶穌心懷戒懼，故耶穌指望我們多多傳播這門愛的功課。若要作出這樣的示範，我們得先進入自己的心內，向那位愛的化身學習「不設防」的心態才行。但請記住，即使我們還沒準備好跟他學習，他也不希望我們為此而內疚；因為害怕真愛並不是罪，我們只不過被恐懼所障蔽，才會抵制他這門愛的課程。

(I.8:1~2) **若有弟兄無法效法我下定決心只聽聖靈的聲音，我最多只會感到遺憾而已，因那會削弱他們亦師亦徒的教學能力。不過我知道，他們不可能真正背叛我或背叛自己的，我還要在他們身上建立我的教會。**

耶穌這部課程教我們明白，我們**就是**他的教會，是他的代表與使者，是他正念心境的見證人；唯當如此，才稱得上是耶穌的真實**門徒**。他這門「愛的課程」不斷闡述著：所有的背叛和攻擊都是幻相，只要接受聖靈的救贖，不再企圖用犧牲或死亡來為自己贖罪，我們便與小我分道揚鑣了。一旦作出這個正確的決定，就是耶穌所說的：「天國來臨了！」

下一節我們要轉向心靈導師——聖靈。聖靈所反映的真相，正是耶穌要教我們的。

教與學

首先，我要重述一下耶穌在第五章提過的一個重要觀點：聖靈不會對我們發號施令的。

(V.2:1) **你若不想驚嚇孩子，只需輕輕在耳邊這樣喚醒他們：「天已亮了，黑夜過去了。」還有什麼比這更慈祥的方式？**

(IV.11:1~2) **為此之故，聖靈從不發號施令。發號施令顯示出雙方的不平等，這正是聖靈所要推翻的事實。**

這幾句話傳述了同一要旨：我們全都一樣，在幻境內同具一個神智失常的小我，在真理之境共享同一基督自性。小我的觀點截然相反，極力慫恿我們著眼於彼此的分歧，因為它正是由分歧之念生出的產物。我們與上主分手之後，害怕這一分歧所導致的懲罰，不得不將分裂之罪投射到他人身上，把他們變成一個不同的人，最大的不同就是他們有罪而我們無罪。若要化解這麼瘋狂的小我思想體系，救贖原則可說是最溫柔的解方了。耶穌在此安撫我們：小我不足為懼，只需正視一下，隨時可以跨越過去的。

(V.2:3~5) **你只需撫慰他們：他們現在已經安全了。然後慢慢訓練他們分辨睡夢與清醒的不同，使他們了解夢魘沒有什麼好怕的。如此，當噩夢再現時，他們自己就會呼求光明來驅除夢魘了。**

(V.3:1) **明師的教學法是逐步推進，而不是躲避問題。**

我們都是被罪咎懼的噩夢嚇壞的小孩，耶穌只能一點一滴教我們分辨「分裂與救贖」，「小我與上主」，「昏睡與覺醒」的不同之處。我們在第四章已經看到，耶穌的教學手法一向是透過愛而非恐懼，他在此又重申這一要旨，只是把愛換成「逐步推進」，把恐懼換成「躲避問題」罷了。換言之，他只需告訴我們世界僅僅是一場噩夢就夠了，而無需在夢中曲曲折折的細節上大做文章，只因我們**現在**便可選擇張開眼睛了。耶穌繼續安撫我們：

(V.4:1) **所有智慧未開的人都還算是孩子，聖靈絕不會列舉他所犯的一堆錯誤來恐嚇他的。**

這一番話是針對所有人說的。我們這群孩子無由得知世界只是一場噩夢，故需要一位仁慈而智慧的老師教我們明白，世界不只是一場夢，我們還是作夢之人。他還會進一步為我們分析我們為何選擇這種夢境，以及這個夢帶給我們的痛苦。若要解除這場夢，唯有選擇救贖，方能從夢中覺醒而享有真正的平安喜樂。為此，夢裡究竟發生了什麼事，其實無足輕重；我們寧可活在夢中而不願甦醒，才是問題的癥結。可以說，這個觀點乃是《奇蹟課程》的一貫主題，它根據的就是奇蹟第一原則「奇蹟沒有難易之分」。奇蹟全是同一回事，只因我們的問題只有一個；奇蹟不過代表了心靈從小我知見轉向聖靈正見的那個單純一念而已。

(V.4:2~7) 反之，**聖靈會隨時回應他們的求助，祂的可信可靠安了孩子的心。孩子們確實常把幻想與現實混為一談；由於他們缺乏辨識能力，才會常被嚇到。聖靈無意幫助他們分辨不同的夢境。祂只會用光明一舉驅散所有的夢境。不論你作的是什麼夢，祂的光明都成了你的醒鐘。不論夢中景象多麼無常，身披上主之光的聖靈只為永恆的真理發言。**

唯有亦步亦趨地跟隨耶穌，我們才可能體會到救恩的幸福真相。因為耶穌代表聖靈的呼喚，慈愛地長駐於正念之心，隨時提醒我們，縱然我們在夢中受人侮辱、攻擊甚至被置於死地；即使列強的炮火日夜轟炸我們的村莊或國家，夢還是夢，始終是一場夢。我們會驚惶不安，只因我們掉入了夢中，跟夢裡究竟發生了**什麼**，其實並無關係。故耶穌必須先教我們分辨幻想和現實的不同，也就是看清追逐個別利益的小我世界，以及追求共同福祉的聖靈世界的根本差別；如此，我們從夢中覺醒便指日可待，永恆生命之門也會隨之開啟。

耶穌接著重申了奇蹟第一原則。我在「前奏曲」已說過，奇蹟交響曲乃是奠基於「奇蹟第一原則」這顆種籽孕育而出的一部曠世鉅著。

(V. 一 .4:1~5) 對聖靈而言，奇蹟確實沒有難易之分。你現在對此觀念大概耳熟能詳了，但你未必由衷信服。這表示你尚不了解其中深意，故無法發揮大用。為了天國的緣故，千萬不要輕忽這一關鍵理念，因那兒有太多的事等待著我們去完成。這是我要教你，也是請你去教的那個思想體系之基礎。

耶穌說得不能再清楚了，「奇蹟沒有難易之分」這個原理即是學習《奇蹟課程》的關鍵。一旦領悟了這一真理，人生必然全面改觀，不可能不幸福的。問題是，整個世界都活在「你我不同」的信念中，若要根據「幻相的本質全都一樣」的原則活在世間，必然舉步維艱。為此，我們內心必會**拒而不受**這個奇蹟原則。可別忘了，我們能夠存在世上，基本上就是相信了「上主和我們是兩個不同的生命」這個小我前提，整個分裂之夢由此而啟動，種下了「特殊性」的禍根，延續了百千萬劫的人生夢境。

既然《奇蹟課程》的宗旨是要我們透過學習與示範來領受它的教誨，我必須在此重申一下「動機」的重要性。動機不對，就不可能學會這部課程，耶穌才會如此苦口婆心地相勸：

(V. 二 .2) 所有良師都明白，只有根本的改變才會有持久的效果，可是他們不會貿然就由最深的層次下手。他們的初步也是

首要目標，便是加強學生想要改變的動機。這也是他們的最終目標。老師只需加強學生想要改變的動機，學生的改變便指日可待。改變了動機，等於改變心態，這必會帶來根本的改變，因為心靈屬於最根本的層次。

換句話說，最根本的改變只能發生於心靈，那也是唯一可能真正改變的地方。然而，若缺乏動機，我們是不會用心去學的。於是，如何激發學生的學習動機，成了老師最大的挑戰。耶穌跟我們明講了，唯有學習操練寬恕，我們才會活得幸福；但如果一直抓著怨尤不放，不肯寬恕，則只會自食苦果。寬恕之所以這麼難，只因我們的身分認同是建立在「我和你不同」的基礎上，而我對你的怨恨最能凸顯彼此的不同。歸根究柢，這個怨心肇始於我對上主的怨，一旦投射成我對你的怨，我只會更加相信上主必也如此怨恨我們。這套瘋狂思維投射於外之後，我們一定會認定世上每個人都在跟自己作對。寬恕確實不容易，因「你我大不同」之見原本就是小我的命根子，它不會輕易讓我們放掉這一看法的。故耶穌只好用「只要聽他的話，就會活得更幸福一點」，來吸引我們向他學習。

《奇蹟課程》還有一個異於世間看法的重要觀念，即是我們教人什麼就會學到什麼。我們在〈正文〉中已經讀過，〈教師指南〉一開始也曾專文探討過，現在，這個觀念又再度出現了，只是這回耶穌把教與學的關係和聖子的百害不侵之本質串聯在一起：

(I.6:1~4) **我以前解釋過「你教人什麼，自己就會學到什麼」的道理。你若懷著受害心態度日，無異於傳播迫害觀念。任何想要獲得救恩的上主之子，絕不會教人這類課程的。反之，他會為人示範自身完美無缺的免疫能力，那才是你內在的真相；而且你會明白，這一真相是凜然不可侵犯的。**

我們遲早必須意識到，自己在人間的表現看似在教別人，其實是在教自己。打個比方，如果我們活得很苦，等於暗示對方，一切都是他害的，這已經不自覺地強化了小我思想體系，重申我們確實是一個孤立而脆弱的生命，全然受制於他人，毫無自主的能力。這麼一來，豈不又鞏固了「我們全是分裂而且不同的小我之子」這個信念，還要別人為自己的存在處境負責？後文還會據此延伸出另一個重要的觀點「我們不只可以擁有小我的特殊性，還能享受特殊的美果」，言下之意，我們可能擁有一個特殊的個體生命，而無需為篡奪生命之罪負責。相對於此，寬恕卻向我們示範了另一真相：由於我們不再視弟兄與我們是兩個不同的生命，表示我們和上主也未曾分裂，我們在人間的同一性成了天堂一體境界的倒影。當我們面對身體所承受的打擊或凌虐，內心卻能一無所懼而且絲毫不受其害，必會加深「幻相對聖子的生命真的一無所能」這個領悟，隨之，生命的終極真相也會開始浮現於心中。

有關寬恕的更深教誨留待後文再發揮，耶穌在此只是點醒我們，我們在人間活出的錯誤示範，只因以前學的那一套全錯了。

(III.1:8~10) **你一直都在說服自己相信你並不是那個本來的你。你無法教別人自己尚未學會的事；但不論你教什麼，因著你的分享，都會強化你對它的信念。你隨時都在學習自己所教的每一個人生課題。**

當內心生起一個憤怒的念頭，即便隱忍不發，也已經向眾人示範小我之怒乃是天經地義之事。憤怒之念其實隱含著內心對愛的抵制，必會助長小我的氣焰。反之，我們若能放下憤怒而選擇平安，捨棄怨尤而選擇寬恕，等於在教導人們，他們一樣也能選擇聖靈。示範愈多次，體驗就愈深刻；學得愈多，教得便愈起勁。如今，我們已經非常清楚這種寓學於教的原理純屬心靈的領域，因為心外**別無**他物。

(III.2:1~4) **為此之故，有待你去教的課題只有一個。如果你想要讓自己免於衝突，你只能向聖靈學習，並且只教祂的課程。你就是愛；否認這一點，你已把自己的本來面目改造成一個你得隨時提醒才會記得之物。我已說過，十字架的訊息是「只教人愛，因為那是你的天性」。**

自從我們決定活成「分裂之子」以後，自然就遺忘了自己是「聖愛之子」這一回事。耶穌再度向我們喊話：選擇聖靈所給的愛吧！別再聽信小我之言而把那「分裂、罪咎及仇恨」之我當成自己了。然而也別忘了，我們學到什麼，就會示範出什麼，但這當然不是透過語言或行動，而是發自心內最純真的愛。

(III.2:5~9) **這一課可說是極其完美一致，因為愛的課程是始終如一的。你唯有教它，才可能學會。這就是「你教什麼，就會學到什麼」的原則。這話若是真的（我保證它真實無比），請留意，你所教的東西正在教你。不論你投射（project）或推恩（extend）什麼，你就會相信什麼。**

我還是要提醒一下，耶穌這番話是要我們在內心先行接納救贖真理，而不是光靠外在的作為來教人這門功課。說到底，我們的言行舉止其實就像一面鏡子，自然會反照出自己的心靈究竟選擇了真理還是幻相，究竟想要推恩寬恕與愛，還是決心投射罪咎及恐懼。也因此，不論我們教了別人什麼，莫不表示那正是自己由衷想要學到或相信的。

(III.4:3~4) **唯一獲享平安的方法，便是教人平安之道。只有在教人之際，你才敢確定自己真正學到了，因為你不可能教人由於自己切斷了聯繫而一無所知之事。**

上面這幾句話的含意，其實已經點出聖靈的第二門課，等到下一節，我們馬上就會深入討論。我們早已跟上主的平安分道揚鑣了，只因我們接受了小我的說法，相信唯有衝突才能給我們存在感。然而，愛內是沒有分歧對立的；只要我們依舊聽從小我那一套而著眼於分歧和攻擊的話，是不可能示範平安心境的。自己心內很不平安卻又愛宣揚和平的人，他傳播的其實是分裂，因為那才是他的心靈最熟悉也最想要強化的經驗。

(III.4:5~9) **唯有如此，你才能贏回自己一度拋棄的真知。不論你與人分享什麼觀念，表示它必然已存於你內。真知會因著你教人的那股信念而慢慢甦醒。你在學習自己所教的一切。只教人愛，你才會明白愛就在你內，你就是愛。**

如前所說，若要教人，只能透過示範，我們舉手投足之間，不是為小我就是為聖靈現身說法。只要選擇了小我，等於向人示範分裂、特殊性，仇恨以及攻擊；反之，如果選擇聖靈，等於向世界示範平安、愛，以及真正的合一。我們已說過，**擁有**及**實存**，**施予**及**領受**原本是同一回事；不論我們教人什麼，就會學到什麼，我們在生活中示範了什麼，必會反過來強化「自己是誰」的信念。

聖靈的課程

第六章最後一節，極其明確地為我們描述了《奇蹟課程》的學習歷程，其重要性可想而知。靈修人士（包括奇蹟學員在內）的通病之一，就是把救恩立竿見影的效果誤植到**時空**領域內。若說這種信念過於天真，已經算客氣了，因為它對我們的學習往往造成極大的傷害。救恩之所以能在瞬間完成，離不開一個重要前提：只因當初失落一體生命是瞬間的事（因在時空領域之外），故恢復一體生命必然也只能在瞬間完成。但因我們的經驗世界屬於時空幻境，而我們又十分害怕失去自我，恐懼必會從中作祟，故救恩不會在瞬間完成。前文提過：「*小我其實並不排斥『回歸』的必要，因為它能輕而易舉地把這個觀念變成天大的難事。*」（T-6.II.11:1）正因如此，我們會把回歸一念變成一段既艱辛又漫長的旅程，因為它需要化解的乃是我們心目中的存在根基，小我當然會不斷慫恿我們抵制回歸的單純真相。聖靈之所以給出「三門」課程，本身就是在反映一段歷程；耶穌也明白告訴我們，選擇聖靈的修正，藉以化解小我的三門課，不只需要時間，還得慢慢推進，半點也急不得。

一、若要擁有，普施眾生

聖靈的第一門課「*若要擁有，普施眾生*」（to have,give all to All），所要化解的正是小我的第一門課「若要擁有，予取予求」（to have,take all from All）——這是我按照聖靈第一門課故意改寫的。小我這一門課可說是源遠流長，直可追究到小我當初盜取聖子生命的心理，即to have, take all from All，大寫的All是指我們生命的圓滿源頭。這一原則和小我「非此即彼」的思維可謂異曲同工：上主若擁有生命，我就沒有生命；我若搶奪成功，這生命就是我的，上主便失去了生命。在小我體系內，「施」與「受」屬於相反或對立狀態，我若給你一樣東西，你擁有，我便失去了。前文已經提過，我們的「特殊性」就是根據這一原則引申出來的：我忘了當初是自己故意放棄純潔自性的，如今若要重新取得，只能從別人身上奪回，所以才說「若要擁有，予取予求」。這正是小我不折不扣的呈現方式：我必須盜取別人的純潔自性，並且把自己的罪咎丟還給他。由此可知，聖靈給我們的第一門課「若要擁有，普施眾生」恰是針對小我這種心態而提出的修正，教導我們把聖子奧體**所有**的人都籠罩在祂的慧眼及祝福之中。

(V. 一 .5:9) **小我也能為了個人的利益而與人建立短暫的聯盟。**

這句話雖未使用「特殊關係」一詞，卻已不言自明。自古以來，國際關係全都像小我一樣忙著結盟媾和，相互利用，藉以滿足一己所需。政府之間的締交結盟絕非基於相親相愛，人際關係的建立也不是由於我們欣賞對方的真實面目。可以說，人間的愛都是建立在「我們想從『外面』那些『不同』的人身上獲得一些好處」這個前提。我們先協商交易的條件，然後履約，付給對方想由我這兒得到的好處，才能從他們身上換取自己所需之物。這就是小我心目中的「天作之合」，將小我「**非此即彼**」的原則演得淋漓盡致。這當中，我們絕不會「全都」給出，或「全都」得到「同樣」的愛的。給予的一方必會認為這是為了獲得對方某個重要或特殊之物而不得不做的犧牲，那麼，對方在我們心目中一定變得比自己更特殊一些。

(V. 一 .5:10~6:1) **聖靈所交流的，則是每個個體必然能給整體的益處。祂從不索回任何一物，因為祂要你永遠擁有。因此，祂教你的第一課就是：**

若要擁有，普施眾生。

這是入門第一步，也是你必須親自去學的第一課。

請留意一下「普」施「眾」生的原文 “all to all”，重複了兩次all，表示聖靈之愛是無所不包而絕無例外的。我們也需要把自己**所有的**寬恕給予聖子奧體**所有的**成員，而且**毫無例外**才行。這乃是我們此生唯一的任務，就是決心把聖靈無所不包的慧見用在每一個人身上。這一決定為自己開啟了心靈療癒的旅程，我們也才算是步上了領受救贖之路。簡言之，決心操練「無所不包」的寬恕，成了回歸天國的先決條件。這個觀點再次出現於聖靈第三門課的一段解說中，我們無妨先讀一下：

(V. 三 .8:1) **你若能一視同仁地教導整個聖子奧體，顯示你已能看出它的圓滿無缺，也表示你已明白它是一個生命體。**

歸鄉之路後面的幾步，聖靈必會協助我們完成的，但關鍵是，我們必須主動向祂求助，否則祂無法插手干預。為此，我們的第一步即是邀祂同行。這一邀請，意味著我們已經準備好正視一下，自己的世界是如何受制於小我思想體系「**非此即彼**」的原則；也只有當我們終於承認這種關係太痛苦了，那時才會作出「我再也不想跟小我這樣混下去了」之決定。如今，我們終於看清這種關係沒有任何出路，因為那裡面根本沒有愛；每個人在意的都是他人是否滿足了自己的需求，也就是「**為獲得而給予**」的小我心態。為此，我們第一步得先反身質問小我的基本運作原則，難怪耶穌會說：「這是入門的第一步。」

(V. 一 .6:2) **但你無需獨自走完這一步，只需將自己轉向那一目標就夠了。**

我們必須真心誠意地求助，坦白承認目前的生活形態大有問題；但也無需急著解決問題，只要承認自己誤判了所有問題就行了。〈正文〉第十三章有一句話說，耶穌的愛正等著我們的歡迎信號（T-13.VII.9:7），換言之，若要獲得他的協助，我們總得把心轉向他才行。故第一步其實就是決心去接耶穌早已伸出的援手。

(V. 一 .6:3) **你一旦決心踏上此途，表示你已準備好為這一旅程負責了，那是你，也唯有你才能負起的責任。**

耶穌無法為我們的旅程負責，唯一能負責的是心內那位抉擇者，也就是「奇蹟課程思想體系圖」中「分裂心靈」方框頂端的那個黑色圓點。終有一天，我們會像海倫和比爾當年那樣徹底質疑自己原有的那一套，而由心底喊出：「一定另有出路才對！」回歸的旅程便開始了。

(V. 一 .6:4~6) **外表上，這一步可能不僅沒有幫你解決問題，還會加深你內心的矛盾，因為這是你扭轉舊有知見、將它拉回正道的第一步。這一步自然會與你尚未完全放下的顛倒知見發生衝突，否則，你就沒有扭轉它的必要了。有些人會在這一階段折騰得相當久，還得承受內心劇烈的衝突。**

這一段話頗有「打預防針」的妙用，因為耶穌明言在先：

「這趟旅程並不容易。」言下之意，你若覺得走得輕輕鬆鬆，大有可能你已經走偏了。回歸的路上之所以會衝突迭起，因為我們心內有一部分堅信自己真的活在世上，這具血肉之身還正在研讀《奇蹟課程》呢！我們當然不會輕易放棄那套一直支撐自己存在的小我思想體系，必會暗中抵制那些想要證明我們不存在的學說或老師。這是我們抵制的真正原因，難怪耶穌說：「許多人以為我在攻擊他們，其實我毫無此意。」（T-6.V.二.1:5）縱然他**從未**攻擊任何人，但他那充滿光明與愛的臨在，本身便足以瓦解人類的存在幻相，威脅到那打造幻境的思想體系。故我們的老師預先警告我們內心會經歷「劇烈的衝突」，因為我們心內雖有一部分十分渴望跟隨聖靈回家，小我卻不斷在耳邊恫嚇：「再這樣走下去，你一定會淪為虛無的；若想存活，只能繼續失心下去，千萬不要去碰那個心靈！」

(V.一.6:7~9) **這時候，他們最好試著接受這一衝突，不要急著尋求下一步的出路。只要踏出了第一步，助緣一定蜂擁而至。因為他們選擇的乃是一條不可能獨自走完的路，因此他們也絕不可能落單的。**

這一段再次提醒我們，第一步乃是最關鍵的一步。可以這樣說，直到我們決心踏出這一步，打從心底說出「一定還有另一條路才對」，我們才算真正接受《奇蹟課程》，成為道地的奇蹟學員。因為邀請聖靈之舉，本身就瓦解了小我「**非此即彼**」的原則。即使我們尚未準備好全面化解小我，至少已然承認了小我思想體系是死路一條。

切莫對上述這段引言掉以輕心，因為耶穌要我們明白，是我們內在的抵制使得那簡單的功課變得這麼艱難。他如此溫柔的提醒，只希望我們不要因為自己修得不夠完美而感到內疚；同時也打破了我們對靈修的天真幻想，以為有耶穌陪伴，這一路便會走得輕鬆愉快。這怎麼可能！要知道，我們早已全面跟時空認同，難免會從時間和空間的角度去曲解《奇蹟課程》的教誨。因為我們早已根深柢固地與身體認同了，如今這部課程卻再三強調學習只可能發生在**心靈**層次，甚至鐵口直斷我們根本就是心靈，不活在時空世界裡。這種說法實在太恐怖了，尤其是對死心塌地相信自己是時空產物的我們，它如此強調我們是「非時空」的心靈，這一來，豈不全面否定了我們心目中所認定的自己？

二、若想平安，教人平安，從而學到平安

聖靈的第二門課要修正的，正是本章「導言」所描述的小我策略「**若想分裂，只需教人攻擊便能學到分裂**」。這一節直接道出我們真正要學的是什麼。第一門課告訴我們，**擁有**與**給予**、**實存**以及**接受**，皆為同一回事，這個等號同樣可套用在罪咎或愛上。例如內心一旦與罪咎認同，我們給出的一切必然全都帶有罪咎，還會在每一個人身上看到罪咎的蹤影，這正是「投射形成知見」的道理。反之，我們若能與愛認同，那麼自

己給出的一切必然都含帶著愛，還會在每一個人身上看到愛的蹤影，這也是「投射形成知見」的緣故。第二門課清楚地為我們指出人心真正的渴望。說得更具體一點，第一門課將我們帶回「**不是全有，就是全無**」的心靈運作原則；第二門課則要扭轉我們想和小我沆瀣一氣的決定。唯有不再和小我狼狽為奸，我們才有餘力投入聖靈的和平陣容。

(V.二.3:1~4) **扭轉或化解過程的第一步就是化解「爭取」或「獲得」的觀念。為此，聖靈的第一課即是「若要擁有，普施眾生」。我說過，這很可能會使衝突一時白熱化，現在讓我進一步為你解釋其中的原委。因為在此階段的人，尚未認清「所有」與「所是」原是同一回事。**

遙想當初，我們如果明白**擁有等於實存**的話，就絕對不可能離開天父的家園的。想一想，我們**既然是**上主之愛，必然就**擁有**上主之愛，聖愛始終在那兒等著我們接受，無需殫精竭慮去爭取。只不過，標榜分裂和罪咎的小我思想體系卻不斷慫恿我們埋頭苦幹，以為如此才可能換取上主的愛。

(V.二.3:5~7) **缺了這一番認知，「擁有」和「給予」成了對立的觀念。第一課之所以顯得如此矛盾，只因學習者的心靈仍處於矛盾之中。學習動機若自相矛盾，學習過程自然難以前後一貫、始終如一。**

一路上我們會搖擺不定，這乃是意料中事，但只需記住，寬恕需要一段歷程，我們難免碰到順心或不順的日子，快樂或痛苦的時刻。有時，選擇奇蹟顯得如此輕而易舉，即便問題來了，也不以為意；但有時，我們會感到每一件事都是衝著自己來的，所有人也好像老在跟自己作對；某些時刻，電視新聞絲毫影響不了心靈的平安，但一看到某某新聞人物，平安當下就被拋到九霄雲外。追根究柢，不平安的真正原因，是由於我們深恐和聖靈待在一起太久，會勾起自性的記憶，進而威脅到我在人間的特殊身分（不論自己是否能意識到）。

(V.二.3:8) **尤有甚者，學徒還會把心裡的矛盾投射到別人身上，而無法看出對方心中的一貫性，進而懷疑別人的動機。**

衝突一經投射，我們不可能不懷疑他人的動機，因為我們會在他人身上看到自己想要隱藏的動機（不外乎「非此即彼」及「痛下殺手或坐以待斃」）。我們其實心裡有數，自己只想索取而不願回報，還把這個罪惡感投射到他人身上，難怪張眼一看，身邊盡是這類人物。接下來，我們當然需要對他們保持戒心，因為他們全是我們按照自己有罪的形象打造出來的。耶穌這麼說，並不是要我們為別人的言行負責，他只要我們為自己對別人所作所為的「觀點」負責，這才是重點。

(V.二.3:9~10) **因此，第一課從多方面來講，可說是最難學的一課，真正的原因即在於此。你仍強烈地意識到自己的小我，也常常針對別人的小我而反應，但至少聖靈已開始教你如何以遊戲人間的方式去與你們的小我互動了。**

不論小我的說法多麼有憑有據，但它要我們相信的那一套永遠**不可能**成真的。切莫忘記，本課程試圖推翻的乃是人間根深柢固的信念。我們深信自己的生命建立在分裂、二元及特殊性的基礎上，這種信念成了個體生命賴以生存的氧氣，一旦停止供氧，小我就一命嗚呼了。換句話說，要維繫個別之我的存活，靠的就是特殊的愛恨關係中所隱藏的攻擊心態；而本課程所教導的「不設防」，無異於一刀刺入了小我的要害。

(V.二.8) **這仍屬於入門階段，因為「所有」與「所是」在你心目中仍非同一回事。不論如何，比起第一步，你又上了一層樓；第一步其實只是開始扭轉你的想法而已。第二步才具體確認你心中真正想要之物。這一步可說是你擺脫衝突之始，因為它表示你已斟酌過幾種可能性，並且選擇了你比較想要的一種了。然而，「比較想要」的心態又影射出你的渴望仍有程度之別。為此，這一步雖是終極決定不可或缺的一環，但顯然不是最後的一步。因你尚未接受「奇蹟沒有難易之分」的事實；凡是你全心全意想要之物，絕對不會難以得到的。全心全意想要，就等於創造，上主既已把你造成一位創造者，創造對你何難之有？**

無可否認的，我們還在入門的階段，因為我們仍活在二元世界裡，處處都需要選擇，因此難免會在小我和聖靈兩者之間來回擺盪。究竟而言，徹底的改變只可能發生在心靈內，這一點極其關鍵，因為心靈之外空無一物，這也是我們會暗中抵制這部課程的主要原因。我們都還記得，人類為什麼要打造出這個世界而且塞進億萬具身體，目的就是讓自己繼續失心下去。如今，聖靈這三門課（也是整部課程的宗旨），就是將我們領回心靈那兒。正因如此，我們必須先搞清楚，自己究竟想要活在分裂衝突下，還是救贖的平安中，這才可能扭轉過來。真正的平安只可能出現在正念心境，也就是〈正文〉所形容的「內在的寧靜」（T-18.I.8:2），以及「寂靜的核心」（T-18.VII.8:3）。當我們的抉擇者真正進入正念之心時，一切就扭轉過來了，而這三門課就是要幫我們作出值得慶幸的選擇。此刻，我們仍在第二步。

(V.二.9) **由此可知，第二步雖是邁向那反映上主真知的一體知見的一大步，它仍不出知見的領域。只要你能堅定不移地踏出這一步，自然會逐步向自己思想體系的軸心推進，唯有在那兒才會產生根本的改變。這一步的進展仍是時斷時續的，但有第一步在前開路，感覺上會比前一步輕鬆多了。這種水到渠必成的篤定感，充分顯示你對聖靈引導的意識也愈來愈深了。**

當我們決心接受聖靈的指引，開始穿越小我體系那個分裂與攻擊的迷宮時，表示我們已經準備好接受第三門課了。由於我們心中仍會害怕失落自我，此刻不妨放慢腳步，穩紮穩打，每走一步，那個目標便會更深地植入我們的意識，帶向最後的療癒而領受救贖。唯有這個目標，才值得我們忠貞不二地投入畢生之力。

三、只為上主及其天國而儆醒

毋庸置疑，這個第三門課的用意，完全是為了取代小我的第三門課「**只為小我及其王國而儆醒**」。活在人間的我們，不自覺中，往往特別警覺於小我的罪咎王國，一邊對自己的罪咎非常當真，一邊又不甘承認有罪而投射到所有人身上，自然會對他人的「罪行」保持高度警覺。聖靈的第三門課直接幫助我們轉換儆醒的對象，如此，才能鞏固前兩門課所下的決心，尤其是以聖靈為師以及以平安為首的第二門課。大家會發現，這種「隨時保持儆醒」的提示反覆出現於奇蹟交響曲中；耶穌要我們借用他的眼光，時時刻刻警覺於判斷及罪咎的誘惑，**以免**稍有輕忽就落回小我的思想體系。為此之故，當我們一感到不平安，就表示自己已經落入小我的圈套。想一想，為什麼感到不平安？只因心裡有數，我們又把自己的問題諉罪於人了。耶穌鼓勵我們加強操練前兩門課，我們的心靈才會甘心以他為師，好好向他學習。

(V.三.1:1~6) 我們以前說過，聖靈具備了評估的能力，祂必須如此，才能幫你分辨出心念的真假虛實，教你如何憑據上主置於你內的生命之光，來判斷你內心所接納的每個意念。凡是與此光明一致的，祂會為你妥善保存，穩固你內在的天國。至於只有一部分與此光明相符的，祂也會接受，且予以淨化。與此完全背道而馳的，祂會加以抵制，拒絕接受。如此，祂才能維繫天國內完美的一致與完美的統一。

沒有例外的，耶穌要我們把這些原理落實在生活中。只要內心一把別人視為「與我有別」的人，便會覺得他們擁有自己所沒有的東西，情不自禁地想由他們那兒奪取自己所需之物。不僅如此，我們心中還會暗自假定那東西本來是自己的，如今卻被他們偷走了；我們就這樣陷入了小我第四條無明法則「你相信自己能夠擁有你所奪取之物」（T-23.II.9:3）。這麼一來，我們會樂於看到自己的罪咎終於跑到對方身上。也因此，不平安成了一種信號，提醒我們，**自己的心靈**出問題了，因為我們在這一刻只會看到分裂而非彼此的一體性。切記，只要心中有一點不安，應該即刻提醒自己已經走偏了。可還記得前一章的結尾禱詞？它一開始就說：「我必已作了錯誤的決定，因為我沒有活在平安中。」（T-5.VII.6:7）

在整部課程裡，聖靈不斷提醒我們改換看待事物的眼光，唯有等到我們甘願把自己的經驗、回應以及感受全都交給聖靈，才有能力作出正確的評估。評估的標準無他，凡是會讓二元及分裂現象顯得更加真實的，一定是錯的；反之，只要能反映天堂的一體境界而令自己不再把世間一切當真的，一定是對的，也一定是真的。

(V. 三 .2:7~8) **因此，聖靈的第三課即是：**

只為上主及其天國而儆醒。

請記得，每次一感到不平安，立刻提高警覺，而且盡快意識到自己失去平安和他人或外境毫無關係，純粹是出自內心的決定。唯有隨時對小我保持儆醒，才足以反映出我們回歸上主及天國的決心，也表示我們終於願意牽起耶穌的手，踏上寬恕的歸鄉之路。

(V.三.3:1) **這是幫你扭轉乾坤的一大步。**

我們已經說過，「根本的改變」只可能發生於心內，因此，「儆醒」意味著我們回到了心靈，那也是聖靈的修正所在之地。耶穌不知提醒過多少遍，要記得向他求助，我們才能以另一種眼光面對眼前世界，還有那存心把世界當真的心靈。

(V.三.3:2~5) **其中仍然少不了「扭轉心念」的要素，因這一步影射出你仍需警戒某些東西。比起前兩步，它又向前推進了一大步；第一步只是開始轉念，第二步基本上也只是確認一下你比較想要之物。正如第二步延續第一步，這一步又接著第二步幫你釐清你想要與不想要之物的分野。如此，最終才可能作出那業已註定的選擇。**

〈教師指南〉「信賴的形成」那一節傳達了相同的觀念：信賴的前三個階段著重於釐清「有價值」與「無價值」，或「值得追求」與「不值得追求」兩者的分別（M-4.I.(一)）。〈練習手冊〉第一百三十三課「我不再重視毫無價值之物」也傳達了同一訊息。不僅如此，我們會在整部課程看到這個主旋律不斷重現於奇蹟交響曲中。當我們與耶穌同行的旅程快到終點時，其實已無需選擇；然而，只要我們仍在二元世界昏睡不醒的一天，選擇「值得追求的」（即聖靈的寬恕）而拒絕「不值得追求的」（即小我的攻擊），仍是深具意義的事。是的，這一段療癒的過程，實在需要我們用心呵護，而且持之以恆。

(V.三.4:1) **第一步好似使得衝突白熱化，第二步仍會引發某種程度的衝突，到了這一步，它要你嚴防衝突的升起。**

之所以必須「嚴防衝突的升起」，聖靈特別要我們意識到那些衝突絕不是發生於外在；就以你和我的矛盾，或我的國家和你的國家的對立為例，它反映的，其實都是小我和聖靈之間的衝突假相（我之所以稱它為假相，只因聖靈不會跟任何東西起衝突的）。心靈一旦發生衝突，必會引發矛盾的念頭，比方說，我一邊很想活在上主的平安內，卻提出一個（不可能的）條件，要上主尊重我這個與眾不同的個體價值。為此，我們必須十分警覺自己瘋狂的妥協辦法，它們只會將清明而毫不妥協的真理之音擋在心外。

(V.三.4:2~3) **我曾經提醒過你，要以護衛小我的警覺來防範小我。這一步所要教你的是：你不只應該如此，而且必須如此。**

「必須如此」，意味著我們若真想活得心安理得，就必須隨時作出不與小我沆瀣一氣的選擇，而且內心一清二楚，只要與小我同流合污，等於選擇了衝突、疾病以及不平安，而自己明明再也不想作那樣的選擇了。

(V.三.4:4~5) **此事的難易不在它的考量中，它只是斬釘截鐵地**

告訴你，儆醒是你的首要任務。它直言不諱，也不容例外；雖然它也不否認人們一定會找些例外的藉口。

究竟應該對哪些事情保持儆醒，這一點，倒也不勞我們操心，因為**幻相沒有大小輕重之別，奇蹟也沒有難易之分**，唯一需要警覺的是小我那套思想體系。問題是，我們老想保留幾個例外，這等於想要保留心靈內的陰影污點。然而，只要我還理直氣壯地盯著某人某事的陰暗面不放，那一個污點便足以啟動小我機制並持續它的呼風喚雨之能耐，而聖靈的救贖之音只好噤聲不語了。

耶穌開始幫我們複習前面已經介紹過的兩門課：

(V.三.6:1~2) **首先，你學到了「擁有」是靠「給予」，而不是靠「爭取」。其次，你學到了，你教什麼，就會學到什麼；你也明白，自己真正想要學的只是平安而已。**

只要我們還想從他人身上盜取什麼，或打壓別人，或渴望從某個特殊人物身上沾點兒光，等於是在招引衝突，我們也就不可能享有平安了。因為上述心念會把有贏有輸的分裂處境弄假成真，而讓我們落入小我的陷阱。若想活得心安理得，唯有回到抉擇之心，解除我們先前已經選擇小我的錯誤決定。由此而生出的平安才能籠罩**所有**的人，而且**沒有例外**。也就是說，寬恕必須涵蓋所有人事物，否則就會淪為小我「毀滅性的寬恕」。這正是《奇蹟課程》最關鍵的理念。

(V. 三 .6:3~5) **這是你認出天國的先決條件，因為這正是天國的存在條件。你一直相信自己活在天國之外，正是這一信念將你「排除」於天國之外。因此，你首要之務莫過於學習把自己「加入」天國之內；為此，你唯一需要「排除」的，只是「你不在天國內」的信念。**

請留意耶穌在此賦予「加入」一詞的關鍵意義——平安的前提，即是把所有的人都加到上主的愛內。但我們必須從自己開始，因為一旦把上主「排除」於自己的生命之外，無異於把自己排除於天國之外；如此一來，我們必然排除了所有的人。根據「投射形成知見」的原理，我們還會將心靈中企圖排除上主的那個決定投射於外，結果看到整個世界都在排斥我們。後文還會進一步談到「加入」或「無所不包」在神聖關係中所扮演的重要角色；反向推之，「排除」或「排斥心態」便成了特殊關係的關鍵因素。比方說，我會愛你一段時間，但不保證永遠愛你；我特別愛你身體的某一部分或某種人格特質，但不是全部的你；我只愛聖子奧體中幾個值得愛的，卻絕不可能去愛每一位聖子。這種「條件性」正是小我思想體系的首要特質：你必須符合我的某種條件，我才能愛你；那麼，若要我去愛上主的話，祂也必須合乎我的特殊形象而且始終肖似於我才行。這就是「儆醒」的真義——要我們特別警覺自己的分裂妄心所玩的招式，因為它會想盡辦法將天堂一體境界無所不包的真相剔除於我們的意識之外。

(V.三.7:1) **由此可見，第三步其實是保護你心靈的一種方式，它幫你只跟存在軸心認同，那軸心即是上主為自己設立的祭壇。**

操練這三門課，表示我們選擇了聖靈，這不僅意味著我們回到心靈的軸心（那正是聖愛祭壇之所在），同時也意味著抉擇者一改過去的選擇，終於不再和小我的血腥祭壇認同了。反之，我們在人間朝拜的乃是特殊性的祭壇，榮耀那自以為打敗了上主的個體之我。為了保護這個自我，我們不能不和這沾滿血腥的有罪之我切割，再把罪咎投射到他人身上。正因如此，我才一再強調，真想了解《奇蹟課程》，必須對小我打造世界及身體背後的陰謀有一番刻骨銘心的體會才行。說穿了，若無世界和身體，我們便失去了投射的靶子；為此之故，我們才十分需要一個具體的世界與身體，來接收自己一心想要剔除之物。唯有如此解離，我們才擺脫得了心內痛不欲生的咎；也唯有把咎投射給別人，我們才能享有個體生命而又無需為它付出代價。從小我的角度來看，這個陰謀實在太犀利也太誘人了，難怪全世界都寧可聽信它那一套，反而對代表真理的天音充耳不聞。

明白了這一內幕，我們才會恍然大悟，原來耶穌第三門課的重點不是「為上主儆醒」，而是要我們在回歸上主的路上特別「儆醒於小我的伎倆」。唯有如此警覺，我們才能穩紮穩打地走在靈修的路上。也就是說，一覺察到心內想要排斥某個人時，立即意識到自己已作了錯誤的決定。凡是聽從耶穌的教誨而嘗到他所許諾的美果之人，對「選擇小我」的苦果會變得十分敏銳，身體一有不適或心裡感到些許不安，立刻意識到心靈作了錯誤的決定而重新選擇，這才是我們需要儆醒的。如此，我們才能慢慢學會抵制那充斥著分裂與疾病的小我王國，而選擇那始終洋溢著愛和療癒的上主天國。

(V.三.9:3~6) **你一旦揚棄了真相，就會看到自己好似活在天國之外。當你為自己打造出另一個心愛的國度時，天國不再是你心目中的唯一現實，於是，你某部分的心靈便被排擠到天國之外了。你所營造之物便會反過身來囚禁你的意志，你的心便生病了，有待治療。嚴加防範疾病的產生，就是最好的治療。**

既然小我為了徹底消滅心靈而精心打造出世界及身體，那麼，領我們回家的這三門課，也必須教會我們穿越身體而回到始作俑者的心靈才行。唯有回到問題的源頭，解除過去認同於特殊、排外以及分裂幻相的病態決定，重新選擇無所不包的一體真相，我們才算真正上道了。人間的寬恕最能反映出那純然一體的境界，至於「寬恕」這一軸心法門，我們留待第七章再細述。

現在，我們為這三門課做個總結：

(V.三.10:1) **由是可知，第三步不過說出了你真正想要相信的事，也表明了你甘願放棄其餘的一切。**

耶穌並沒**要**我們放棄其餘的一切，只要我們**有心**放棄那些無足輕重之物就夠了；他同時還要我們覺察心裡的不甘，知道自己其實很想留在妄心內，因為如此才能守住這一具身體，也唯有如此才能保全自己這一個體生命的特殊價值。無論如何，如今，我們至少已經意識到每個決定所帶來的後果了。所有的奇蹟學員修到某一程度，都會體驗到內心的矛盾，看到自己裡外不一而且老是明知故犯，一再咎由自取。比如說，我們想要減輕內在的衝突，便把所有的問題都看成是「外在」的問題。也難怪，當我們看到外在衝突迭起時，內心反倒生出若干安慰之感。可以說，我們全是好勇鬥狠之輩，不論是政府或個人，都拒絕面對人心內真正的衝突根源。其實在《聯合國教科文組織憲章》（UNESCO）裡就指出了：一切戰爭源自人心，故只能從心內化解戰爭。這才是耶穌要我們做的「根本的改變」。

這三門課一步一步幫助我們意識到問題的癥結，其餘的就看我們作何決定了，我們究竟要選擇「**為了獲得而給予**」，還是「**給予和領受是同一回事**」？選擇「**非此即彼**」，還是「**無所不包**」？現在，只要從第二門課學會了接受「無所不包」的本質，自會將我們帶入第三門課，隨時隨地警覺自己的每一舉動、所說的每一句話，和心內的每一個念頭，只有如此敏銳，我們才能正確評估自己的一言一行究竟是出自小我或是聖靈。當然，我們未必隨時都會選擇聖靈，但如今至少已經意識到自己是有選擇的。

(V.三.10:2~4) **只要你跟隨聖靈，祂必會幫你踏出這一步的。你的儆醒本身成了你願讓祂引領的信號。在你明白一切努力原屬多餘之前，儆醒確實是相當耗費心神的。**

由於我們不會輕易放棄心目中的那個我，故「保持儆醒」成為一件「相當耗費心神」的功課。說實話，沒有人會喜歡一個老是告訴我們「除非你不再認同特殊的你，否則你永遠不可能幸福」那種課程，我們只想要一個「能幫自己快快樂樂享受我的個體生命」的課程。為此，世界一定會痛恨耶穌以及《奇蹟課程》的。我所說的，可不是指討厭課程的那一群人，而是指奇蹟學員。我們內心十分厭惡這部課程所要傳達的真正訊息，故會不自覺地對它動些手腳。但《奇蹟課程》若真是我們的朋友，我們就不該設法改變這位朋友，而應接受它真實的一面。接受真相其實並不需要多大的努力，但很多學員企圖「改良」《課程》而把它解讀成自己所能接受的一套學說。歸根究柢，問題就出在我們還不真想對自己寧可活成小我的決定保持儆醒罷了。

(V.三.10:5~8) **你以前為了保護自己打造的虛幻之物不能不全力以赴。因此，此刻的你也需卯盡全力才抵制得了它。唯有如此，才能抵銷你以前保護它的力量，而喚出你「所有」而且「所是」的實存境界。這種領悟原是不費吹灰之力的，因為它本身真實無比，無需你的保護。**

由於我們自己打造出來的一切如此虛幻不實，故特別需要我們保護。可想而知，真理實相對虛幻之我會構成多大的威脅！耶穌有時告訴我們，他這部救恩課程一點都不難學（T-18.IV.7; T-31.I.1~2），但又多次表明他知道這絕非易事，如同這段引言要我們「卯盡全力」一般。照理講，《奇蹟課程》應該很容易學才對，因為它只要我們接受真相，放棄虛妄的一切而已。反之，否認真相才應該是件艱難的事。問題是，我們從生到死都企圖證明虛妄的幻相**就是**真相，整個宇宙形成的目的就是為了證明假的**才是**真的，藉此覆蓋那唯一存在的真相。為此之故，我們才需「卯盡全力」，撤銷自己先前的選擇，只因我們如此不甘放棄過去所作的那個決定。

(V. 三.10:9~10) **它在上主的保障之下安全無虞。一言以蔽之，涵攝性必是無所不包的，因為造化是無限而無窮的。**

再說一遍，若要活得安全無虞，唯有一途，即是認出自己的存在真相，領悟「**擁有**」和「**實存**」是同一回事。第七章還會繼續深入「無所不包」以及「一體」的觀念，讓我們明白，即使自己仍然很怕和一體境界認同，但還是可以在人間選擇一體的倒影，亦即寬恕與療癒。這兩個重要的主題留待下章再來細述。

第七章

天國的禮物

導　言

現在，我們要進入奇蹟交響曲的第七樂章。本章將定焦於兩個重點，第一個主題即是一體性，從天堂的一體境界，一直說到一體本質倒映於人間的寬恕與療癒；第二個主題則揭示身體在小我陰謀策略中所扮演的角色。我們都知道，小我打造出身體作為分裂的象徵，成了一體的反證，藉以證明分裂之境真實不虛。小我陰謀中最厲害的兩招就是攻擊和疾病。我們即將仔細審視小我是如何透過分裂與相異性，來保全自己而否定一體真相的；繼而解說寬恕是怎麼修正了攻擊之念，以及療癒又是如何化解疾病的思維。我們前面曾經讀到，反映上主一體本質的寬恕和療癒，在本課程中已被擬人化地描述為聖靈——祂始終安止於正念之心內。

上主的一體本質

(I.1:1~4) **上主及其造化都具有無窮的創造能力，然而他們之間並非平等的雙向關係。上主與你的交流是全面性的，你與上主的交流亦然。正因你享有上主所賜的永續交流能力，你才能夠如上主一般地創造。但由創造的層次來講，你與上主的關係並不是平等的雙向關係，因為是祂創造了你，你卻沒有創造祂。**

顯然的，這一段引言是以二元性語言來描述超二元的真理之境。耶穌要修正的，乃是小我認為自己的能力凌駕上主之上那個基本觀念。小我深信自己不只能和終極源頭一刀兩斷，還能打造出一個有形可見的外在王國，而且比心內的天國更勝一籌。這等於是小我的存在宣言：「我是上主。祂不是第一因，我才是！」我們在前文已看到，小我以創造者自居，意味著我是自己創造出來的，而非上主的創造。耶穌卻說：「是祂創造了你，你卻沒有創造祂。」一語推翻了小我的「獨立宣言」那套瘋狂傲慢的思想體系。究竟說來，天堂內並沒有上主和基督兩個不同的生命，也沒有造物主和受造物的分別。這種二元式的描述，純粹是為了幫助活在二元世界的我們了解之故，才會以象徵的筆法為我們描述天堂完美一體的本質，事實上，那種境界是超乎任何象徵之上的。

(I.2:3) **上主把創造的聖念傳給了你，你也必須將自己的創造之念傳給你的創造。**

我在前文已經提過，《奇蹟課程》從未對「**創造**」一詞下過清晰的定義。創造或推恩都只是一種象徵性的說法，與時空世界毫無關聯，也完全超乎我們的理解。這些二元性的詞彙，僅是為我們指向一個超乎言詮的境界。上主把自己的生命與愛無限地延伸出去，而創造出所謂的基督。基督既是上主的一部分，必然擁有與造物主一樣的延伸愛和生命的能力，推恩出所謂的造化。雖然我們使用上主、基督以及造化這三個不同的名詞，它們其實是同一回事，故切莫被文字表相所蒙蔽，也無需絞盡腦汁去探索它的哲理。耶穌提出這些象徵名稱，不過是表達聖愛永恆不止的推恩過程，而這一切都是在超時間與超空間的實相領域內進行的。

(I.2:4~6) **所有的創造能力均是循此途徑而推恩出去的。上主的成就並非你的成就，你的成就卻無異於祂的成就。是祂創造了聖子奧體，你最多只能讓它生生不已。**

如前文所說，上主創造了我們，我們卻創造不出上主，但我們仍能**像祂**那樣創造。請留意，引言之中「讓它**生生不已**（increase）」的說法，絕非質量上的增加，這些暗含時空的形容詞只是在描繪一個超乎時空的過程。試問，上主豈會創造一個有限的愛，等著我們去添加增補？聖愛之境永遠完美、無限，而且圓滿，無人能夠增添分毫，自然也不可能削減分毫；它永恆如是。

(I.2:7~9) **你雖然不能為天國的創造者錦上添花，卻有能力為天**

國添光增色。當你決心只為上主及其天國而儆醒時，你等於接下這一創造力。一旦把這能力納為己有，你便會知道如何憶起自己的真相了。

請記住，我們不是造物主而是祂的造化。我們若自視為神，這種信念最多只是反映出小我的「權威心結」罷了。我們對這個主題早已不陌生了，後文還會深入討論。關鍵是，如果我們意識不到自己還有心靈，怎麼可能接受上主為我們創造出來的自性？又怎麼可能記得自己原是上主的創造同工？小我要我們對外界問題隨時保持警覺，目的是不讓我們意識到真正的問題在於「心靈認同了罪咎」那個選擇，因而錯過了修正的機會。可以說，沒有比小我這一招更陰狠的計謀了。

(I.3) 你的創造屬於你，且在你內，就如你屬於上主，且在祂內一樣。你是上主的一部分，亦如你的兒女是上主兒女的一部分一樣。創造的力量即是愛的力量。愛必有推恩之力，沒有東西阻撓得了它。它是無限的，故永無止境。它會永遠創造下去，但不在時間領域之內。上主的創造一向如此，因為祂自己一向如此。你的創造也一向如此，因為你只能像上主一般地創造。永恆非你莫屬，因為上主已將你創造為一個永恆的生命。

這段引言改由不同的角度來呈現天堂的一體境界。我的妻子葛洛莉在課堂上最愛說的一句話就是：「一不是二。」小我一出現，便有了二元，上主與聖子一分為二；自此而後，分裂便沒有停止過，生命因之分化得支離破碎。不消說，天堂絕非如此，然而，那完美一體之境並非二元世界的我們所能了解，唯有透過寬恕和療癒，方能反映出一體的完美。也就是說，在有形世界裡，唯有寬恕的願心足以傳達愛的推恩之力，因為只有寬恕才解除得了小我所設下的障礙，允許聖靈進入心中，讓聖愛經由我們通傳出去；也唯有愛的推恩能力，方才化解得了特殊關係所隱藏的個別利益之信念，直搗小我防衛機制的老巢。療癒的真諦即在於此。

(I.4:5~8) **以上主之願為己願，表示你願意以祂的方式去創造。上主不會為祂的禮物設定任何限制的。你，就是祂的禮物，因此你的禮物必然與祂的一樣。你給天國的禮物亦需與祂給你的禮物一樣才行。**

容我再說一次，這些二元性的描述只是象徵「合一與一體」（T-25.I.7:1）那個永恆生命而已。比如「我們是上主的禮物，上主也是我們的禮物」這類說法，確實有助於提昇自我形象，但我們得有自知之明，耶穌說的絕不是活在世上的我們。這些象徵性的描寫，只是想把我們領回心靈，看見救贖之所在。也唯有接受救贖，我們才有希望回歸自己從未離開過一步的生命源頭；縱然我們瘋狂地相信自己早已失落了天堂。

(I.5:1) **我只會給天國愛，因為我相信那是我天性使然。**

耶穌以自己的經驗為例，教我們明白，心靈若與愛認同，愛便從我們通傳或推恩出去；若與咎認同，我們就只可能投射罪咎。

(I.5:2~3) **你相信自己是什麼，正是你會給出什麼禮物的決定因素；你既是上主把自己生命推恩於你而創造出來的，那麼你也只能如祂一般把自己的生命推恩於人。只有喜樂才可能永遠生生不已，因為喜樂與永恆是一物的兩面。**

《奇蹟課程》中的「喜樂」，跟世間所謂「心想事成」那種喜樂截然不同。天堂的喜悅，乃是生生不已且永無止境的。耶穌在此只是換個形容詞，來描繪永遠都在創造或推恩的天國之境而已。

(IX.3:1~3) **靈性的唯一任務就是把上主的實存生命推恩出去。它的圓滿狀態是永無止境的，有如造物主的圓滿一般。圓滿與推恩是同一回事。**

我們不妨把**圓滿**、**完整**和**豐盛**視為同義詞，都在呈現造化的完美一體狀態，與小我因分裂而孳生的匱乏感形成鮮明的對比。靈性只會不斷推恩本有的圓滿，而本質虛無的小我也只能不斷投射虛無。

(I.5:4~6) **上主的推恩是永無止境且超越時間的；你既然身為祂的創造同工，也應永無止境地將祂的天國推恩出去。永恆是創造永不磨滅的印記。永恆也永遠與平安喜樂同在。**

換句話說，上主的推恩過程必是全然超越時空的。自從我們離開天堂，失落了平安和喜悅的永恆天恩以後，便再也無法認出上主及其造化的真相了。聖靈傳授的真寬恕，為我們反映出天堂的愛，這就是下一段所說的「無意義的轉譯為有意義的」之深意。

(I.6) **按照上主的思維去想，表示你享有祂對你生命真相的肯定；若以祂的方式去創造，表示你已享有祂給你的完美之愛。這是聖靈要領你前往之境，你的喜悅方得圓滿，因為上主的天國圓滿無缺。我已說過，「覺於真知之境」這最後的一步必然出自上主。這是千真萬確之事，卻非筆墨所能形容，因為文字語言的詮釋只是象徵符號；凡是真實之物，是不待言詮的。縱然如此，聖靈仍有任務將無用的轉譯為有用的，無意義的轉譯為有意義的，暫時的轉譯為永恆的。因此，祂仍能為你解說「最後一步」的大致情形。**

耶穌借用象徵性的宗教語言來傳達這一轉折過程，也就是由小我的荒誕幻相，轉向天堂的至高真相；由短暫無常的自我存在，轉向上主創造的永恆自性。這一轉折自然脫離不了時間，故也只能逐步推進，難怪本章一開始便討論「上主的最後一步」，這觀念在第六章的結尾曾簡略點到，這裡再度提出一個例證：「凡是真實之物，是不待言詮的。」它再次提醒我們，耶穌的解說只是象徵之言，不屬實相層次；聖靈的任務即是把人間無用的象徵轉譯成有意義的返鄉工具。下文還會繼續發揮下去：

(I.7:1~2) **上主行事並非按部就班，因為祂的圓滿成就不是逐步**

完成的。祂從不教人，因為祂的創造千古不易。

換句話說，上主對於小我及分裂世界一無所知，祂不會知道我們需要解除後天學來的那一套。上主只是上主，祂是完美的聖愛，圓滿的一體，此外無他。凡是與聖愛、一體及圓滿相反之物，只可能存於天心之外而淪為幻境。無庸置疑，上主是不可能知道虛幻為何物的。

(I.7:3~4) **對祂而言，並沒有所謂「最後的一步」，因為祂最初的創造永恆如是。你必須明白，「最初」這個字用在祂身上並不代表時間的先後。**

「最初」一詞只能視為一種時間的表述而已，它的意義僅僅限於時間幻境——有個最初，後面一定還有其他東西。比方說，在一個班級裡，如果有排名第一的學生，一定還有排名第二、第三的其他學生。因此，耶穌的話絕不能從文字表意去理解，這個觀念不只在「前奏曲」已經說過，隨後還會不斷重現於奇蹟交響曲裡。總之，閱讀《奇蹟課程》需要謹記一個原則，凡是二元之詞只具象徵意義，比方說，把上主和我們形容為二元互動的人物；所有影射了時空因素的描述，皆屬象徵之列。唯有上主本身不是象徵，而是事實，只因我們深陷於時空幻境，故也只能透過象徵來間接體會祂的實存境界。

(I.7:5~7) **所謂「最初」，是指祂在三位一體為首的地位。祂是最元始的造物主，其餘的創造同工都出自祂的創造。為此之**

故，你無法把時間套用於祂或祂的造化之上。

在「三位一體」內，沒有第一、第二或第三位的分別。耶穌之所以採用這個基督教術語，是由於《奇蹟課程》原本是針對基督教主流文化而寫的。究竟說來，三位一體內並沒有聖父、聖子或聖靈之別，這純粹是象徵性的說法。但透過三個象徵的內在聯繫，有助於**我們**越過象徵而直接體悟上主的一體之愛，更容易體會出在這一體之外別無其他生命可言。總之，身為上主造化的我們，不論生命真相或自性，都超乎時空之外。但請注意，每當耶穌把我們說成基督或上主的「創造同工」時，指的絕不是我們這個具有生理及心理特質的血肉之身。

(I.7:8~10) **因此，上主的「最後一步」不只在起初是真實的，現在仍是，將來也是，永遠真實。凡是超乎時間之物，永恆存在，因為實存生命必然千古不易。它不因生生不已而有所改變，因為無始以來它就被創造成生生不已。**

我剛才說過，**生生不已**（increase）只是象徵愛的豐盛而已，這個愛不只涵括了一切，也是**唯一**的存在。言下之意，沒有任何東西可能橫梗在上主和祂生生不已的聖子之間。這又回到了「觀念離不開它的源頭」的道理——永恆不易的上主之子永遠不可能離開他永恆不易的生命源頭，否則，他的永恆自性就會淪為一個變化無常的時空產物，永遠逃脫不了腐朽及死亡的宿命。

(I.7:11~12) **如果你認不出它生生不已的本質，表示你還不知道它的真相。那麼你也不可能知道它的造物主的。**

這一小段話是針對所有人說的，也就是對上主及其造化一無所知的我們；正因為一無所知，我們才會執迷不悟於妄心所作的決定，耳聾目盲地活在知見世界的牢獄裡。如前所說，〈正文〉談論上主的章句不多，因為天堂的一體境界超乎人類的理解，但有關一體**倒影**的解說卻俯拾皆是。

最後，讓我們來讀一段有關創造的法則：

(II.3:4~9) **在天國裡沒有教或學的必要，因為那兒沒有信念的問題。天國只有千古不易的肯定性。上主及其兒女在生命的肯定性下，深知你推恩什麼，你就成了什麼。這一法則就是創造之律，它是不會隨境而轉的。上主循此法則而創造，創造法則由此而生。上主之子樂於遵循這一法則，效法上主的造化之工，因他知道天國是賴此而生生不息的，自己的創造也同樣有賴於此。**

上主的造化也含有千古不易的肯定性，比起造物主毫不遜色。由上主推恩出來的基督，同樣能在造化之境無始無終地推恩下去。上主，有如祂的愛，始終「**永恆如是**」。由於我們早已被小我的分裂及特殊性徹底洗腦了，亟需聖靈的教導，才可能識破小我這些障人眼目的謊言，逐漸領悟「分裂不曾發生過」的救贖原則，那才是終極真相。究竟而言，沒有人能夠傳授天堂千古不易的本質，但我們仍需學會如何撤除罪咎與攻擊的心障，如此，才有機會憶起生生不已的自性，也就是上主在創造之初便已賦予聖子的天性。

救贖原則

現在，我要再舉幾段與救贖原則相關的引文，凸顯這一主題在奇蹟交響曲出現的頻繁次數，加深大家的印象。

(IX.3:7) **你也許不知道自己究竟創造了什麼，但這並無礙於它們的真實性，正如你意識不到自己的靈性，也無礙於靈性的存在，是同樣的道理。**

這幾句話是從另一角度為我們解說救贖原則——分裂沒有造成任何後遺症，意味著分裂不曾發生過。聖子陷入昏睡後，打造出罪、咎、懼，攻擊及死亡的夢境，幸好，不論我們相信什麼夢，對實相都產生不了任何作用。終有一天，我們會張開眼睛，由夢中醒來，恍然大悟上主的造化仍如祂當初創造時一樣，分毫未損。

(IX.5:1) **你心中的聖靈深知你的創造，而且為你妥善保護，只要你允許，聖靈便會讓你隨時意識到你創造的一切。**

聖靈，就是聖子陷入昏睡後，隨著心靈一起進入夢境的那個聖念；聖靈始終記得我們原是上主聖愛延伸出來的基督自性。我們既是基督自性延伸出來的生命，那麼，充滿創造力的聖愛流經我這生命所形成的「果」，便成了我們的創造。只是別忘了，聖愛所流經的「我」並非真的存在，我們始終都是上主創造的那個不具人格特質的基督，祂的自性永遠離不開造物主那不可分割的一體生命。

(IX.6:5~7:1) **只有瘋狂失常之人才會覺得違背上主旨意是有意義之事。從真理的角度來講，那是不可能的。你的圓滿自性和上主的自性一般永無止境。你的自性也會像祂那樣永遠推恩下去，永遠活在完美的平安中。它的光輝如此強烈，使它的創造迸發出完美的喜悅，圓滿的它只可能創造圓滿的生命。**

要有信心，你從未失落自己的真實身分，也從未失落那使它常保圓滿及平安的推恩能力。

上面這一段話，直接推翻了《聖經》（不論是〈舊約〉或〈新約〉）的立論基礎——**原罪**的觀念。它再度反映了奇蹟的救贖原則：沒有人能犯下逆天之罪，因為沒有任何罪過侵犯得了上主的一體大愛；除非落入夢境，我們才可能違逆上主的一體旨意。然而，小我卻不惜瘋狂也要推翻這一真相，為此，我們必定難以接受「只有神智失常的人才會相信自己是個體生命」這種說法。說穿了，我們打從心底就不想**活成**「基督」，更不甘願承認自己的終極身分原是上主造化中那個充滿創造力的聖子。簡單說，我們一心一意想要活成一個獨立自主的自我。

(X.2:1~5) **當然，你可能會接納原不屬於你心靈之物，也很可能否認你心靈原有之物。縱然你可能拒絕天心親自賦予你心靈的任務，你卻無法杜絕它。那是你的生命真相所引出的「果」。至於你能否看到它所推出的合理結論，全憑你是否真想要看清它而定；問題是，它的真相與你想不想去看根本是兩回事。真理即是上主的旨意。**

是的，我們只有相信自己想要相信之物的自由，卻沒有把非真之物變成真實的自由。同理，我們無法把真相變成幻相，也無法把幻相變成真相；縱然我們相信自己有此能力。上主天心賦予我們的心靈一個創造的任務，這成了靈性的「本來面目」。救贖原則不過是要告訴我們，任何幻相都侵犯不了靈性的本然境界。我們可以在分裂之夢裡否認這一真相，卻沒有能力抵制真相活出自己的本然。真相，其實**就是**上主旨意，此外無他。

(VI.11:10~11) **你不能把毫無意義的東西變得有意義。只有瘋狂失常的人才會生出這類企圖。**

說到這兒，很自然便轉入小我陰謀這個主題。救贖原則說我們不可能把毫無意義的事變得有意義，但我們卻相信自己有此本事，不惜神智失常，也要打造那個分裂的思想體系。我們多次提過，小我最怕的就是我們有朝一日回過神來，意識到自己心裡那位抉擇者選錯了老師，才會落入這萬劫不復的慘境。這一覺悟便會將我們領到另一條路，開始尋找另一位導師，願意學習另一套思想體系。這才是小我最深的恐懼：我們終有一天會看清真相而選擇救贖。

小我對救贖的恐懼

奇蹟交響曲專闢了一個樂章，鉅細靡遺地描述小我的失心大計以及它最深的恐懼——小我知道心靈若不選擇它，自己頓歸虛無。可以說，倘若無法看透小我狡獪計謀背後的恐懼，那麼，不論在理論或實用性上，《奇蹟課程》對我們都會顯得荒誕無稽。世間所有的問題，包括全球性的戰爭、饑荒、死亡，以及每個人每一天的生存奮鬥，都是小我一手打造的陰謀策略，目的就是要我們堅信不疑所有的問題都發生在心靈之外，而不是小我最害怕的那個有抉擇能力的心靈。

(III.2:4) **身為上主意義的你，一旦離開這一意義，怎麼可能認出自己的真相？**

我們的解決之道就是與心靈一刀兩斷，因為上主的意義（也是我們存在的意義）只可能存於心靈內，故只要與身體認同，我們自然落入「失心」以及「無意義」之境，再也無緣憶起自己的真實身分了。正因如此，小我才會不斷慫恿我們從心靈之外去看世間的問題，以及尋找解決方案。

(III.2:5~6) **你一旦把自己的存在與意義視為兩回事，你不可能不感到生命的虛幻不實。這就是小我瘋狂失常之處，它想教你承認「你不是你」。**

短短幾句話解釋了，為什麼「我們的虛幻存在」這個主題在《奇蹟課程》扮演如此重要的角色。它斬釘截鐵地強調，身體以及造出身體的那套思維徹底虛妄。小我之所以神智失常，只因它否決了唯一堪稱清明的心智，就是「分裂不曾發生過」這個救贖之念。若說小我的二元分裂之念本身代表心靈已經瘋狂了，那麼，由這個念頭衍生出來的二元對立之世界（包括了我們的存在），必然同樣的瘋狂，因為**瘋狂之境也離不開它的源頭**。

(III.2:7~11) **這麼矛盾的觀念怎麼可能是真的！為此，你不可能在這類課程中學到任何東西，也無法真正教導別人。然而，你隨時都在施教。表示你必然在教其他的東西，即使小我並不清楚自己究竟在教什麼。為此，小我飽受被你「化解」的威脅，它始終懷疑你居心叵測。**

這兒的「**你**」或「**你的**」，絕非指自認為活在人間的「自我」，因為有形有相的我**根本**就不存在。這幾句話當然也是針對心內尚有選擇能力的那一部分心靈而說的。耶穌口中的**你**，就是抉擇者，他要把我們帶回抉擇者那兒，因為只有在那兒，我們才可能重新作出一個有意義的選擇。而且，這個選擇必須出自正念之心，才能將我們從小我以及罪咎、攻擊、死亡那套瘋狂思想體系中救拔出來。

(III.2:12) **與小我結盟無助於你心靈的統一，因為心靈與小我可說非親非故。**

可以說，自從選擇小我那一刻開始，我們就被小我套牢了。只因心靈忘失自己是抉擇者，自視為一個小我，同時又把心靈的正念部分埋藏下去了。耶穌給我們這部課程，目的即是要把我們領回抉擇者那兒，才足以抗衡與心靈「非親非故」的小我。但小我亦非省油的燈，它不遺餘力地讓我們把那個不是自己的小我當成自己。這才是我們打從心底害怕耶穌以及這部課程的真正原因。

(III.2:13~14) **你若向平安投誠，對小我乃是「大逆不道」之事。為此，小我之「敵」其實是你真正的朋友。**

小我一定會覺得我們「大逆不道」，因為它心知肚明我們的心靈遲早會造反。說到底，我們只有一個真實盟友，就是抉擇者，唯有它能夠為我們選擇救贖來取代分裂。然而，只要我還認定自己是個個體生命，便不可能不去附和小我善惡分明的知見。在那種知見中，我們所珍惜的「善」，必定能為自己的特殊性及個體性增光添色；而與特殊性恰恰相反的特質，即含容一切的寬恕和奇蹟，便成了小我最害怕的「惡」。

(III.4:1~2) **若想「活在天國內」，只需把全部心力都置於天國上。只要你仍相信自己可能掌控得了非真之物，「矛盾」便成**

了你的一個選項。

小我很懂得怎麼把我們的注意力從它身上轉移到世界。只要我們還認為自己能夠搞定世間種種虛幻問題，等於選擇活在矛盾衝突之境，自然就把那唯一真實的救贖拋到九霄雲外了。可還記得我們先前說過：真正的衝突只可能發生在心靈層次，而且看起來好似聖靈在跟小我交戰，我們心內真的時時感受到這種天人交戰。為了制服聖靈，小我不惜將心中那套瘋狂之念投射到世界，令我們淪為一具具失心的身體。幸好，這種瘋狂思維對於天國的實相發生不了任何作用。因為天國內根本沒有衝突立足的餘地，它始終耐心地等候著我們憑藉聖靈愛的奇蹟而歸返家園。

(III.4:3~10) **這豈能稱得上是一種選擇？縱然它看起來煞有介事，但「狀似」和「真相」畢竟不可同日而語。身為天國的你對那些「狀似」之物毫不希罕。你要的只是真相，因為你就是真相。唯有如此，你的「所有」與「所是」方有和平共存之日；而這事只會發生於你心內，不會發生在天國裡。你心中的祭壇，才是唯一的真相。那祭壇在你心念中清晰無比，因為它反映著完美的聖念。你在正見中只可能看到弟兄，因為正見只會從它自身的光明中去看。**

耶穌再次提到「反映或倒影」的觀念。我們心中的祭壇始終清晰無比，因為它含帶心靈唯一真實之念，反映著完美聖念的救贖。這一段話提到的「狀似」和「真相」之別，可說是奇蹟形上理論的種子觀念，這一點和兩千五百年前的柏拉圖哲學可謂毫無二致。《奇蹟課程》特別強調，縱然我們選擇了「狀似」的假相，不論我們生出的判斷之念多麼黑暗，都影響不了光明真相，它始終照耀在每個人身上。這番領悟能將寬恕推上最高境界。因此，小我最怕我們選擇心靈本具的聖愛光明，只因它蘊含了全部的真知，會徹底化解小我的存在。我們繼續讀下去：

(VI.4) **小我承受不了知道真相的後果。真知是整體性的，小我絕不相信整體這一回事。這「不信」就是孕育小我的溫床；因此小我只會效忠自己的「前身」，它是不可能愛你的。小我是怎麼出生的，也會怎麼繼續衍生出來；心靈是怎麼形成的，也會怎麼如法炮製下去。小我出自恐懼，故會繼續生出恐懼。它只能如此效忠，這一忠誠使它不能不背叛愛，因為你是愛。愛原是你的力量，故小我不能不全力否認。它必須同時否認這力量所帶給你的一切，因為愛賜給了你一切。擁有一切的人，是不會想要小我的。換句話說，連造它的人其實都不想要它。曾經造出小我的心靈一旦知道了自己的真相，小我便被打入冷宮了。而那心靈只要能夠認出聖子奧體的任何一部分，便不難看清自己的真相。**

小我最怕真知了，因為小我在天堂一體不分之境毫無立足之地；同樣的，「整體性」的觀念在小我分裂思想體系內也毫無立足之地。由此可知，小我對自己的創造源頭——抉擇之心，不可能不心懷畏懼，只因它隨時都可能作出「不再相信小我」的決定，甚至可能拒絕小我饋贈的特殊性，轉身接受聖靈所給予的愛。由於聖靈帶領我們回家的工具就是寬恕，故小我必會想盡辦法讓我們抓緊怨尤不放，讓我們的注意力緊盯著世上一具具失心的身體。為此，小我不能不抵制任何寬恕的念頭，因為這一念足以反映出天堂的一體生命，在那當下，小我便一命嗚呼了。

(VI.10:4~6) **造物主及其造化的一體關係就是你的圓滿生命、你的清明神智、你無限能力之所寄。這無限能力乃是上主賜你的禮物，也是你的本來面目。你的心一旦與它斷絕關係，天地之間最大的力量在你眼中都會變得軟弱無能，因為你不相信自己乃是它的一部分。**

　　這一段話又揭示了一個重要觀念，即心靈的真實力量對小我所造成的威脅。我們特別想要否認自己擁有選擇救贖的能力，只因救贖會讓我們憶起天心的無限大能，祂就是上主創造出來且與自己一體不分的基督自性。對此，小我的殺手鐧就是令上主之子徹底失心，讓他無從使出心靈的選擇能力，自然無法把軟弱轉向力量，把瘋狂轉向清明了。下文開始細述小我的陰謀策略：

(VI.11:1~3) **你若自外於那無限能力，上主的造化在你眼中也會顯得軟弱無能；凡是自認為脆弱之人，不可能不發動攻擊的。然而，這攻擊必是無的放矢，因為攻擊的對象根本就不存在。**

於是，他們只好營造出種種形相，卻又把它們視為草芥糞土而大肆攻擊。

這番描述讓我們聯想到《課程》後面推出的重頭戲——特殊關係。我們打造出世界，而後塞進一堆有模有樣的人，其實這一切全是人心內不可告人的秘密所投射出來的幻影。只因我們深信自己毀了天堂，天堂必會轉身向我們索命；與天堂這可怕的天敵較勁，我們簡直不堪一擊，但我們又不甘坐以待斃，只好從上主那兒偷來一個自我，編出一場個體生命的夢，再想盡辦法把盜取生命的罪咎投射到別人身上，然後理直氣壯地懲罰他們。我們把罪咎投射到形形色色的人身上之後，就忘了他們全都是自己的傑作，自然不能不把他們的形相當真。從此，世間那些幽靈一般的人物便顯得真實無比，和我們編織同一場夢，就是：「我只想著眼於外在的分裂現象，絕不去看自己內在的分裂傾向，這樣，我便無需為此負責而諉罪於人了；如此一來，上主必會懲罰他們而放過自己的。」世間所有人心內都暗藏這股瘋狂的謀殺念頭，人類歷史也是由這一念演化出來的。此念一日不解，世界便永無轉機。

(VI.11:4~5) **這就是小我世界的全面寫照。小我什麼也不是。**

小我絕不甘心被看成「什麼也不是」，這是最令小我抓狂的隱憂。我們可以說小我邪惡、殘忍、無能、罪孽深重，或一個徹頭徹尾的壞蛋，怎麼說都好，就是不能說它**什麼也不是**。因為這麼一來，我們也落為「什麼都不是」的虛無下場了。

小我原是我們的**一部分**，卻喜歡跟我們劃清界線，想盡辦法要我們相信它的存在與能力，故時時警告我們：「大敵當前，我們必須馬上反擊回去！」為此，我們的確很需要借助耶穌的目光，才可能識破小我思想體系堅實的假相，從而看清它的虛無本質。若無耶穌的慧眼，我們真的無從招架小我特殊性那張詭異的羅網。

(VI.11:6~11) **毫無意義可言。根本就不存在。不要企圖去理解它，因為這樣一來，表示你相信它是可以理解的，那麼也是值得欣賞感謝以及愛的。如此，你就給了它一個存在的基礎，但它是不可能有任何存在理由的。你不能把毫無意義的東西變得有意義。只有瘋狂失常的人才會生出這類企圖。**

毫無疑問，耶穌這段話描述的正是世間所有人一直在做的事。只要用心讀進去，不難意識到耶穌其實想告訴我們：「你根本就不存在！」我們自以為活著的身體及所置身的世界也一樣不存在，我們心目中視為萬分重要也萬分真實的問題更不可能存在。這個觀點和我們相信的以及經驗到的現實如此截然相反，我們便不難明白耶穌為何不能不反覆解說的苦心了。我也得再三提醒，若不了解小我對自身虛無的恐懼，以及因此而生出的破釜沉舟之計（即造出一具失心的身體以及一個失心的世界），我們一定會全面誤解《奇蹟課程》，更別說把此生的經歷轉化為極富意義的教室了。要知道，缺了這間人生教室，我們更沒有機會看清自己其實並非活在如此荒謬的瘋人院裡。

我們即將進入第八節「不足置信的信念」，在整部課程裡，它可說是把小我恐懼的原因解釋得最為透徹的一節，它同時還反映出這個觀點對了解奇蹟教誨所具的關鍵作用。在奇蹟交響曲中，這個反覆出現的主旋律好似採用「小調」而寫出的，因為它要呈現的是非常不快樂的念頭。雖然如此，它對我們的學習卻至關重要。缺少這番領會，我們是不可能真正明白為何寬恕能夠療癒以及它又是如何療癒的。至此，我們終於恍然大悟，為什麼耶穌的教誨始終繞著這個主題打轉了。

(VIII.1:1~4) **我們已說過，沒有投射，憤怒無由而生；同理，若不推恩，愛心也無由而生。這反映了心靈的基本法則，它一向是如此運作的。而你是按照這個法則創造以及被造的。天國也是靠這法則而統一，而且靠這法則永存於上主之天心。**

唯有從上主天心的圓滿一體之境出發，才可能理解上述這一番話。上主的聖愛會不斷自我延伸，而我們正是那超乎時空之聖愛延伸出來的一部分。天心的內涵必須推恩（因為愛只會創造愛）；同理，分裂的妄心也不能不投射分裂的內涵（故罪咎的投射必會轉為憤怒）。下文接著解說下去：

(VIII.1:5~9) **對小我而言，這法則可說是排除「己所不欲」的手段。對聖靈而言，它代表最基本的分享法則；在這法則中，你必須給出己之所愛，你的心靈才能真正擁有它。對聖靈，這就是推恩的法則。對小我，則無異於剝削之法則。因此，它們究竟會帶來富裕或匱乏，全憑你要運用哪一條法則而定。**

耶穌再次重申了「施與受是同一回事」的道理。請記住，耶穌說的，永遠是針對觀念的層次，而非有形的物質層次。我們給出（或推恩）的若是愛，自己心內的愛自然壯大，因為**觀念離不開它的源頭**。我們給出（或投射）的若是咎，也必定會加深罪咎之感，愈發相信自己犯下了與上主決裂的滔天大罪，這也是「**觀念離不開它的源頭**」的道理。

分辨匱乏與剝削兩者的不同，是非常重要的課題，因它一刀刺中「投射」的要害。小我常令我們感覺到缺少了什麼，凡事總是從缺少或匱乏的角度來看自己。其實我們真正感到失落的是上主的愛，但小我絕不允許我們意識到自己靈性的富裕真相，反而從中挑撥：「你所缺的那個寶貝被你弟兄偷走了。」於是，匱乏原則就這麼轉變為剝削原則了：「原來我們之所以缺乏，是因為被別人偷走了。」這種信念反映出第四條無明法則「你相信自己能夠擁有你所奪取之物」（T-23.II.9:3）。由此可知，剝削感是從人心的匱乏信念投射而成的，故說我們會感到富裕或匱乏，端視抉擇者作何選擇，不論推恩什麼或投射什麼，它對自己都會顯得十分真實。我們若選擇富裕，就會推恩寬恕和愛；若選擇了匱乏，自然落入投射罪與咎的下場。

(VIII.l:10~11) **這選擇操之於你，至於你是否會運用這些法則，絕非操之於你。因為心靈不是投射，便是推恩，那是它存活的方式，而每個心靈都是活的生命。**

寥寥幾句引言，道盡了心靈的運作法則：我們若選擇聖靈，自然只會推恩祂的聖愛，擁抱整個聖子奧體；反之，一旦選擇了小我，內在的罪咎感必會分化上主之子，因而加強了分裂之念。於是分裂形成罪咎，罪咎構成分裂，就這麼惡性循環下去了。在此順便一提，這個觀念在本章第二節便已出現了。

(II.2:4~6) **不論你投射或推恩什麼，它們對你都會顯得真實無比。這是心靈運作的不二法則，不論在世上或天國都是如此。只不過在世間顯示的內涵會有所不同而已，因為受制於這一法則的念頭與天國的聖念之間有天壤之別。**

一言以蔽之，我們若非投射（即妄造）罪咎，就是推恩（或創造）聖愛。推恩倒映於夢境裡，便成了寬恕，也就是聖靈教我們解除心障的工具，它會幫助我們領悟到此生真正的任務原是創造。聖靈的寬恕其實是在為我們「轉譯」或「反映」天堂的愛之法則，然而，這一境界超乎人們的了解，更遑論體驗了。

(II.4:1~5) **任何法則若要發揮效力，必須通過交流或溝通。對使用不同語言的人，不能不透過一道翻譯的程序。一位稱職的譯者，即使不得已而改變原文的形式，卻不會改動它的內容。事實上，他之所以改變形式，純是為了保存原文的內涵。對於還不了解上主天律之人，聖靈就是他的「偉大譯者」。**

寬恕的內涵原是愛，但它只能以我們所能理解而且不致引發恐懼的形式轉譯或傳達出來。我願在此重述一遍先前提過的一段引言：

救贖的價值是無法靠它所呈現的形式來衡量的。事實上，若要真正發揮大用，它必須以最有利於領受者的形式出現才對。也就是說，奇蹟必須按照領受者所能了解而且不害怕的方式呈現，才可能功德圓滿。（T-2.IV.5:1~3）

正念之心永遠只會著眼於心靈的內涵（愛），它會按照世界的需要而轉化為形式或行動，至於具體上會如何呈現，則端視人心的恐懼程度而定。小我的作風恰好相反，它最愛著眼於分裂的現象，還會千變萬化，讓人看不清分裂的內涵，而與救贖失之交臂；這正是特殊關係的殺手鐧。我們繼續讀下去：

(II.4:6~5:4) **你自己是無法勝任此職的，因為矛盾的心靈不會只聽信一種意義，它還可能為了保全形式而不惜改變原意。**

聖靈轉譯的目的正好相反。不論從什麼角度，或以什麼語言，祂的翻譯純粹是為了保存原有的意義。因此，祂一反世人所重視的外在差異，再三強調「那些差異無關緊要」。祂所傳達的訊息始終如一：意義才是關鍵之所在。

耶穌經常告訴我們，聖靈不會奪走我們的特殊關係，只會加以轉化（這一點我們留待後文再深入）。他還特別叮囑我們，無需急著改變外在處境（即**形式**），但要改變自己所賦予的意義（即**內涵**）。唯有如此，才能把聖靈「非具體」的寬恕目標，轉譯或套用在那些「具體」得令我們難以寬恕的人際關係上。只要持之以恆，我們遲早會學到一視同仁地看待所有的關係，慢慢由此領悟出，聖子奧體內每個成員之間的「那些差異無關緊要」。這跟寬恕與否一點關係都沒有，重要的是，它在心靈層次賦予所有關係同一個意義，就是聖靈的寬恕目的。我們也可以換個角度來說，寬恕反映了奇蹟的第一原則「奇蹟沒有難易之分」，只因每個尚未寬恕的問題最終都是同一回事，表示心靈選擇了小我而已，而奇蹟則會溫柔地提供一個修正的機會，便是重新選擇！

(III.1:1~2) **聖靈所教的課程只有一種，它適用於所有的人以及任何環境。祂能將你的一切努力與成果發揮最大效益，因為祂不受衝突的干擾。**

耶穌一再說他的課程十分簡單，原因就在這兒：一個問題，一個解決方案，一個人生功課。縱然這個功課會以各式各樣的形式呈現，但寬恕的過程全然相同。不管如何，我們必須牢牢記住，「選擇寬恕」這個能力永遠操之於我。分裂妄心所具備的選擇能力，原是天心的創造能力極度扭曲而成的，我們當初就是誤用這一能力而選擇了小我，如今也唯有選擇聖靈才修正得了那個錯誤。請記住，這是耶穌親自為我們示範的學習重點。當我們真正懂得善用這一選擇能力時，等於向弟兄示範他們也有這種能力。耶穌繼續對我們耳提面命：

(III.1:3~12) **祂一邊教你上主之國的德能，一邊教你明白這些德能非你莫屬。至於如何具體運用則無關緊要。反正它必會發揮最高的功效。你的儆醒無法使你獲此能力，但你必須儆醒，**

才能隨時發揮它所有的功用。當我說：「我時時刻刻與你同在」，我是說真的。不論何時何地，我從未離棄過任何一人。正因為我時時與你同在，你才會成為「道路、真理與生命」。這德能不是你自己打造得出來的，連我都無此能耐。它是為分享之故而創造的，因此，你不可能理直氣壯地視它為某人的專利而否定他人這一天賦權利。否則，你的看法會抹殺它唯一真實的意義，而且顯得荒謬無比。

天堂的一體聖愛，反映於人間即是聖子奧體的一體生命；只有這個才真正存在，也只有這個才有意義。耶穌要我們把這層意義套用在身邊所有人事物上頭，而且不可有任何例外，如此，我們才可能意識到心靈的選擇能力。無疑，這正是憶起造物主以及自己創造任務的先決條件，也就是把聖愛的肖像延伸且彰顯於人間。若要恢復這個意識，只有一個條件，就是樂於受教——虛心學習那個沒有例外的大愛，我們才能一視同仁且毫無例外地將寬恕普遍套用在整個世界。

(IV.3:3~8) **聖靈則會教你利用小我營造之物，去教與小我所「學」截然相反的事情。不論你究竟學到什麼，或具備哪種特殊的學習能力，全都無足輕重。你只管努力去學，聖靈自會把你所有的努力導向同一目標。即使是不同的能力，只要致力於同一目標，久而久之，它們就會合作無間了。只因它們全都導向同一方向或同一道路。長此以往地致力於同一目標，彼此的相似處（而非相異處）便自然凸顯出來了。**

耶穌再度提醒我們，由於我們先前早已被誤導，把心靈的選擇能力用在妄造上，故需要他耐心指點我們另一套用法。只要我們打從心底接受他的愛，他必會將我們的特殊關係轉化為神聖關係。這是寬恕的唯一目標，可說單純無比，只因它把世界分派給身體、事件以及人際關係等等五花八門的意義全都統合起來了。縱然小我仍會製造層出不窮的問題，逼我們去作形形色色的選擇，企圖混淆我們的眼目，耶穌仍然能幫助我們從中認出「一個錯誤」（即投射）以及「一個解答」（即推恩）。現在，讓我們一起回到第八節的討論：

(VIII.2:1~4) **你必須徹底了解小我是如何利用投射的，有朝一日你才可能化解得了投射與憤怒之間的必然聯繫。小我想盡辦法維持衝突狀態。可是它會精心設計出一些狀似幫你降低衝突的方法，因為它不想把你逼到忍無可忍的地步，最後乾脆全盤放棄。小我會試著讓你相信，它能幫你擺脫衝突，以免你放棄小我而另覓生路。**

小我最怕我們突然意識到心靈內的小我和聖靈之戰根本就不存在。事實上，任何戰爭都需要兩方才打得起來，而聖靈是絕不會跟任何人開戰的。不僅如此，小我引發的內在衝突必然激起身心的不安及痛苦，反之，聖靈的正見只會帶給我們平安和喜悅。小我為了減輕我們和上主之間看似嚴重的衝突，便使出心理機制來對付這可怕的天敵，狡猾地將內在矛盾投射為外境的衝突，令我們一生都在對付層出不窮的敵人（包括自己的身體或親友的身體，以及控制身體的自然律）。慢慢的，我們學會了如何利用「罪咎遊戲」來操控別人，這是「愛的特殊關係」最拿手的本領，同時又給了「恨的特殊關係」一個憤怒的藉口。總之，不只是國家元首喜歡四處樹敵，我們也全都在幹同樣的事，因為唯有如此，我們才能為自我憎恨所勾起的內心衝突找到一個發洩的出口。

(VIII.2:5~6) **小我故意扭曲上主的天律，利用心靈本有的能力阻止心靈完成它存在的真正目的。小我把你內心的衝突投射到他人心上，目的是要你相信，你的問題已經解決了。**

小我利用心靈的力量，來抵制抉擇者的天賦任務（即選擇聖靈而返回天鄉）。它先把罪咎當真，再嫁禍於身體，然後騙我們說：「你可以高枕無憂了，因為上主無法向我們索債了。」它絕口不提我們躲到身體以後最終仍然難逃一死。等我們意識到身體的宿命時，早已忘了抉擇者才是元兇，只因它誤信了小我信誓旦旦會保護我們的空頭支票。我們在第四章已經引述過：小我要我們相信身體是我們的安全港，當我們想要質問它的搭檔（身體）時，小我乾脆把這個問題由人心的意識中抹除（T-4.V.4）。它先讓窩藏罪咎的心靈失蹤，令我們感受不到自己罪孽深重，轉而認定罪在他人，理當為我們感受到的苦負責。在小我的思想體系內，投射和攻擊都在傳達同一信念：心靈不是問題的癥結，身體才是問題之所在，尤其是別人那具身體！

(VII.8) **唯有當你把別人的攻擊視為剝奪你的所愛時，你才會生出反擊之念。你是不可能失去任何東西的，除非你自己既不重視也不想要它。是這緣故使你覺得受到剝削的，你卻把自己的拒絕投射於外，開始相信是你的弟兄奪走了那個寶貝。你若相信有弟兄攻擊你，而且奪走了你的天國，你怎麼可能不害怕？這正是小我所有投射的最終藉口。**

小我就是這麼騙我們的，它聲稱是別人偷走了我們渴望的平安。事實上，是我們自己追求小我的分裂地獄，決心放棄天國的一體生命，才失去那個平安的。前文已經闡釋過，小我是如何妙手一揮便把匱乏原則投射為剝削原則的。打個比方，我感受不到愛，便會認定是對方硬把自己的愛偷走的。不消說，最後自己也一定會落入恐懼中，因為恐懼正是小我的罪咎懼之必然結局。其實，是我們先把罪和咎投射到別人身上，才害怕對方會惡意反擊；而自己的害怕卻成了「罪不在我」的明證。

(VII.9) **小我代表了你心中不相信自己能為自己負責的那一部分，它又不願加入上主的陣容，故無法信賴任何事物。它相信你已背叛了造物主，並將這瘋狂失常的信念投射於外，開始相信是你的弟兄奪走了你的上主；其實他們同你一樣，根本無此能耐。每當某弟兄攻擊其他弟兄時，內心都脫離不了這一信念。投射，一言以蔽之，就是在別人身上看到自己希望看到的東西。為此，你若決心與上主分裂，便會認定那是別人害你如此的。**

這是所有人不可告人的秘密：緊抓著天人分裂及盜取了上主生命的罪咎不放，然後使出偷天換日的手法，將這個罪咎嫁禍到他人身上。這就是投射厲害之處，讓我們享受小我的分裂「美」果，卻無需為自己的滔天之罪付出代價。我們絲毫意識不到，僅此一舉便足已抹殺那活在他人以及自己心中的自性，也就是我們與上主一體不分的生命。小我那個荒誕無稽的願望就如此這般地頂替了上主的旨意。

(VII.10:1~7) **你，就是上主的旨意。不要接納任何其他的意旨，否則你等於否定了自己的真相。一旦否定了真相，你必會發動攻擊，因為你相信自己受到了攻擊。僅僅矚目於你心內的上主之愛吧，你隨時隨地都能看到它的，因為那愛確實無所不在。在每個人身上看出祂的富裕吧！你才會知道自己與他們都活在上主之內。他們是你生命的一部分，正如你是上主的一部分。不明白這一真相，你必然感到無比的孤獨，正如上主兒女不知道上主臨在時，上主也會感到孤獨一樣。**

我們的眼光只要越過弟兄的小我，心中的「匱乏信念」便能轉變為聖靈的富裕之念，因而明白了自己不只**擁有**上主的旨意，我們的存在本身**就是**上主的旨意。為此之故，任何攻擊行為不過代表了小我瘋狂抵制這一真相的企圖，就是要我們相信自己確實攻擊了上主而傷害了自己，最後不能不把這個信念投射到他人身上。針對這一瘋狂舉止，耶穌只給出一個溫柔的寬恕，便足以解除所有覆蓋在弟兄及自己身上的罪咎。

無庸置疑，「上主感到孤獨」這種說法僅僅是寓意著上主旨意的一體之愛而已。我們既不可能與上主分離，祂又怎麼可能感到孤獨？要是能夠領受這一真理，我們遲早便會從這個譬喻逐漸體會它背後的實相。可以說，耶穌借用這個譬喻再次提醒我們：圓滿一體之境是不可能分割的，除非我們落入了小我的瘋狂夢境。

(VII.10:10~11:3) **你必須先了解那個思想體系的全面真相，你才可能了解它的一切。**

你只要認出小我思想體系中某一部分是如此瘋狂失常、徹底精神錯亂，又徹底令人厭惡，表示你已經對它的整個體系作了正確的評價。這種修正會幫你認出某一部分的造化如此真實、徹底完美，以及徹底的可愛。你若只要這個，你就只可能擁有這個；你若只給這個，你的生命便只是這個。

這幾句話再度將我們帶回《奇蹟課程》「**不是全有便是全無**」的原則。如果我們不能寬恕聖子奧體**所有**的人，表示我們**一個**也沒有寬恕。然而，在寬恕的學習過程中，我們當然得一步一步來，雖然感覺上好像迂迴轉折，時進時退，但只需牢牢記住，聖子奧體既是一個不可分割的整體，拒絕某一部分等於拒絕了全部，如此就夠了。更何況，聖子奧體的整體性遠遠大於部分的整合（T-2.VII.6:3），也就是說，聖子奧體的存在意義在於它的整體性，而非有形可見的部分拼湊出來的總和。可以說，這句話最具有安定人心的作用了，因為在小我心目中，寬恕好似難如登天。如今我們懂了，重點不在寬恕所有的人，而只要徹徹底底地寬恕一位便**等於**寬恕了全部。《奇蹟課程》就這樣一舉破解了小我的謊言，掀開小我「投射—攻擊」的陰謀伎倆，認出它所隱藏的瘋狂內幕。如此，我們方能在聖靈啟示的救贖真相中，開始質疑小我整套思想體系。這種質疑，正是小我的心頭大患，因它為我們揭示了心靈的真相，讓我們領悟到自己不只**擁有**，而且「**本來就是**」那個完整生命——天國便已來臨了。

(III.5:1~3) **上主親自照亮了你的心靈，並以祂自己的光輝維繫你的心光不滅，因為祂的光輝正是你心靈的本來真相。這是不容置疑的事，只要你一起疑，答覆即刻來臨。這一「答覆」只會「化解」疑問，而讓你看出質疑真相是多麼荒謬的事。**

一旦看穿小我是個不折不扣的騙子，「終極答案」便會在心靈暗夜慢慢浮現亮光了。換句話說，只要我們願意質疑小我的虛妄之「我」，便不難看到自己的終極身分正在等著我們接受它那單純的真相。原因很簡單，小我既是基於我們對它的信任而存在的，那麼，我們一旦不再聽信它的謊言，它立即就消失於原本的虛無了。

(VIII.3:8) **把它**〔例如罪咎〕**當作別人的問題，就以為你已經把它從心中排除了，這種信念徹底扭曲了推恩能力。**

這段話再度揭舉出大家早已耳熟能詳的主題「**觀念離不開**

它的源頭」（這個觀念在〈正文〉交響曲的份量愈到後面愈顯重要）。也就是說，愛不曾離開它的心靈源頭，罪咎之念同樣離不開它的源頭。故說：「這種信念徹底扭曲了推恩能力」，就是因為罪咎依舊留在心內。我們卻以為只要把它投射到別人頭上，自己便脫身了，這不是發瘋，還會是什麼呢？不幸的是，小我總會找到法子讓我們相信「**觀念已經離開了它的源頭**」，令我們意識不到正在啃噬著心靈的罪咎，只好身不由己地繼續向外投射，幻想攻擊他人能夠解除內心的自我憎恨。

(VIII.3:9~11) **這正是投射者必會嚴加戒備自身安全的理由。他們深恐自己投射出去之物會轉身反擊。他們若相信自己有辦法把投射之物由心中抹除，便不能不相信那個東西也可能設法溜回來。**

這段引言可說是「偏執狂」的最佳寫照。我們投射罪咎之後，必然相信別人也會以其道還治其人。我投射的若是分裂之罪，就會看到與自我形象十分相似的影像。我們暗自認為自己是什麼（罪人、騙子或是害人精），就會在對方身上看到類似的特質。總之，我們不可能不在別人身上看到內心「隱秘的罪咎、深埋的怨恨」這種自我形象的（T-31.VIII.9:2）。接下來，為了保護自己，我們必會陷於「攻擊及防衛」的惡性循環（W-153.2~3）。我們先以投射的方式發動攻擊，繼而想盡辦法抵禦別人的反擊；不幸的是，對方跟我們一樣「失心瘋」，於是「我攻擊你、你攻擊我」，好似進行一場攻擊的交易戰。不只國家好勇鬥狠，各個宗教、民族以及所有人間團體全都樂此不疲。既然我們認定自己的苦全是別人害的而不是自己的錯，那麼，我們除了攻擊和反擊以外，根本沒有其他的出路了。全人類都在玩這種無情的遊戲，為了掩飾內在瘋狂的殺氣，反咬別人一口，認定那是別人的瘋狂、別人的殺氣。除非有一方願意回到正念之心，向那神聖的導師求助，這個惡性循環才有切斷的可能，否則人類只能繼續瘋狂下去。

接下來的兩節，耶穌再度提到「投射」，而且指出這和我們不敢聽信聖靈及其指引有極其密切的關係：

(X.5:1~4,8~13) **聖靈始終站在你這邊，為你撐腰。你若還設法迴避祂的指引，表示你寧可選擇軟弱。而軟弱令人害怕。那麼除了你存心讓自己害怕以外，還有什麼能解釋你這個決定？……沒有人會樂意追隨自己不信任的嚮導，但這並不表示嚮導本身是不值得信任的。在這種情形下，通常是追隨者不值得信任。說到究竟，那也不過是他內在的信念出了一點問題罷了。他既相信自己能夠背叛，當然也會相信任何東西都會背叛他。這純是因為他追隨了錯誤的嚮導。追隨這類嚮導的人不可能不活得戰戰兢兢，因為他常把「恐懼」與「指引」聯想在一塊，最後乾脆拒絕追隨任何嚮導。**

我們不敢承認自己是如此不堪信任（只要瞧瞧我們幹的好事），只能把內心深處的罪惡感投射到周遭的人身上，包括那位心靈導師在內。正因如此，我們才會不斷捨棄基督的大能，寧可把脆弱無能的小我當成自己（這個主題要等到奇蹟交響曲的尾聲，我們才會全面深入）。從此，我們孤獨地步上了小我的旅程，接受「特殊性」的薰陶。難怪我們一跌倒就怪罪腳下的石頭，其實我們更害怕自己投射出去的東西遲早會反過身來報復我們。為了對抗這個不存在的敵人，我們寧可投注畢生之力搭建防衛的堡壘，卻毫不自覺這種防衛心態反倒強化了內心的恐懼及脆弱之感。話說回來，我們為何忍不住要投射呢？只因我們亟需否認自己背叛上主及聖靈的那個罪，故不能不藉著投射來遮掩內心這個不可告人的秘密。

(VIII.3:12) **正因那些投射之物不曾離開過他們的心靈，他們不得不枕戈待旦設法遮掩這一事實。**

別忘了，這一切只可能發生在心靈層次。儘管我們為了隱藏自己的罪惡感，費盡心機地投射到他人身上，這個「咎」卻始終存在心裡，只因**觀念離不開它的源頭**。因著「咎」的作祟，我們會不斷生出攻擊之念（也就是說，我們一感到內疚，不去面對而只想否認的話，必然會把它投射出去的）。到最後，我們不能不相信每個人都是居心叵測的，為了保護自己，我們為所有的攻擊行為合理化，如此一來，「罪咎─攻擊」的迴力圈一定會愈演愈烈。箇中的癥結是，隱身其下的咎從不現身，因而無從化解。由此可知，為什麼我們會說投射是小我最凌厲的武器了。

(VIII.4:1~2) **你若把某人釘死在某種幻相中，就不可能不把自己**

也釘在同一幻相中了。這是必然的結果，因為心靈不可能被支解。

說到究竟，我們全是分裂心靈的一部分，在編造同一個「你跟我分裂、我跟你分裂」的夢。幸好，夢終歸夢，並非事實，因為分裂及分化而生出的攻擊之念也離不開它的源頭，也就是分裂聖子的同一心靈。既然是同一心靈，就不可能真的攻擊到誰，攻擊在這一層次必然不是真的；但在小我「受害者與加害者」的瘋狂夢境裡，則顯得真實無比。

(VIII.4:3~6) **支解表示打成了碎片，但心靈既不會攻擊，也不受攻擊。相信心靈有攻擊能力，是小我最常犯的錯誤，也是小我整個投射的基礎。它不了解心靈的真相，自然也不了解你的真相。然而，小我卻得靠你的心念而存在，因為它只是你的一種信念。**

攻擊，乃是小我思想體系的靈魂，因為相信分裂之境的人，必然相信自己已經攻擊了上主。難怪〈練習手冊〉會出現「世界是為了攻擊上主而形成的」這個說法（W-PII. 三 .2:1）。也就是說，世界只是「我們攻擊了上主，受到攻擊的上主一定會加以報復」這一小我信念的投射。這個瘋狂念頭，其實只需要救贖一句話就修正過來了，那就是：「上主既是完美的一體生命，根本就不可能發生對立與攻擊這種事。」

上述引言的最後一句「然而，小我卻得靠你的心念而存在」，一刀切入了小我的要害。只因小我無法靠自己存活，全靠心靈的抉擇者認同它，才可能存在。小我在本質上確實只是一股信念而已，故耶穌才會再三這麼說：

(VIII.5:1~2) **不必害怕小我。它得靠你的心靈才能存在，既然你曾因為相信它而造出了它，你也同樣可以不相信它而將它驅逐。**

然而，我們卻這麼害怕小我，怕它的罪咎，怕它投射出來的世界和身體，常常忘了它們只是自己的一個錯誤信念或是一場噩夢而已，完全離不開那發狂的夢者之心。只有神智失常的人才會害怕根本就不存在的威脅，何況那種威脅本來輕而易舉就能解除的。小我心知肚明，聖子隨時（也就是神聖一刻）可以改變過去的選擇，故它最害怕心靈的決定能力。因為抉擇者只要一轉向聖靈，整套罪咎懼的分裂思想體系便徹底瓦解了。

(VIII.5:3) **不要把「你得為自己的信念負責」投射在別人身上，否則你就等於強化這一信念。**

這不正是投射的目的嗎？我們造出這般分崩離析的世界，破裂成億萬碎片，每一碎片都包含了一個個人的世界，稱之為「我的一生」，最終目的還是不願承擔自己選擇了小我而吃盡苦頭的責任。這個投射使倆切斷了回歸心靈之路，也失落了重新選擇的機會。

(VIII.5:4) **只要你甘心承認整個小我都是你自己一手打造出來**

的，表示你已決心放下所有憤怒及攻擊的機會，它們全是因為你相信自己該為所有錯誤負責而又把這責任投射到他人身上所生出的後遺症。

難怪世間所有的人，小自尋常百姓，大至國家元首，全都熱中於攻擊、批評以及定罪。因為我們需要一批代罪羔羊，供我們投射而承擔起叛逆上主的責任。我們只需回憶一下最早的記憶，不難發現，不等別人指點，我們十分懂得如何讓別人為自己的快樂或痛苦負責，首當其衝的，當然是父母或撫養我們的人了。小我的世界一旦打造出來，少不得一堆敵人和所謂的「朋友」。真的，我們無法想像一個沒有這些特殊夥伴的世界，不論是你的所愛或所恨，不論是個體或群體，只消一個充當靶子，就能完成小我的投射大業。幸運的是，我們只要解除「心靈選擇小我」那個決定，便能切斷投射的禍根，自然不會老想攻擊自己或他人了。

(VIII.7:1~3) **整個課程的目標就是教你看出小我的不足置信，而且永遠不可信任。你當初就是因為相信了這不可信之事而造出了小我，故再也沒有能力獨自作出正確的判斷。你得親自接受救贖，表示你已決心抵制「自力更生」的信念，分裂之念便如此被驅逐了，你再次肯定了自己的真實身分，且把整個天國視為自己的一部分。**

這一段話再次點出小我如此害怕我們接受救贖的原因。因為我們會意識到自己和所有人不可能分開的事實，而且，自己的存在竟是圓滿天國的一部分，這圓滿整體包含了聖子奧體所有的一切，絕無例外。那麼，我們怎麼可能落單？你我的分裂及天人分裂更是不可能的事。為此之故，小我最害怕的，莫過於下面這幾句話了：

(IX.2:3~4) **小我是無法與一個包含上主在內的圓滿整體抗衡的；其實任何稱之為整體之物必然涵攝上主在內。祂將所有的能力全部賜給了每一個造化，因為它既是上主的一部分，必也享有祂的實存生命。**

我們既是上主創造的聖子，必然與祂共享創造的大能，這個創造力落入夢境之後，便被扭曲為心靈的選擇能力。小我最怕正念之心會行使這一選擇能力，只因分裂的小我無法在上主與聖子的「圓滿整體」之境立足。為此，只要我們生出聆聽聖靈的願心，小我便會全面阻撓，因它非常清楚，我們一旦聆聽了聖靈，衝突一止，小我的生命**也就**終結了。

(X.3:8~ll) **聽從聖靈的話吧！你才可能放得下小我的。但你不用作任何犧牲。反之，你會獲享一切。只要你還信得過這一點，內心的衝突便無由而生了。**

這幾句話再度揭穿了小我的謊言，因它許諾我們，只要決心跟它一起宣告獨立，便會獲得一切。它絕不讓我們意識到此舉乃是用「一切」換取「虛無」，從此以往，我們不能不畏懼上主了。不消說，天人之間其實並無任何矛盾，因此也不待化解，只要別再聽信小我的謊言就沒事了。耶穌繼續為我們解說下去：

(X.6:4~10) **我曾說過，你就是上主的旨意。祂的旨意絕不是一個無謂的願望而已，你對祂的旨意認同與否也不是任你選擇的，因為那是你的天性使然。和我一起分享祂的旨意，這事看起來好似任君選擇，事實並非如此。這種誤解便成了整個天人分裂之根。擺脫這錯誤的唯一辦法便是下定決心，從此不再自行決定任何事情。因為上主已為你決定了一切。那是祂的旨意，不是你能化解得了的。**

小我深恐我們會推翻心靈先前的選擇，決定放棄小我的無稽之夢，轉而接受上主的旨意，也就是接受我們的自性。這一選擇足以為我們開啟天堂的一體不二之境，從此，我們再也沒有決定或夢想的必要。當我們明白了小我何以然這麼害怕心靈會跟它作對之後，我們就可以開始正視小我的陰謀了；它所有的策略都指向一個目標，就是為了保全個體之我，也因此，必須讓上主之子永遠失心下去。

小我的計謀

這一章實在精彩，它把小我的策略說得不能再透徹了。唯有徹底了解小我的陰謀，方才可能領悟寬恕的真諦（這兒只是暖身而已，寬恕的重頭戲要等到第九章才會正式登場）。我前面說過，若不了解小我的投射伎倆，以及它為了讓我們永遠「失心」而幻化出身體和世界這一陰謀，我們是無法了解《奇蹟課程》獨具一格的寬恕法門的。由於聖子的一體生命不論在小我層次或自性層次，都只可能存在於心內，而小我為了防止我們回歸心靈，故意將世間的分裂和歧異幻化得栩栩如生，為此之故，耶穌要引領我們越過支離破碎的世界，解除我們對它的信念。如此，心靈才能作出真正的選擇，而我們的學習也才算開始了。真正的學習其實就是**解除**過去在分裂夢境中學到的一切；小我當然會全力阻撓，因而發展出一套失心大計。我們現在就從「小我的恐懼」這一段描述說起：

(V.7:5~6) **真實的學習隨時都在進行，它的轉變力量所向無敵，上主之子一旦認出這一能力，便能在轉瞬之間改變整個世界。那是因為只要他能改變自己的心念，就等於改善了上天賦予他最有力的轉變工具。**

短短幾句話便已道盡《奇蹟課程》的要旨，為我們揭露小我失心大計的動機，就是全面根除心靈改變主意而與它作對的可能性。面對心靈這麼強大的對手，這可說是小我守住自己搖搖欲墜的存在之唯一生路。

(V.7:7~9) **這一觀念與「上主創造千古不易的心靈」之說沒有絲毫矛盾；但你的學習若是透過小我的眼光，必會誤以為自己確已改造了心靈。於是，你會感到自己在學一門看似矛盾的課**

程：你得改變你的心靈對它自己的看法。其實，也唯有如此，你才可能學到自己的心靈原是千古不易的。

所幸，我們還有一顆心！但這是需要學習的，因為唯有先憶起心靈，才可能進一步探討它內在的分裂本質；不消說，所有的衝突都源自於此。不管投射之境給了我們什麼證據，衝突絕不可能出自於外，它始終在心內。我們必須切身體驗到，心靈在小我與聖靈之間是有選擇能力的，也就是說，我們得改變自己的心靈對它自己的看法。為此，小我不得不使出奇招，打造一個失心的世界和身體來杜絕我們改變路徑，它深恐這一「轉」會將我們帶回心靈的永恆真相——真實自性那裡。

(VI.2:1~4) **凡是認可攻擊的心靈，沒有愛的能力。那是因為它相信自己毀滅得了愛，這表示它根本不了解愛。它若不了解愛是什麼，當然不可能認為自己是有愛的。也因此意識不到實存的層次，反而感受到某種虛幻不實之境，最後徹底迷失其中。**

只要選擇小我而放棄聖靈，我們便已「認可」了攻擊的價值，從此再也無法了解甚至體會到愛了，只因我們必會將它扭曲為特殊的愛，藉以遮掩自己因為攻擊愛而生出的罪和咎。就這樣，我們不僅否定了愛百害不侵的本質，我們其實也否定了愛的本體。

大家應該還記得，耶穌先前為我們對比過**實存**和**存在**的不同（T-4.VII.4）：**存在**屬於小我層次，包含了整個分裂世界以及我們在人間的自我認同；至於**實存**，它與靈性同義，直指我們的生命真相——愛。這兩種矛盾身分，造成了內心的混亂，因為我們選擇「自我」作為存在現實後，一定會全力壓制同時存在心內的自性記憶的。

(VI.2:5~7) **你的思維能夠將你導入這一地步，因它有此能力；你的思維也能將你由此境救拔出來，因為這能力不是來自你自己。你的思維本身也具有選擇思維方向的能力。你若不相信自己有此能力，表示你已否定了自己思維的大能，寧可相信自己的思維一無所能。**

我必須再提醒一次，心靈的真實力量乃是《奇蹟課程》的核心主題，它在全書一開始就出現得如此頻繁，便已透露了這個觀點在耶穌的交響樂中舉足輕重之份量。毫無疑問的，自己這顆心靈乃是跳脫小我為我們打造的牢獄家園的唯一希望。只要我們對世間任何一人或任何一物（包括《奇蹟課程》在內）還寄予希望，便已中了小我的失心大計，再也找不到心靈的選擇能力了；而這個抉擇能力，才是一切問題及答案的源頭。

(VI.3:1~6) **小我為了自保，可說無所不用其極，它的種種本事都是出自小我一直想要否定的心靈能力。這表示，小我攻擊的竟是自己的保身之道，它怎麼可能不因此而焦慮不安？為此之故，小我從不想釐清自己究竟在做什麼。雖然它的邏輯瘋狂失常，卻說得理直氣壯。小我所賴以生存的，竟是徹底威脅它存在之物。由於它不敢面對這一威脅，故不得不設法貶抑它的力量。**

小我完全倚靠心靈相信它才能存在，我們也已經看到小我怎麼假借心靈的力量，卻一口否認心靈：「什麼心靈啊？看不見也摸不到，又無法在實驗室裡解剖；除了大腦以外，哪有心靈！」小我和世界就這麼貶低它們自己的源頭。難怪所有科學家都只研究可以觀察、操作與控制的東西；因為心靈已經超越可觀測的現象之上，更何況身體的出現，就是為了抹殺心靈的存在。因此，只要一跟身體認同，等於切斷了心靈的通道，再也無法了解心靈是怎麼一回事了。小我想盡辦法要守住它的特殊性與個人價值，萬一我們起意否定小我的靠山，它怎麼可能不驚惶失措？

(VI.3:7~10) **結果反而威脅到自身的存在，這種處境真的令它忍無可忍。小我為了維護它那瘋狂失常的邏輯，不能不繼續用徹底瘋狂的方法來解決徹底瘋狂的困境。因此，為了消除心目中的威脅，小我只好把這種威脅投射到你身上，而對真實的你視若無睹。你若與小我沆瀣一氣，保證你再也無法知道自己的保障何在，如此，小我才可能繼續瘋狂下去。**

請看，《奇蹟課程》把小我說得活像一個人似的，在那兒焦慮地策畫、設計、謀略和防衛。其實，小我只是分裂聖子心中的一念而已。耶穌採用擬人手法來描繪心靈會怎麼想，又會作何反應，把小我分裂思想體系模擬成一個活生生的具體之物，只是方便我們了解而已。他真正想要強調的是，**我們**已經焦慮不安到手足無措的地步，才會生出將焦慮的源頭徹底從心中移除的下下策。這個椎心之痛的終極源頭即是「上主隨時都會毀滅我們」的可怕信念；接著，我們又害怕自己一旦回歸心靈，很可能會嫌惡那活得戰戰兢兢的自己，而落入自我毀滅的結局。至此，唯有將這個恐懼投射到外境，我們才知道如何去應付它，內心甚至慶幸，終於找到癥結了。問題是，凡是投射出去的，必然陰魂不散，而且可怕無比。最後我們只能聽從早已嚇得神智失常的大腦指示，認為自己遲早會找到應付之道的。這就是我所說的「用最沒用的方法（即怪力亂神），來解決一個根本不存在的問題（也就是我們在虛幻世界感受到的罪咎與恐懼）」。試想，這種解決方案若不是徹底瘋狂，還可能是什麼！

總而言之，我們害怕的對象並不是問題本身，而是「我**有**問題」這個信念所引起的莫須有之罪咎感。心靈作出一個決定，企圖埋藏小我和聖靈的矛盾，才把它變成了外境的衝突。真的，我們壓根兒都不會想到那個矛盾根本不存在，不論外在或內在，其實只有一個問題，就是「我們誤與小我認同了」，如此而已。小我一心只想保住個別之我，才會把幻想中的衝突轉變成心外的事件，「*威脅*」便如此這般地從心靈轉移到身體了，而且還認定那個身體就是自己。究竟說來，真正的問題不過是：當我們決心放下罪咎而選擇寬恕，放下仇恨而選擇愛，最後選擇一體來取代分裂時，那個虛妄的自我開始害怕自己終將毀滅的宿命，僅僅如此而已。

下面這一段話，再次描述了小我存心混淆我們身分的企圖，說得真是一針見血：

(VI.8:1) **我再三強調過，小我真的相信它有攻擊上主的能力，而且設法讓你相信，你確實幹了此事。**

耶穌要把我們帶回聖子當初選擇小我而背棄聖靈的那一刻，在那一刻，我們真的以為自己完成了一個「不可能的任務」。然而，我們一旦認同了小我，必然相信天人真的分裂了，而且我們全都分裂為一個個獨立的自我。小我繼而使出一個狠招，它說我們自己的存在是硬從生命本源那兒搶奪過來的，由是引發了罪的信念，激起了咎，並且開始畏懼上主的懲罰。在**罪咎懼**三重心結迫使之下，我們作出從心靈戰場撤退的決定，躲進身體來逃避上主的義怒。至此，小我的失心大計便大功告成了：它一邊證實我們確實攻擊了上主並且與祂分裂了，一邊令我們失心而遺忘了這一內幕。

(VI.8:2~3) **若說心靈沒有攻擊能力，那麼小我便能理直氣壯地讓你相信你確實只是一具身體而已。它就這樣故意不去看你的真相，把你變成它心目中的樣子。**

我們原是純靈生命，小我卻要我們相信自己是一具身體。既然是一具身體，心靈並**不**存在，攻擊自然不可能發生在心內，只會呈現於形體層次，而且來自於身邊某一個人；而我們只是基於自衛，才不得不反擊回去的。

(VI.8:4) **小我意識到自身的脆弱無能，它需要你的效忠，而非真實的你。**

小我無法靠自己存活，只能靠心靈選擇它，它才會存在，而且還能一展鴻圖，但這也成了它的致命傷。因此小我需要與抉擇者結為盟友，讓抉擇者相信跟它成為同謀，遠離聖靈，日子就會好過一點；再說，躲在身體裡也會比活在心靈內更安全一些。

(VI.8:5) **因此小我設法要把你的心靈捲入它那精神錯亂的思想體系內，以免你一旦明白了真相，小我便會被光明驅逐。**

短短幾句話，就戳破了小我的深謀大計。從個體層面來講，「投胎成為一具身體」可說是小我陰謀中最厲害的一招了，表示抉擇者全面認同了小我的分裂體系。我們寧可活成一具失心的身體，也不敢選擇正念之心，因為正念的光明會一舉驅散小我，連帶我們自己的個體生命也會一併消失無蹤。

(X.l:l~5) **天國和這個世界一樣，都是根據某些前提而推理出來之「果」。你很可能已經根據小我的邏輯而承受其果，活在徹底的迷惘與失落中了。只要你真能看清這一後果，是不可能想要它的。你之所以仍想保有其中一部分，純是因為你尚未看清它的全部真相。你只想看小我的前提，卻不願正視它們導致的苦果。**

耶穌告訴我們，問題的癥結在於我們沒有徹底看透小我的思想體系。我們可以承認自己與上主分裂這個前提瘋狂無比，卻不敢正視這個瘋狂前提所衍生出來的可怕後果：竟然冒出一個真實無比的世界，幻化出一堆活生生的人，在人間互動、受苦，最後一死了之。為此，耶穌要我們全面透視整個世界的瘋狂本質全都奠基於天人分裂的信念上，也就是認定自己真的攻擊了生命本源，並且相信祂會報復我們。從這個瘋狂之念又衍生出一種思維：「我若能找到一個藉口而大發雷霆，心裡的咎就會跑到另一人身上，順帶也擺脫了自己的內疚。」為此之故，耶穌在此叮囑我們看清這套體系下面環環緊扣的邏輯，這麼瘋狂的前提怎麼可能不會衍生出一個徹底瘋狂的結局！

這種由瘋狂的分裂之念衍生出來的瘋狂世界，能夠存活至今，只有一個原因，就是沒人敢去正視它的內幕。若能看清這套邏輯的瘋狂之處，沒有一人會甘心與它認同的。正因如此，耶穌才會在這部課程裡不厭其煩地揭露小我的陰謀，要我們全面反思世界的本質，看穿每一層面的瘋狂之處。比方說，如果我們還相信世上有好人**和**壞人之分，表示自己已經與那套主張「分別和特殊性」的瘋狂體系認同了。只要誠實地看看世界鼓吹的分裂、分別以及「幻相有程度之別」的信念，不可能感受不到那根本就是在跟上主的一體聖愛唱對臺戲。下文又馬上告訴我們，那一體聖愛乃是上主賜我們的生命本質：

(XI.1:5~6) **世界的運作違反了上主的天律，必也與你的天性背道而馳。世界視一切事情都有難易之分。**

耶穌要我們比較一下小我世界和天堂家鄉，兩者有如天壤之別；而唯有在天堂，才有幸福可言。他再次叮嚀我們這些奇蹟學員，要用心分辨知見與慧見的不同。知見只會看到層出不窮的問題，而且每個問題還需要個別解決；反之，慧見所看到的僅僅是一個問題以及一個答案。他甚至要我們衡量一下混淆了兩者的代價，因為每個決定所帶來的後果都會有天堂與地獄之別。

(XI.3) **反觀一下你為自己打造的國度，公正地給它一個評價。它配作上主兒女的家嗎？它保護得了他的平安嗎？它會以愛光照他嗎？它能保護他的心不被恐懼騷擾、即使不斷付出也不受失落之苦嗎？它能教他看出這種給予才會使他喜悅而且連上主都會親自向他致謝嗎？你只有在恩典之境才快樂得起來。然而，你打造不出那種環境，正如你打造不出自己一樣。天國是為你而造的，你也是為天國而造的。上主垂顧祂的兒女，毫不保留地賜給他一切。他們一旦否定了上主，便再也無法知道這一真相，因為他們已經摒棄了自己的一切。原可把上主之愛給予你所見、所觸以及所憶及之物的你，竟然如此這般地把自己排拒於天堂門外了。**

我把上述觀念套用在第二十三章最後一句話，成為：「在聖愛的呵護下，還有誰會在愛的王國以及恐懼王國之間舉棋不定？」（T-23.IV.9:8）關鍵是，我們必須先搞清楚這兩個王國本質上的差異，缺少了這一覺知，選擇便顯得毫無意義，還很容易落入自我欺騙的陷阱。耶穌不只在這兒，他在書中多處都再三叮囑過，要我們在「天堂或地獄，聖靈或小我，寬恕或評判」的選項中謹慎選擇。不僅如此，他還要我們看清楚選錯了邊會帶來什麼後果。我們若選擇小我為老師，一定會活得十分痛苦、孤獨而且了無生趣。

下一節的「寬恕—療癒」，會針對小我的瘋狂決定而給出修正法門。在此之前，我要引用一段引言，耶穌特別針對小我最愛玩的「身心混淆」伎倆作了澄清。此外，他在這部課程中有兩次具體提到天主教的「聖體聖事」，第一次就是下面這一段，第二次則出現於「平安的障礙」那一節（T-19.IV.一.17）。根據天主教及部分英國國教的信理，彌撒中的「聖體禮」能把餅和酒真的轉變為耶穌的體和血，他們特別強調那並非只是象徵而已，而是道地的「質變」。信徒領受了被祝聖過的餅和酒，即代表耶穌親自降臨且與他們合為一體，稱之為「共融禮」。然而，耶穌在此對「聖體禮」和「共融禮」卻給予迥然有別的解說：

(V.10) 你是不可能忘懷天父的，因為我與你同在，而我是不可能忘懷祂的。忘了我，等於忘記你自己，也忘記創造你的那一位。我們的弟兄已患了健忘症。為此，他們才得靠你來憶起我及創造我的那一位。你能透過這個記憶，改變他們對自己的看法，一如我改變了你對自己的看法。你的心光如此強烈，能夠一眼看透他們，並且照亮他們的心靈，一如我照亮了你的心。

我不願在交流中分享我身體的層次，因為那無異於什麼也沒有分享。我豈能與至聖天父的至聖兒女分享一個幻相？我只願與你分享我的心靈，因為我們屬於那一天心，那天心也非我們莫屬。不論你在何處，記得只著眼於這一天心，唯獨它無所不在。它就是一切，因為它無所不容。你若能僅僅著眼於此，實是有福之人，表示你只著眼於真實之境。

教會的「聖體聖事」把耶穌的愛投射到耶穌的身體上，從此，只有耶穌那一具身體是神聖的，而把他和**所有人**共有的心靈打入了冷宮。教會深信只有天主教徒不屬於罪人之列，故才配領受聖體聖事。這種明顯的排外心態暴露出一個嚴重錯誤，就是小我最愛玩的「身心混淆」伎倆。心靈的神聖本質原是人人共有的，如今卻變成一小撮特選族群的專利了。有趣的是，這種神聖性只能持續二十四小時，所以教堂每天都得舉行彌撒，重演聖體禮儀（有些人每週參加一次，有些人一年參加幾次，全憑他對天主教信理的解讀）。如果從《奇蹟課程》的角度來看，這好像挺愚昧的，但對天主教信徒而言一點也不然。要知道，這種信念和儀式已經行使了兩千年，而且對千萬人產生了重大的意義。它之所以屹立不搖，只因它和小我的失心大計不謀而合，都在問題和答案「不在」之處（也就是身體層次），去探索問題及尋找答案，使得真正的問題（即心靈選擇了毫不神聖的小我）永遠不得解決。

耶穌當年宣講的以及本課程要傳述的，其實是同一訊息，都是要我們明白：縱然心靈有一部分相信了罪，但在這不神聖的妄心之上，還存有非常神聖的救贖之念。耶穌的愛始終臨在我們的分裂心靈內，那才是**真實的臨在**，因為它會幫助我們憶起上主為我們創造的天心。我們若能在耶穌內看到這個天心，表示我們也能在自己及**所有**聖子身上看到天心的臨在。那心靈必會大放光明而照亮了整體，因為光明**就是**那個神聖整體。同理，當我們決心以耶穌為師為友，我們的心光便足以照亮所有的心靈，尤其是那些仍然深陷形式暗夜之人，因為那些形式通常不過是小我的陰暗罪咎投射於人間的一道陰影罷了。

寬恕—療癒

討論至此，我們才算準備好深入「聖靈如何回應小我失心大計」的課題了。小我使出調虎離山之計，令我們遠離心靈而忘卻一體自性的記憶，也因而阻斷了我們選擇救贖的機會。我們別無選擇，只能認同妄心內的罪咎，拒絕正念心境的救贖，最後決定全面由心靈撤軍，打造出一個世界，藉此封殺心靈的抉擇能力，讓它意識不到自己本是抉擇的主體。

我們對一體生命恐懼如此之深，正是當初選擇小我的主要原因，也就是絕不允許自己直接體驗到我們原是上主唯一聖子那個事實。為此，只要我們仍然沉睡不醒，就有必要先把此生的噩夢轉為《奇蹟課程》所說的美夢。美夢和外在的經歷無關，僅僅表示正念之心已藉由寬恕和療癒而修正了妄心的分裂噩夢而已。大致來說，寬恕著重於「化解怨尤」，而療癒偏向「化解疾病」；然而，怨尤和疾病的問題都與身體無關，兩者其實是同一罪咎投射出來的兩種形式罷了。我們馬上就會讀到，寬恕和療癒歷經同一化解過程，反映出自性的一體境界，兩者都能幫助我們由身體轉向心靈，從夢中人物轉向夢者。可以說，這個過程是一個最道地的奇蹟旅程。

寬恕

(III.3:1) **我曾說過，小我的盟友並非你生命的一部分；因小我認定自己已陷於四面楚歌，才會急著四處尋找盟友。**

小我的盟友就是身體，而身體只是妄心的投射，根本就不屬於我們的一部分。前面已經說過，小我始終都在與抉擇者爭鋒奪勢，它利用我們所認同的身體，陷我們於失心之境。我們既然意識不到自己是心靈，自然也使不出重新選擇的能力了。

(III.3:2) **至於活得心安理得的你，只會尋找弟兄，而且明白四海之內皆你兄弟，因為唯有全然平等的人，方能活得安然自若。**

這一小段話便足以瓦解小我「**非此即彼，勢不兩立**」的立身原則，因為小我就是從「上主**或是**分裂聖子」兩者的夾縫中誕生的。聖子堅持自我的存在，天父就得讓步，結果，聖子活下來了，同時意味著天父犧牲了。一個分別取捨的世界便如此產生了。這個由天父與聖子的原始決裂所投射出來的分化世界，呈現為億萬個不同的聖子。不消說，在虛幻的世界裡，誰也無法否認你我在外形上有所不同，但那些差異僅限於表面層次。從本質來講，世上所有的人都具同一性，也就是擁有同一個小我。我們之所以投胎為人，本身就反映出分裂妄心已經聽信了小我之言，才選擇身體為棲身之處，以免自己復歸虛無。由此可知，小我打造世界的真正動機無非就是要我們繼續失心下去，而它的伎倆則是教我們只著眼於別人有罪的表相，藉以反襯自己的無罪。這麼一來，聖子的同一生命本質就被否定掉了。

然而，事實證明，不僅我們投射出去的罪咎始終留在心內，弟兄的罪咎亦然。我們全都有罪，只因我們全都淪於瘋狂而選擇了小我。事實上，我們無法把自己的罪咎丟給他人，他人也無法接受我們的罪咎。但我們依舊無休無止地彼此投射，徒然加深了「罪咎能拯救我們」那個信念，而否定了真正有救恩效果的救贖之念。罪咎屬於「個別利益」的信念體系，寬恕則代表「共同福祉」的信念體系。我已說過，寬恕的主題在第七章尚未正式上場，不過接下來所說的普世同一性以及聖子的平等性，都在為寬恕思想體系奠定基礎。

(III.3:3) 地位平等的上主之子既然全都擁有一切，就沒有什麼好競爭的了。

地位平等的上主之子在天堂中擁有一切，因為他們平等地擁有天父完美的一體生命以及聖愛。即使在人間，他們也平等地擁有同樣的特殊性，沒有一個人的神智會比另一人更清明或更失常一點。我若不快樂，絕非你盜走我的幸福之故；你若不快樂，也不是我偷走的。既然每個人都一樣，又有什麼好評比或競爭的？只有在著重分別取捨的世界裡，競爭才成了有意義的事。

(III.3:4~5) **然而，他們若無法在任何一位弟兄身上認出這一完美的平等性，競爭之念便會潛入他們心中。不要低估了儆醒的重要，唯有如此，才能與競爭心態（也就是一切衝突之源）相抗衡。**

只要一與小我的分裂體系認同，罪孽深重之感勢所難免，世間的罪惡便足以證明我們早已失去了純潔無罪的本性。根據先前提過的「投射形成剝削」的道理，我們必會深信不疑他人盜走了自己的純潔本性。可以說，人間所有的競爭莫不源自這一邏輯：誰最有錢？誰最會做生意？哪個球隊最棒？真的是無所不比，比車子、比孩子、比宗教，甚至比誰是最好的奇蹟教師！競爭的形式不同，內涵只有一個，就是小我的核心陰謀──把你我的不同變得真實無比。

從上述這段引言的語氣中，我們必能聽出耶穌十分在意我們的競爭心態，故要我們對此保持警覺。因為競爭心態一起，就有輸贏，有人出頭必有人消跡。這一切仍可追溯到「原初那一刻」，我們聽信了小我的神話，認為自己打敗了上主，並且從祂的屍體抽取了生命及創造能力，來充當自己的生命和能力。這就不難想像這一信念所激發的恐懼了，我們一定會害怕自己投射出去的東西勢必溜回來施以報復（T-7.VIII.3:11）。已經嚇瘋了的我們，必然深信不疑上主隨時都會奪回我們盜取的生命及能力的。

為了擺脫這個恐懼，我們造出由一堆身體組成的人類世界，卻沒料到心靈內那套瘋狂思想體系也跟著一起進入了這個世界，繼續上演「別人偷走了我的寶貝」那齣鬧劇。難怪世上**所有人**都有「權威」的心結，而每個權威心結背後都隱藏同一想法：身邊的強權勢力正在奪取我本有的一切。比如說，我們小時候常常感到父母不愛我們也不了解我們，更沒有好好照顧我們。許多人甚至感到父母不給他們成長的空間，不允許他們活出自己。真的，我們多多少少都感到世界好似隱藏某個機制，不讓我們活出真正的自己。不消說，這是「我們不願活出真實生命」那個決定所投射出來的倒影，耶穌才會在此耳提面命，要我們隨時警覺這種心態。這個提醒等於重申了聖靈第三門課的主旨：「只為上主及其天國而儆醒。」

(III.3:6~7) **正因你相信彼此之間「可能」存在利害衝突，表示你已把原本「不可能」的事弄假成真了。這與你把自己視為虛假不實豈非同一回事？**

在實相層次，沒有「利益衝突」這一回事。〈教師指南〉

也反覆提醒，當我們決心不再把別人的利益和自己的利益視為兩回事時，堪稱為上主之師（M-1.1:2）。然而只要落回人間，我與你的利益便難以兩全。比方說，我想贏，你也想贏；我要操控你，你也想操控我；我想由你那兒獲取什麼，你也想從我這兒獲取什麼。小我世界裡必然如此，我們才會打造出一個那麼匱乏的世界。直到今天，全球各國愈來愈害怕資源不夠用，石油枯竭、水源耗盡、氧氣不足、食物短缺等等。正因世界永遠滿足不了自己的需求，自己便不能不隨時奪取他人的利益。世間所有戰爭都是由此而起的，追根究柢，都是匱乏心態在作祟，與自然資源的多寡其實無關。我們若意識不到這種匱乏心態並尋求化解的話，不論在自己心內或世界上，必然永遠不得安寧的。

寬恕依循「同一福祉」的原則，從心靈化解了「利益衝突」的觀念。它告訴我們：你若輸了，我也輸了，因為我們是同一生命；我若贏了，你也一樣贏了，因為我們是同一生命。這和世間的輸贏完全是兩回事，因為有形世界永遠不可能平等，真正的平等只存在心靈的一念。我們看到耶穌已經開始為寬恕主題鋪路了，逐步推出與寬恕聲息互通的觀念，但這場重頭戲要等到接下來幾個樂章才會發揮得淋漓盡致。這些反映一體境界的主題這麼早就出現於這部課程，箇中必有深意，它如此苦心勸誡我們，勿把他人與自己的利益視為毫不相干的兩回事，就是為了扭轉小我的瘋狂信念，以為不需要與他人同行，自己也能回得了家。

(VII.1:1~4) **每當你拒絕祝福一位弟兄，就會感到自己受到了剝削，因為否認和愛一樣均是全面性的。你不可能只否認聖子奧體的一部分，與你不可能只愛其中某一部分是同樣的道理。你不可能偶爾去全面地愛一下。也不可能偶爾全面地效忠一下。**

我們會想出種種理由來剝奪他人蒙受祝福的權利，結果真正被剝削的反而是**自己**。我們會深受匱乏信念所苦，只因我們已從上主一體不分的造化分裂出去了。我們若以判斷和攻擊而將任何一人排拒於聖子奧體之外，等於驅逐了所有的人，因為聖子奧體是一個不可分割的生命。同理，我們若只愛聖子奧體的某一部分，無異於攻擊了整個聖子奧體。寬恕直接修正了小我的排外心理，而讓我們體會到愛「無所不包」的本質，如此寬恕下去，我們方能領悟耶穌要我們學習「全面效忠」的深意，因它反映出上主對聖子永遠「全面效忠」的天心。

(VII.1:5~6) **雖然否認本身並沒有力量，你卻可能賦予它心靈的無限能力。你若用這種能力來否認真相，真相就在你眼前銷聲匿跡了。**

這幾句話可說是救贖原則的另一種說法。心靈確實有此能耐，讓我們相信自己不僅毀滅了實相，而且還造出一個幻境來取而代之。然而，實相終歸實相，它不可能真正消失的。即使心靈已經瘋狂到相信自己毀滅了實相之地步，實相依然故我，分毫未損。

(VII.1:7~8) **你不可能只是片面地欣賞真相。為此之故，你只要否認了真相的某一部分，就再也意識不到全部真相了。**

我們全屬於那唯一實相。耶穌在課程開卷之初就迫不及待地提點我們，我們若著眼於他人的錯誤因而心生怨尤，只會傷害到自己。上主之子既然是圓滿的一體生命，如果我們相信這圓滿一體有一絲不圓滿，等於是說這一體生命本身是不圓滿的。然而，整體若缺了任何一部分，也就稱不上整體了。由此看來，我們這一部分的心靈其實並不難認出自己的抵制，但仍然有待進一步的訓練，才會看清抵制的後果——自己的每個攻擊之念，不論藏在心內或形諸於外，首當其衝而且深受其害的正是自己。況且，那些攻擊之念說穿了仍是「要別人為自己的痛苦負責」的伎倆而已。

(VII.2:1) **當一位弟兄表現得瘋狂失常時，他其實給了你一個祝福他的機會。**

第八章第三節「神聖的會晤」說得很清楚：不論何時何地，不論你遇到什麼人，都是一種神聖的會晤。切莫忘記，這一神聖性與外在因素一點關係都沒有；別人的形體、表現以及和你的關係如何，都沒有神聖或不神聖的問題。它之所以神聖的唯一因素，乃在於這個會晤給予我們一個機會，看到彼此是如何相互投射罪咎的。進一步說，若非出現身邊的這些人，我們是無從反照出自己心靈所認同的罪咎的。也因此，這一互動成了我們祝福彼此而且接受祝福的大好機會。

(VII.2:2~5) **他的需求其實也是你之所需。你所能給予他的，正是你自己需要的祝福。你只有給出祝福才可能擁有這一祝福。這是上主的天律，絕無例外。**

我若視你為有罪之人，表示我先定了自己的罪。只要回想一下「觀念離不開它的源頭」，以及「投射形成知見」這兩個既定原則，不難明白，縱然罪咎之念始終留在自己心中，但它仍能左右我們對別人的看法。我們內心的想法決定了自己對外界的看法，繼而反身鞏固了心內原本認同的思想體系，不是罪的信念，就是神聖本質。為此之故，上主天律的推恩法則明確地告訴我們，除非給出祝福，否則無法收到祝福，因為我們給出什麼，影射出內心選擇了什麼。由此推之，我們必須給出祝福才可能知道自己是蒙受祝福的，如此，又回到了「觀念離不開它的源頭」的道理。這一邏輯會幫助我們學到自己已被寬恕的事實。

(VII.2:6) **你所拒絕的，成了你所欠缺的；不是因為你真的欠缺，而是因為你在他人身上否認了它，故再也無法在自己內意識到它的存在。**

我們若否認別人具有基督自性，必會相信自己也失去了自性；而我們對那人的攻擊也成了最好的證據。想一想，我們為什麼會發動攻擊，其實就是想要否認心底相信的真相——我們所失落的純潔無罪之自性，純粹是因為自己放棄的緣故，但我們又受不了罪咎的折磨，只好把責任往外推，才能理直氣壯地攻擊別人。這一連串反應，最終目的就是要否定「聖子奧體內一無所缺」的救贖原則。

(VII.2:7~8)**「你認為自己是什麼」支配著你的每一個反應，而你想要成為什麼，便會認為自己真是那般模樣；於是，你想成為的模樣又反過來支配你的每一個反應。**

正因如此，我們究竟想要活成小我之子或上主之子，究竟願意跟隨哪一位老師學習，這個決定直接左右了我們對眼前事件的看法及反應方式。別忘了，就因為「投射形成知見」。一旦把罪咎當真，我們一定會看到一個罪孽深重的世界，於是所有的判斷及攻擊都成了天經地義的防衛機制。反之，如果我們把寬恕當成自己要活出的真相，那麼，我們一定會看到一個無罪無咎的世界，自然就會生出「不設防」的慈悲心態了。

(VII.3:1~3) **你不需要上主的祝福，因為你始終擁有祂的祝福，你真正需要的是你自己的祝福。小我心目中的你受盡剝削，毫無愛心，而且不堪一擊。你不可能去愛這傢伙的。**

照理說，我們不可能去愛這個實在不可愛的自己的。奇怪的是，我們偏偏對這個「受盡剝削，毫無愛心，而且不堪一擊」的自我形象情有獨鍾，只因我們更害怕自己若接受了真愛，與眾不同的「我」就無法立足了。小我之所以能夠贏得我們的愛，就是因為它給予我們一個特殊身分，還教我們如何把不喜歡的那一部分自己投射到別人身上。為此之故，我們必須把小我的瘋狂陰謀徹徹底底地看透才行，否則我們永遠破除不了罪咎的魔咒，而與上主聖愛的祝福絕緣。這正是耶穌在奇蹟交響曲為我們反覆奏出的核心主旋律。

(VII.3:4~6) **擺脫這一形相其實一點都不難，你只要不加理睬即可。你既不在它內，它也不是你。千萬不要在任何人身上看出這一形相，否則，你就會把它當成自己而接收下來。**

耶穌再次提醒我們，若要憶起自己是誰，必須先向他求助，他願意教導我們如何在別人身上看到基督的臨在。這也是為寬恕暖身的一個重要觀念。由於我們仍然相信自己是世界的產物，活在一具身體內，還得跟其他身體互動往來，因而認定所有的問題都出在這裡，耶穌才會借用特殊關係來開導我們：其實，所有的問題以及療癒只可能發生在心念中，而念頭不曾離開過心靈的源頭。

如果我們真想知道自己到底選擇了哪一位老師，只需要反思一下眼前的人際關係。在那當中，我們若看不到別人和自己的同一本質，而把自己和別人的福祉視為兩回事，可以確定的，我們已經選擇了小我。這個指標十分清晰有效。縱然我們還下不了決心要放棄自己的錯誤知見，至少已經敢承認自己暗中在幹什麼了，這是修正心靈錯誤的選擇的第一步。唯有誠實面對自己這具身體怎麼對待別人的身體，聖靈才有機會藉此教我們明白，自己在對方身上看到的一切只不過反映出心靈選擇了小我而已。如此一來，我們就會比較樂意改變那個決定了。

(VII.3:7~8) 所有與聖子奧體相關的幻相當初既是一起形成的，也能夠一起消除。不要教別人把他自己看成連你都不屑成為的樣子。

我若對你生氣，等於聲明你是小我，我是基督；我無罪，你有罪。其實，我們是同一生命，我定你罪的同時，也定了自己的罪。縱然小我不斷聲稱投射能為我們解除困境，但耶穌卻為我們揭露了投射的陰狠，並教我們明白，投射罪咎傷不到別人，只會傷害**自己**，因為那個攻擊之念始終存在自己心內。若能看清自己的所作所為其實是在保護怨尤，而且結果只會導致更大的痛苦及不安，這個意識會幫助我們更加敏覺於攻擊與痛苦、寬恕與喜悅之間的因果關係。

(VII.3:9~11) 你的弟兄有如一面鏡子，只要你還活在知見層次，必會在他的鏡面下看見自己的形相。在聖子奧體「知道」自己的圓滿境界以前，知見仍會繼續運作下去。知見既是你自己打造之物，你要它存在多久，它就只能存在多久。

這是《奇蹟課程》首次清晰地指出寬恕的第二層重要內涵：「你的弟兄有如一面鏡子，……〔你〕必會在他的鏡面下看見自己的形相。」我們通常意識不到自己心內有個不堪入目的自我形象；如果明白自己在他人身上見到的一切只是自我形象投射的倒影，自然會把內心的攻擊念頭和內心的苦楚聯想到一塊，進而有意識地停止投射。我們只需嚐到一點停止投射之後的輕鬆愉悅，就不難想像釋放所有知見而回歸一體真知的幸福之境。試問，難道這還不足以鼓舞我們改變內心的嚮往及目標嗎？

(IX.1:3) **不要扣押你給聖子奧體的禮物，否則你等於從上主那兒扣押了自己。**

圓滿一體既然是上主的唯一實相，我們只要排拒一人，便再也不可能體驗到上主的臨在了。在此同時，奇蹟學員要特別留意，千萬別拿奇蹟形上理念當做擋箭牌，使得罪咎無從化解。比方說，高談闊論「外面沒有人需要我來寬恕」或「具體的人不重要」等等奇蹟理念來自圓其說。要知道，我們若真的相信那些形上理念，就不會向不存在的人說出這些話了。有鑒於此，只要我們還認為自己就是這一具身體，那麼人際關係便成了我們回歸天鄉的關鍵，因為我們一把罪咎投射到愛恨關係之特殊夥伴上，罪咎便永不得解，天鄉亦無跡可尋了。

(IX.4:3) **只要你把天國任何一部分剔除於自身之外，你就不再完整了。**

這句話和上一句引言的意思一樣：我這具有特殊價值的個體生命，並非真正的我，我是基督的圓滿自性。為此，只要我把聖子奧體的一部分剔除於整體之外，便把自己也一併剔除了，滿全了小我天長地久的心願。也為此之故，小我才會把憤怒投射於外，為自己的攻擊尋找藉口，表明自己的無罪：「我的憤怒足以證明你有罪而我無罪！」我們已說過，若不揭發小我的陰謀，心靈根本沒有勝算的機會，因為我們不知道自己的對手本事有多大。既然聖靈之愛是沒有例外的，那麼，我們的愛也不能排除任何一人。如今，我們對奇蹟交響曲的這一主旋律已經耳熟能詳了。耶穌繼續解說下去：

(XI.4) **我要喚醒你的記憶：我揀選了你，是要你向天國宣講天國。這個課程不可設定任何例外，因為「沒有例外」正是此課真正要教的內容。每個全心接受此課而回歸天國的聖子，不只療癒了聖子奧體，還向上主表達了謝恩。而每一位學習此課的人也成了完美的教師，因為他接受了聖靈的親自教誨。**

只要我們真正學會「一位弟兄等於所有的弟兄，包括我自己在內」這一道理，聖靈的工作便功德圓滿了。但話說回來，寬恕之所以這麼難學，就在於它絕不允許例外。這可說是《奇蹟課程》的獨門絕活，毫不妥協地修正小我的立身之本與保身之道——「特殊性」，真正的療癒便發生了。

(XI.5:1~6) **心靈如果僅僅存在著光明，那麼它只可能知道光明。它的光輝遍照寰宇，且會延伸到其他心靈的黑暗角落，將它們轉化得莊嚴無比。上主的神聖莊嚴就在那兒等著你瞻仰、欣賞、感激與覺悟。你若能在弟兄身上認出上主的神聖莊嚴，就等於接受了自己的天賦產業。上主的賜予是一律平等的。只要你在任何人身上認出祂的禮物，就等於也認可了祂所賜你的禮物。**

雖說如此，我們若不將這禮物普施於所有的人，我們是無法在自己或任何人身上認出這份禮物的。為此，我們絕對不可掉以輕心，必須隨時保持儆醒才行，因為我們的存在是建立在「世上有好人**也有**壞人」的前提。要知道，分別善惡的本能早已內建於人類的基因了，小我最初就是靠這能力起家的。直到有一天，我們能在所有聖子身上看到宇宙無所不在的光明，而且深知祂的莊嚴偉大也非我莫屬，如此，小我的生命便結束了。但我們早已在小我的黑暗世界裡混得如魚得水，故只能憑靠寬恕的眼光，越過虛幻的假相，得見救贖的燦爛光明，小我便知趣地自行引退了。

(XI.7:10~11) **上主的天國涵攝所有的聖子及其兒女，他們的兒女必然肖似聖子，就像聖子必然肖似天父一樣。因此，只要知道了上主兒女的真相，你自會知道一切造化的真相。**

「一切造化」，指的是我們的生命真相，包括了基督自性以及我們的創造。所有的創造都是基督自性的延伸，屬於我們的一部分；正如我們是上主自性的延伸，也成了上主的一部分。當我們學會在每個人身上看到**同一**分裂心靈內所反映的唯一靈性，便會進一步領悟「那個**唯一**靈性原是自己的生命真相」。不幸的是，天堂的圓滿一體對我們的威脅太大了，必會激發小我的強烈抵制。如果我們有心化解這一抵制，必須日日操練，隨時儆醒才行。若非真心渴望天父之愛，我們豈會甘心在奇蹟旅程上繼續匍匐前進，努力學習在彼此身上找回那個被我們的恐懼搞得面目全非的一體自性？

療　癒

我們開始進入療癒的主題。前文已說過，療癒和寬恕的內涵全然一致，唯一不同之處在於它修正的是另一形式的罪咎，亦即疾病。我們馬上就會看到，課程很少提及生理的疾病，因為奇蹟的療癒觀和身體一點關係都沒有。課程主張所有病症的根源，唯心而已；化解症狀的根本之道，也是唯心而已，就是靠心靈選擇了奇蹟。

(IV.1:4) **療癒並非直接來自上主，因祂知道自己的造化圓滿無缺。**

〈練習手冊〉有一句類似的話：「上主不用寬恕，因為祂從不定人的罪。」（W-46.1:1）既然上主不可能知道有分裂這一回事，那麼祂對修正分裂的「寬恕」自然也一無所知。同理，真正的療癒不過是修正那在上主眼中並不存在的錯誤而已。若非如此，上主豈不違反了耶穌給我們的勸誡：切莫把錯誤當真！（S-2.I.3:3~4）話說回來，療癒仍然能為世人反映出天堂的圓滿境界，故它可說是上主透過聖靈間接給我們的一份禮物，這位聖靈代表了我們正念之心的愛之記憶。

(IV.1:5) **然而，療癒仍與上主脫不了關係，因為它出自上主的天音與天律。**

「上主的天律」，就是指上主圓滿無缺之愛，它是一切療癒的源頭。療癒反映出上主的天律，正如代表「基督自性的記憶」之聖靈，和宣告「分裂不曾發生過」的救贖原則，皆能反映出天堂一體不分的境界，是同一的道理。

(IV.1:6~8) **療癒乃是天音與天律之果，它只是為尚不知道上主的心靈而設。上主根本不知道「你不知道祂」這一回事，因此，這種心態是不可能存在的；但身在夢中之人卻渾然不覺這一真相。正因他們的不覺，故無由得知真相。**

耶穌說得不能再清楚了，世上的一切不可能是真的，因為分裂、世界、疾病、寬恕或療癒，對上主而言都是不可能發生的事。上主不可能知道虛幻不實之物，因祂的「知道」必會賦予幻相一個存在的現實。由此不難聯想到西方世界為何如此癡迷《聖經》了，因為《聖經》裡的上主不只認可世界的存在，還自稱為世界的創造主，與人類互動密切。可想而知，小我必也喜歡福音中的耶穌，因為他把分裂的錯誤以及罪罰看得很嚴重。奇蹟學員也不例外，只要企圖把上主、聖靈、耶穌拉入夢境，必會蒙受小我的祝福，因為他們從此便能高枕無憂而繼續昏睡下去了。這個陷阱令我們警覺耶穌上述這番言論的重要性，他再三提醒我們：上主怎麼可能出手干預一個自己毫無所悉的世界！

(IV.2:3~6) **由聖靈而發的奇蹟是沒有難易之分的，因為造化的每一部分都屬同一層次。這是上主的旨意，也是你的意願。這是上主天律制定的真相，聖靈只負提醒之責。你一得到療癒，自會憶起上主之律而忘卻小我的運作法則。**

不論是療癒或者奇蹟，都沒有「難易之分」，因為它們的問題同出一源，就是忘了求助聖靈而投奔小我。那麼，追根溯源也只有一個解決辦法，就是轉過身去不再聽從那神智不清的小我。還有比這更簡單的事嗎！終歸一句，生活中任何層次若引發內在的不安、痛苦或懼怕，表示我們已經拜小我為師了。小我的終極任務就是證明天人確實分裂了，我們只要一認同這套思維邏輯，必然會把自己的痛苦歸咎於外界。說到究竟，疾病，其實就是指責外人或外物害自己受苦的一種方式而已。真正的目的，乃是要把我們的目光從心靈撤離而轉向身體，著眼於自己或他人的外在表現。

這段話再次提醒我們：當我們慢慢領悟出，你我不只是同一生命，也共享同一福祉，上主的天律便會在分裂的心靈內浮現，我們也恢復了原有的記憶。反之，一心追逐特殊性的小我，必會不斷誇大彼此的不同，使我們形同陌路。

(IV.4) **因此，你應將所有的能力一併交託給聖靈，只有祂知道如何發揮其用。而祂也只會將那些能力用在療癒上，因為祂只知道圓滿無缺的你。你則需要透過療癒才會明白自己的圓滿本性，明白了自己的圓滿，你就懂得如何憶起上主了。縱使你早已遺忘了祂，聖靈十分了解你需要祂來幫你把遺忘轉譯成一種回憶。**

這一段話，再次道出《奇蹟課程》一個極其重要的觀念，也正是〈正文〉交響曲反覆重現的主旋律：聖靈會把我們意圖分裂、謀害以及加深罪咎的伎倆，轉化為人生教室，一步一步帶領我們解除小我傳授的那套生存法則，讓我們慢慢「遺忘」小我的分裂目標而「回憶」起聖靈的救贖。

(IV.5:1~3) **小我的目標和聖靈的目標都能自成一個體系；正因如此，它們的目標絕對沒有任何相容並存的可能。小我總是伺機分裂與對立。聖靈則從不放過療癒與合一的機會。**

我們再度看到，耶穌把小我和聖靈描繪成人類一份子似的。其實，它們不過各自代表一套思維而已；而這些「具體」的稱謂，僅僅只是象徵性地傳達心靈內「非具體」的變化過程罷了。當心靈的抉擇者選擇了小我，就開始分裂、對立，而且向外指責；反之，一旦選擇了聖靈，遲早便會明白我們不只全都負有同一個「接受救贖」的任務，我們也同樣共享了基督自性這個終極身分。

(IV.5:4~5) **你唯有在療癒他人之際，方能得到療癒；在聖靈眼中，療癒也無難易之分。唯有療癒能幫人認清聖子奧體的一體性，它是化解分別心的唯一途徑。**

「你唯有在療癒他人之際，方能得到療癒」和「你教什麼，就會學到什麼」，道理完全一樣，都是基於「施與受是同一回事」以及**觀念離不開它的源頭**的原則。耶穌再次說明了療癒和身體無關，它不是靠覆手加持、誦經持咒或任何宗教儀式。只要我們願意虛心就教於聖靈，明白唯有心靈有待療癒便行了，因為所有的疾病都出自我們選擇了小我那一套瘋狂決定而已。

「分別心」和「一體性」是這一段引言的關鍵字。切莫忘記，「**分別**」的觀念乃是小我與世界整套體系的立足點。我們極其畏懼聖子奧體的**一體**本質，故不宜直接由此切入，但我們可以間接從分裂以及個別利益的信念開始下手化解，便會明白，要別人為自己的幸福付出代價是多麼荒誕之事。為此，若想加快返鄉的步履，只需誠實面對眼前的世界，例如隨意讀讀報紙、看看新聞，就不難意識到世界已經瘋狂到什麼地步，它完全依據「**非此即彼，非你即我**」的法則在運作。我們只需不帶批判而且不含恐懼地正視一下，然後輕輕一笑，把眼光移向幻相背後的真相即可。同時不妨以同樣不批判的心態，誠實反觀自己一生樂此不疲的「特殊性」遊戲，好好看個清楚，如此也就夠了。

(IV.5:6~7) **縱使人心尚未達到與天律一致的境地，這種知見已開始與上主的天律互通款曲。正念力量如此之大，它能將心靈拉回天心的正軌，而這純為天音效力的正念就在你們每個人的心內。**

心靈分裂之後，即使陷於昏睡，仍然可能覺知一體境界或是基督自性的倒影。只要我們願意開啟正念之慧眼，便會看清聖子奧體即使分化為億萬生命，他們的共同福祉仍然只有一個。聖靈的天音始終臨在於每個人的正念之心內，表示聖子奧體的每一份子皆負有同一使命，即學習放下小我的分裂之念而選擇聖靈的救贖。

耶穌接著從「遺忘」及「憶起」的角度為我們闡明療癒的深意。

(IV.7:7~12) **只要你不再把弟兄視為一種威脅，存心遺忘小我加諸你的危機意識，你就療癒了。這會強化聖靈在你們兩人心中的臨在，只因你已拒絕為恐懼作保。愛只等著你這封邀請函。它既是聖子奧體的本來真相，故能自由進出整個奧體內。你一旦覺醒於愛，自會遺忘你所「不是」的那一切。這就幫你憶起了自己的真相。**

所謂療癒，就是我們已然甘心放棄小我傳授的那一套生存法則，使那充滿恐懼和投射的小我思想體系徹底瓦解。這絕非壓抑，而是作出新的選擇，下定決心抵制幻相，從而憶起那始終在等候我們接受的真愛。這也表示我們願意放下小我的特殊性遊戲，致力於所有弟兄和我們的同一目標。於是，恐懼自然會從心中逐漸隱退，聖愛終於重登它在心靈中的寶座。

(V.2:1~2) **只有心靈具有交流能力。小我無法完全抹殺交流的本能（因為這一需求屬於一種創造本能），它只能這樣為你洗腦：身體既能交流，也能創造，因此你根本不需要心靈。**

無疑的，這就是我們的世界，活在世上的人無不相信身體有創造生命的能力，難怪母親在社會上扮演如此重要的角色。

身體「造出生命」後，我們繼而相信身體和身體之間必須交流互動。其實這一切均受制於小我思想體系的預設，也就是瘋狂且傲慢地相信自己的確已經盜取了上主的創造能力。正因我們全中了小我的「失心」魔咒，才絲毫認不出其中的瘋狂，更沒有質疑的能力，以至於常與聖靈的修正失之交臂，難以恢復清明的神智。

(V.2:3~7) **小我企圖讓你相信，身體能和心靈一樣地運作，足以自力更生。可是我們先前已說過，你在行為層次是無法教人或學到任何東西的，因為你做的未必是自己相信的事。你還會因此而傷害了那既為人師又為人徒的自己，因為我再三強調過，你只能教人自己真正相信的事，你的課程若這般矛盾，不論在教或學上，必然成效不彰。你好似同時傳授疾病與療癒之道，那麼你不只是一位差勁的老師，還是個差勁的學徒。**

疾病在世界眼中真實無比，療癒亦然；其實，兩者是無法並存的。療癒恰恰揭露了疾病的虛幻性，因為真正獲得療癒的是心靈，和身體一點關係都沒有。我們多次說過，身體既不可能生病，也不可能被治癒，因為兩者**只可能發生在心靈的層次**。這一真理實在令人難以接受，只因世界以及身體對我的個體價值實在太重要了。故對於活在幻境的我們，「無法接受」反而好似天經地義；但若想從充滿罪咎及攻擊的小我噩夢中覺醒，身心混淆的殺傷力可就大了。我們必須謹記於心，耶穌在談論療癒時從未涉及身體的層次，全然針對心內的抉擇者而發的，還要我們以「不設防」的心態向世人示範這一真理。「不設防」，可說是心靈在得救過程中所能表現的最高境界了，隨著〈正文〉交響曲的發展，我們會愈來愈清晰地看到這一觀念的重要性。

(V.3:1~4) **任何人若想療癒，他不只能夠而且必須培養療癒的能力。療癒是聖靈在世間的交流模式，也是祂唯一認可的模式。祂不接受其他形式的交流，因為祂無法接受小我把身心混為一談的立場。心靈只有交流的能力，沒有傷害的能力。**

人心很可能相信自己受傷了，其實這是不可能的，因為外面沒有能傷你之人；就像我們相信自己和上主撕裂了，其實外面也沒有一個可能與我們分裂的上主。療癒的關鍵，就在於心靈決定撤換小我，轉拜聖靈為師，療癒可說是選擇救贖而恢復了天人交流的幸福美果。這一扭轉，反映出我們終於承認身體只是心靈決定之「**果**」，心靈才是我們所有想法、感受以及所言所行的「**因**」。

(V.3:5) **唯當身體接受小我使喚時，才有傷害其他身體的可能，但只有當你把身體與心靈混為一談之際，身體才可能受到傷害。**

除非心靈相信自己只是這一具可能受害受苦的身體，隨時會淪為代罪羔羊，否則沒有人傷害得了身體。話說回來，我們其實很想成為代罪羔羊，才會把身體打造得這般脆弱。因為只要有一人或一物傷害到我（不論是形體上或心理上），不只能增強我的個體意識，還能藉此怪罪他人。身體之所以會感到痛，就是因為心靈**存心**要讓身體受苦之故，不論是被他人、病毒細菌所害，甚至被自己所傷，都毫無差別。隨後幾章我們還會更深地揭發身體如此脆弱而且這麼容易受苦的真實內幕，因為這些痛苦能讓我們理直氣壯地諉罪於他人，如此一來，上主便會懲罰對方而放過可憐的自己了。

(V.3:6) **這一處境可能成為療癒的契機，也可能淪為怪力亂神；你必須記住，怪力亂神下面必然隱藏著「療癒遺害無窮」這類信念。**

只要改變妄念之心過去的決定，心靈便痊癒了。這對小我而言，反倒是「後患無窮」。由此我們也明白了，為何靈性團體如此熱中於身體的治療。要知道，真正的療癒**永遠發生於心靈層次**；小我之所以那麼害怕真實療癒，只因抉擇者一旦選擇聖靈，小我的分裂信念隨之坍塌，更直接威脅到我個人的存在價值。難怪小我熱中的療癒常常流於怪力亂神，因為它只會著眼於**身體的層次**，如此才能抵制心靈療癒的後遺症，而保住了這個與眾不同的我。

(V.4) **至於療癒，只有鞏固人心的力量。怪力亂神則會伺機削弱人的力量。療癒不會在治療師身上顯出眾人所無的特質。怪力亂神則常顯示治療師「與眾不同」之處，他相信自己能夠給出對方所無之物。他也許相信這是上主賜予他的禮物；但他若**

認為自己擁有別人所沒有的東西，他顯然不了解上主。

這個觀念要等到奇蹟交響曲第九樂章「尚未療癒的治療師」那一節，才會全面深入；而與它前呼後應的是〈頌禱〉第三節，特別提到了「假的治療師」，他們相信上主或聖靈賜給了自己特殊的治療能力。自恃有此特殊恩寵的人，其實是在昭告世人：「我有某種能力，是你沒有的，來牽住我這具有療癒能量的手吧，感受一下聖靈的溫暖能量，或者聆聽上主啟示給我的特殊訊息，你就會療癒的。」這種「分裂性的療癒」（S-3.III.2:1）最得小我的歡心，因為它徹底否定了聖子的平等性，凸顯出分裂之境的微弱力量，捨棄了共同福祉的大能。這個錯誤的選擇，只能靠真實的療癒才能溫柔地扭轉過來。

真正有待療癒的並非我的身體，而是誤認為自己是這一具身體的心靈。我若以「治療師」自居，認為自己能夠治療別人，並擁有對方所欠缺的能力，就已經不自覺地強化了小我的分裂之念，這才是**真正**的病根。遺憾的是，我的傲慢心態令自己意識不到，「我是特殊的治療師」這一念反而成了**我的**病根。事實上，我們全是治療師，因為每個人都有改變心念的能力，為別人示範「你也能作出這個正念選擇」。光憑這一點，就已經發揮了療癒的作用，因為它解除了你我不同的信念，進而化解了小我根深柢固的分裂信念。

基本上，這一節都是針對尚未療癒或心懷恐懼的治療師而說的。只要心靈深處或言行之間還藏有一絲分裂信念，必會心生恐懼的——分裂永遠是製造恐懼的溫床。縱然我們的治療在表面上確實發生了一些效果，但只要內心認為這是上主給**我的**特殊禮物，和病患分屬兩個不同層次，便已加深了彼此的分裂，為未來播下了疾病之因。話說回來，雖然真正的療癒和治療的形式是兩回事，我並非反對有這種能力或背景的治療師去幫助別人，但他必須留意，切勿受到特殊性的幻相誤導而把自己和對方視為截然不同的人即可。換句話說，切莫賦予治療能力任何特殊的價值。畢竟而言，我們在**形式層次**的差異實在微不足道，別讓它遮蔽了上主之子與生俱來的同一生命**內涵**。這是小我特殊之愛和上主聖愛最大的差別。我們繼續讀下去：

(V.5:7~10) **愛是沒有例外的。唯有恐懼生起時，例外的念頭才顯得理所當然。例外是個可怕的東西，因為它們是恐懼的產物。「心懷恐懼的治療師」這一稱謂本身就顯得十分矛盾，唯有矛盾的心靈才可能認為這一觀念能夠自圓其說。**

只要有一位弟兄在我們眼中「非我族類」，就表示我們尚未把聖子奧體所有成員視為自己的弟兄，那麼，我們便知道自己仍是一位尚未療癒的治療師，也一定對人滿懷戒心。不論我們作何辯解，我們是不可能愛那些人的；只要他們是「非我族類」，我們必會生出戒心，因為這是特殊性的必然後果。這種關係只會加深彼此的不快與不平安，內心的衝突勢必更加劇烈，這麼一來，代表分裂及恐懼的小我思想體系必然固若金湯而更難化解了。

(V.6:1~12) **恐懼不可能帶來快樂。唯有療癒能夠。恐懼善於製造例外。療癒從不如此。恐懼導致關係的破裂，因為它製造分裂。療癒永遠帶來和諧，因為它出自整合之境。這是天經地義的事，因為它可靠無比。只要是來自上主的，都值得你信賴，因為上主的一切真實無比。療癒值得你信賴，只因它出自上主天音的感召，且與天律一般始終如一。療癒既然是始終如一的，那麼自相矛盾的心理自然難以了解它。了解，意味著一以貫之，因為上主本身意味著始終如一。那既是祂的意義，自然也是你的。**

這段話又給了我們一個紅燈警告：我們只要把一位聖子剔除於上主完美一體的生命之外，表示心靈再度選擇了小我。我們心知肚明自己的愛不能始終如一，最多只能「**有時候**能為**某些事**而愛**某些人**」，如此，一定會引發罪咎的。「變化無常」可說是小我的分裂與攻擊思想體系的一個招牌，也是它的精神食糧。難怪罪咎一經投射，我們便開始控訴他人的愛不能「始終如一」，故不值得自己信任。確實，我們常感到世上沒有一個人（包括上主在內）值得信賴；然而，真正的肇因是：我們先背叛了那「始終如一」的真愛，也背叛了自己的存在意義。從此，「變化無常」成了日常生活的本質。只要我們繼續著眼於別人或上主變化無常的特質，我們的罪便永無療癒的可能。

(V.7:1~4) **尚未療癒的治療師會期待弟兄感恩圖報，自己對弟兄卻毫無感激之情。因為他認為自己才是施予者，卻未曾由弟兄**

獲得相稱的回報。為此，他所能教人的必然十分有限，因為他能學到的實在太少。他的不知感恩限制了療癒的課程，那與教人生病無異。

只要我還認為自己擁有患者所沒有的某種能力，我就跟那位有待療癒的病患一樣生病了。尚未療癒的治療師的我，是不可能感恩弟兄的，因為他們「非我族類」，我自然難以靠他們這個「借鏡」而憶起聖子奧體的一體本質。總而言之，我們必須決心視而無睹小我擺在眼前的分裂及變化表相，我們才會憶起上主之子永恆不易的生命本質。

(V.8) **在你療癒他人之際，你便學到了療癒。你一旦看清了自己的弟兄改造不了他的心靈這一事實，你便會在他身上認出心靈的千古不易。那也是你在他身上認出聖靈的方法。因為只有他心內的聖靈從未改變過祂的心。他本人也許還認為自己有此能耐，否則他就不會覺得自己有病了。這不過表示他還不知道自己的自性。如果你在他身上僅僅看到千古不易的一面，表示你沒有真正改變過他。你只是為他改變了你的心靈對他心靈的看法，如此，你便幫他化解了他的小我自以為在他身上所完成的改造工程。**

我們唯一的責任，就是選擇安止於正念心境的那位老師。祂療癒我們的方式，便是溫柔地修正妄念之心的錯誤選擇，迎回真理來取代幻相；這原理和「親自領受救贖」（T-2.V.5:1）的說法完全一致。只要甘心承認自己確實犯下想把永恆變成無常的錯誤，整個聖子奧體便會憶起自己從未離開永恆的真相；而且明白，那種「不可能發生」的事只會出現在罪咎的夢魇中。由此可知，所謂「向聖靈求助」，不過反映出心靈的一個抉擇，它終於決心張開眼睛，只著眼於弟兄永恆不易的本來面目了。弟兄那變化莫測的表相一旦被帶進永恆真相，我們便一起獲得了療癒。

本章透過寬恕及療癒的深刻內涵，為我們指向天堂的一體境界，也是我們的生命真相。唯有接受聖靈的教誨，才化解得了小我的思想體系。雖說小我的本質極其虛無，但它在夢境中卻有呼風喚雨的能耐，令我們對世間的分別幻相深信不疑，反而視一體境界為虛幻之境。聖靈的教法就是幫我們認出，自己和世上所有的人都懷著同一心願，就是盡快由小我的瘋狂夢境脫身。這種一體正念有如一個跳板，會將我們保送到歸鄉的旅程，雖然我們不曾離開天鄉一步。

第八章

回歸之道

導　言

二十世紀中葉，維也納指揮家約瑟夫．克里普斯（Josef Krips）曾說：「貝多芬的音樂已然臻至天堂之境，而莫札特的音樂則恰似從天堂而降臨。」這個評論可能略有偏頗，但大致上也不失中肯。總的來說，莫札特的作品洋溢著天堂的平安及天真，樂曲中好似傳誦著無盡的愛和喜悅。至於貝多芬，我在「前奏曲」曾說過，他的作品一直掙扎在光明和黑暗之間，到了最後才會凱旋榮歸光明聖境。此外，還有一個特色值得玩味，這兩位音樂泰斗結束樂曲的風格迥然不同。莫札特的曲子充滿了愛，到了曲終，一切便悠然消停。貝多芬交響樂的結尾卻大不相同，它可以反覆結束好幾次；就以第五交響曲的最終樂章為例，曲終卻情不斷，讓那凱旋的一刻再度起死回生，怎麼也捨不得那一歡樂戛然而止似的。

我在這篇「導言」一開始就用音樂作譬喻，只因這種音樂特質與本章討論的第一個主題息息相關。從第二節的末尾開始，耶穌就引吭高歌，一路唱到第三節和第四節，大有欲罷不能之勢。他高聲讚美天父、造化，以及聖子奧體的一體生命；這種歌頌式的語調，在〈正文〉只出現過這一次。這首繞樑三日的歡樂頌，與第五節的標題「聖子奧體一體無間的願力」，可謂緊密呼應而絲絲入扣。頌歌中有一部分專門頌揚耶穌和我們的關係；我們和耶穌這種一體關係，會留待本章最後才深入闡述。總之，這麼熱情洋溢地歌頌光明一體的生命真相，在〈正文〉中確實少見。

一體性的主旨在奇蹟交響曲中所扮演的角色，十分近似華格納的「主導旋律」。華氏在他的音樂劇常會匠心打造幾種旋律，來描繪某個特定事件、角色、情緒，有時甚至代表某個物體。通常，旋律一出場就會讓聽眾想起作曲者，並勾出心目中對某件事或某個人的看法，以及恍兮惚兮地聯想到先前出現過的情節。華氏憑靠這種獨特的技巧，讓樂曲想要表達的思想及情緒呈現出不同的心理深度。有時，他還會採用某種旋律來諷刺或反諷，例如主角明明在唱一種調子，但背景音樂卻透露了主角想要隱藏的真相。可以說，耶穌的課程也發揮了這種戲劇性的音樂技巧，用不同的形式反覆重申同一主題，讓我們透過知性和感性，雙管齊下地領會他的課程，從而發揮最高的教學效果。

耶穌這首「一體頌」最能反襯出他是如何苦口婆心地把生命真相的記憶鐫刻入我們心中。他希望我們回到日常生活裡，每當不自覺地和自性分裂、跟周遭的人怒目相對、與一體真相背道而馳之際，仍能隨時記得或聽到這首「一體頌」。這個背景音樂和「分裂不曾發生過」的救贖主題其實是一個銅板的兩面，表示我們已經明白，兩者都存在我們心中，只等候我們的選擇。唯有如此，我們才能把小我那黑暗的分裂妄念帶入耶穌的一體光明內。我們馬上就要進入精彩的一體主題了。請記住，耶穌的用意所在，不只是提醒我們與上主一體不分的聖子身分，他更希望每當我們快要遺忘或存心抵制，甚至故意跟它唱反調之際，還能依稀聽到這個背景音樂。

一體生命的自性頌

(II.7) **當我說：「所有的能力與榮耀全歸於你，因為天國是祂的。」**〔另參閱 T-7.VII.11:6〕**我的意思是：上主的旨意是無窮盡的，一切能力與榮耀都在這旨意之內。它的能力、愛心與平安也無量無邊。它之所以無量無邊，只因上主的旨意擁有無窮的推恩能力，故能涵攝整個宇宙萬物，因為那一切都是它創造出來的。正因它創造了萬物，萬物成了它的一部分。你就是上**

主的旨意，因為你就是由此創造出來的。你的造物主只可能造出與自己相同之物，因此你必然肖似於祂。祂擁有一切能力及榮耀，而你又是祂的一部分，因此你也如祂一般不可限量。

這正是我們的生命真相，然而，它和我們自己心目中的「我」顯然有天壤之別。聖靈乃是這一救贖光明在人間的代表，而我們的唯一任務，就是把心內所有無法反映上主榮耀及大能的陰暗念頭，全都帶到祂的光明內。這一救贖不過是提醒我們，縱然我們認定自己早已和上主旨意決裂了，但這個分裂絕非真實，因為涵括了我以及我的創造那個圓滿造化，始終完好如初。

(III.3:1~4) **天父及聖子的旨意因著祂們的推恩而結合為一。這一推恩能力源自祂們的一體生命，祂們必須把自己的共同願力無止境地推恩，才能保住合一的境界。這是圓滿的受造物與圓滿的造物主結合而生的圓滿造化。天父不能不賜給聖子祂的「天父身分」，因為「天父身分」是不能不推恩的。**

聽，耶穌繼續高聲歡唱他的一體頌，好似百唱不厭。我們在前一章談論過造化生生不已的本質，那種境界不可能發生於時空世界，也無法由小我妄造的時空架構去了解它。創造或推恩不過表達了上主聖愛的無量無邊——祂永恆如是；「永恆如是」最能道出上主的完美實存。祂延伸自己而創造出基督，基督繼續自我延伸而創造了一切。

(III.3:5~6) **把上主的天父身分無窮地推恩出去，這是活在上主內的你的神聖任務。讓聖靈指引你如何進行，因你只能由上主那兒得知這任務的真實意義。**

耶穌在他處也解釋過，我們在天堂的任務是創造，在虛幻世界的任務則是寬恕或療癒（T-25.VI;W-192）。究竟而言，創造的奧秘是無法傳授的，但我們仍有學習寬恕的空間，打造正念的夢境，反映出天堂的造化真相。為此之故，聖靈才要我們學習平等對待分裂聖子奧體內**所有的**成員。

(II.8) **除了那一切能力及榮耀以外，聖靈還能仰仗什麼力量重建上主的國？祂所仰仗的僅僅是天國的本來真相，也藉此再次認可了天國的真相。你一旦如此接納了天國，自然會把這一接納帶給每一個人，因為你已接納了所有的人。你的接納喚醒了他們的認可，又藉著他們的認可而將你的接納推恩到每一個人身上。你的覺醒會在天國中輕鬆而愉快地傳揚開來，答覆了人心對上主的呼喚。這是每個聖子對造物主的呼聲最自然的回應，因為那一呼聲道出了他所創造與推恩的生命裡的神聖心聲。**

在人間，唯有無所不容的共同福祉之心，方能反映圓滿一體的天堂之境。只要有一位聖子選擇了這一慧見，所有聖子必然共霑其福，因為不論在真理或幻境，上主的聖子永遠只有一位。故當我們在人間聆聽天音而療癒了分裂，表示我們已經欣然認同了救贖的真相，以及它所代表的一體自性。聖靈只能透過我們的寬恕或奇蹟，來化解分崩離析的人間夢境，療癒那把幻相當真的瘋狂心靈，從而恢復它的清明。

(IV.1) **上主的旨意既要你活得徹底平安喜悅，除非平安喜悅成了你唯一的生活體驗，否則就表示你已拒絕了上主的旨意。祂的旨意屹立不搖，而且千古不易。你若體驗不到這一平安，只有一種可能，即你不相信自己活在上主內。然而，祂是一切萬有。祂的平安亦圓滿無缺，因此你必然涵攝其中。你在天律的管轄之下，因為上主之律統轄一切。縱使你能違抗天律，卻無法逍遙於祂的法外。縱使如此，也唯獨如此，你才會感到孤獨無助，因為你等於自絕於一切之外。**

言下之意，人類真正的苦因與外界無關。我們之所以感到孤獨無助，全是因為我們相信了那不可能發生的事，誤以為自己真的掉落在上主一體生命之外，而與「一切萬有」決裂了（耶穌在此借用了聖保羅〈哥林多前書15：28〉的用語）。為此，救贖的喜訊便是在提醒我們，我們永遠也不可能離開聖愛與創造的永恆天律，除非我們自甘留在小我想要叛逆造反的噩夢裡。

現在，我們可以進入前面「導言」所提到的「聖子奧體一體無間的願力」那一節了。

(V.1:1~3) **你一旦失落了自己的真實身分，還可能活得心安嗎？與它切斷聯繫解決不了你的問題，最多只是一個自欺的妄想。**

懷此妄想的人相信真相對自己是一大威脅，故寧可躲入幻想世界也不肯接受真相。

耶穌委婉地指出，如果我們感到不平安，只有一個原因，就是忘了自己的聖子身分。「切斷聯繫」就是心理學的「解離」，意思是說，一碰到自己無法接受的想法，立即與它切割。這正是小我處理內心問題的伎倆，它原想一刀兩斷，結果卻適得其反，分裂體系始終方興未艾。所幸，我們隨時都能選擇一體真相，這種能力最令小我寢食難安，故它不惜陷我們於精神錯亂，任自己「失心」，也要把這個孤立無援的個體之我當作寶貝。

(V.1:4~8) **他們一旦判定真相並非自己之所願，眼光自會轉至幻相，而自絕於真知之外。你若真想幫助他們，把你已然統一之心獻給他們吧，正如我把自己的心獻給你一樣。我們若靠自己，一事難成；但若能攜手合作，我們的心靈所匯聚的力量必然遠大於其他分裂個體。只要不再分裂下去，上主的天心便會重現於我們心內，成為我們的心靈。天心是所向無敵的，只因它一體無間。**

我們以後還會細說「把統一的心獻給虛妄的世界」究竟是什麼意思，以及為什麼它會成為寬恕和療癒的基石。目前我們只需要知道，此生的任務就是相互提醒，我們真正的力量寄寓於一體生命，唯有著眼於我們的共同需求及福祉，才能在人間活出一體的倒影。但凡與外界分裂而把自己孤立起來的生命，是不可能感受到生命力量的；而耶穌則成了救贖真相或福音的完美典範，他教我們明白，我們全都具備了他的力量和榮耀。真的，我們就是這個力量和榮耀，**因為**它是聖子奧體共有的天賦，外表看來四分五裂的聖子，其實就是靠這一天恩而永遠一體不分的。

(V.2:1~8) **聖子奧體一體無間的願力，本身即是完美的創造者，因為它全然肖似上主，且以上主旨意為依歸。你若想要知道聖子奧體之願以及你自己的真相，你就不能自絕於此願之外。你若相信你的意願與我的意願是兩回事，無異自絕於上主旨意之外；上主的旨意，其實就是「你」。所謂療癒，只是重歸完整而已。若要療癒，就得與那肖似於你的人結合，因為認出你們的肖似之處等於認出了天父。你的圓滿既在祂內，且只在祂內，你若認不出祂來，又怎能知道自己的圓滿真相？認出上主，等於認出你自己。上主及祂的造化是一體不分的。**

「若要療癒，就得與那肖似於你的人結合，因為認出你們的肖似之處等於認出了天父」，這小段話再度重申了寬恕的基本要素，它的深意要等到第九章才會全盤托出，而且還會明示「與上主分裂，再與上主復合」的真正意涵。目前，我們只能點到為止。上述引言的最後一句可視為「救贖原則」的另一說法：我們從未和生命源頭分開過，分裂只是一場無稽之夢而已。耶穌接著繼續歌頌聖子奧體的一體生命，為下一個核心觀念鋪路，勸勉我們別再著眼於虛妄的分別相，而應透過基督慧眼去看上主之子的同一本質或肖似之處。

最後，我要引用第六節「上主之寶」為「一體生命」這個主題作結。耶穌用了整整一節，將這首歡樂感恩頌推向最後的高潮。

(VI.1) 我們代表了聖子奧體的共同願力，每位聖子都享有它的圓滿生命。讓我們一起動身，開始這回歸的旅程，並且沿途邀請弟兄加入我們的陣容。讓我們把尋獲的每一份力量分給所有的人，使他們也能放下自己的軟弱無能，而成為我們的生力軍。上主等著歡迎我們每一個人，祂會像我現在一樣歡迎你。別再貪圖世間的小禮而把上主之國拋諸腦後了。

在分裂幻境中，唯有共同福祉的心懷，方能反映出我們的一體自性。耶穌拜託我們，聖靈也呼籲我們下定決心，別再聽從小我之言而把它的分裂王國當真了，否則苦海無邊，永無超脫之日。唯有耶穌的愛能將我們領回天國大愛；請記得，我們不只「**擁有**」那聖愛，我們根本「**就是**」那個愛。除非我們自甘放棄，決心留在小我「特殊性」之夢裡。難道說，世上真有這麼傻的人？

(VI.3) 讓我們來榮耀世界所否認的真神吧！世界對祂的天國一籌莫展。上主的創造只可能在永恆中找到真正的喜悅；不是因為天國剝奪了其他的可能性，而是因為那些東西都配不上他。凡是上主及其兒女創造之物必是永恆的，也唯有永恆的創造才

能帶給祂們喜悅。

犧牲或被剝削之感乃是小我根深柢固的信念，它整套「罪咎—懲罰」的思想體系，全都建立在這一信念上。耶穌在上文輕聲反問我們：「放棄虛假的快樂來換取真正的喜悅，怎麼稱得上是犧牲呢？」三言兩語就化解了小我的瘋狂錯覺。要明白，我們一旦決心牽起耶穌的手（自然也會牽起弟兄的手），除了失去煩惱痛苦之外，什麼也不會失落的。當我們準備好接受自己和所有的分裂聖子都屬於同一基督這一真相，就等於接受了天賦予我的富裕及喜悅；倘若其中有所謂的犧牲，只可能是「犧牲」虛無而已。

《奇蹟課程》很少直接引用《聖經》的故事，下面的「浪子回頭」可說是個特殊例子。

(VI.4) **請再聆聽一次浪子回頭的比喻吧！探討一下究竟什麼才是上主的寶貝、什麼是你的寶貝。一個備受父親疼愛的孩子離家出走了，且明知自己已為虛幻的世物耗盡了家產（雖然他當時並不明白那些東西一文不值）。他羞愧得不敢返回父家，因為他認為自己傷透了父親的心。當他返抵家門時，竟然看到父親興高采烈地迎接他，原來這個孩子才是父親心中的寶貝。他才是父親唯一的指望。**

這個引用福音寓言所作的比喻，最具深意的一點是，它並不把焦點放在流浪的兒子身上，反而凸顯父親的愛。等到耶穌重述這個故事時會進一步引申，加入「聖子誤信自己毀了造物主，而生出罪咎懼」那段內幕。終有一天，救贖的燦爛真相會光照我們的心靈，痊癒的心靈方才恍然大悟：一切原是一場夢，什麼事也沒發生，天父的愛依舊。我們終於回到自己從未離棄的家園，重享用之不盡的家產。不論沉睡多久，這些珍寶不曾離開我們半步，因為天鄉和珍寶以及我的自性根本就是同一回事。

(VI.5:1~8) **上主一心想要的只是祂的聖子，聖子才是上主唯一的寶貝。你要的只是自己的創造，正如上主只要自己的造化一樣。你創造的一切原本是你為了自己的受造之恩而獻給那三位一體之上主的禮物。你創造的一切離不開你，正如你離不開你的造物主；而你的創造又會不斷向外推恩，就如上主把祂自己推恩於你一樣。虛幻不實之物豈能為上主的造化帶來任何喜悅？除了上主的造化以及你效法祂所造之物以外，還有什麼配稱為真實的？你所有的創造都深深愛著你，如同你因著造化之恩而愛你的天父一樣。除此之外，還有什麼禮物是永恆的？還有什麼禮物是真實的？**

「你創造的一切離不開你，正如你離不開你的造物主」，這句話又是「救贖原則」的另一說法——**觀念離不開它的源頭**。聖子這一念永遠離不開它的造物主；而我們創造的一切，既然是基督聖愛的延伸，故也離不開我這源頭。小我的運作原則卻完全相反，它不斷告訴我們：「觀念已經**離開**了它的源頭。」也就是說，聖子不只**能夠**離開天父，還能利用天堂的創造能力，妄造出一個特殊、有限而且可朽的愛，甚至可以用這個猥瑣鄙陋的贗品來取代天堂永恆無限的聖愛。幸好，耶穌為我們捎來一個喜訊：小我只是一場無聊的噩夢，絲毫改變不了我們的真相。我們不僅是愛的造化，還能創造出更多的愛；因為我們就是天國獻給天國的禮物。

(VI.8:4~9) **我們只有一個使命，就是攜手合作，因為我們一旦分開，便無法運作自如。上主之子全部的力量都存於我們所有人內，不在任何一個個體生命之內。上主不願我們孤單地活著，因為祂自己也不願單獨地活。為此，祂才創造了聖子，且賦予他與自己共同創造的能力。我們所創造的一切和我們自身一樣神聖，而身為上主親生兒女的我們，必也與祂一般神聖。我們只能透過創造將自己的愛推恩出去，為三位一體的上主增添無邊的喜悅。**

耶穌再次為我們揭示了聖子奧體及其創造之間不可分割的一體真相。既然每一部分都能反映出整體，那麼，只要我們不把罪咎分裂之念橫梗於我們與他人，以及我們與耶穌之間，便已顯示出我們真有合一的願心，願意成為「一體及合一之境」在人間的倒影（T-25.I.7:1）。這種合一之境**就是**聖子奧體，象徵著三位一體的第二位。

(VI.9:1~5) **我和上主一樣，深知祂賦予你的價值。我對你的忠誠不亞於祂，這一忠誠是建立在我對自己和上主的真知上。我**

們是一體不分的生命。凡是上主所結合的，沒有人能夠拆散；而上主已把所有聖子都結合於祂內了。你能與自己的生命及存在分開嗎？

「凡是上主所結合的，沒有人能夠拆散」這句名言也是出自福音，天主教把它看成一道天條——離婚是有罪的。耶穌在《課程》中卻把這一句話重新詮釋為救贖原則：我們永遠不可能與自己的源頭（完美一體之境）分開。即使我們夢見自己與上主及聖子決裂，也絲毫影響不了自己或弟兄的永恆真相。唯有認出自己和耶穌是同一生命體，才可能進一步認出我們全是同一生命；這是憶起我們與上主永恆一體之境的先決條件。

(VI.9:6~11) **邁向上主的旅程不過是再次覺醒於你的本來境界以及你的永恆真相而已。那是當下即至的旅程，目標永遠不變。真理只能體驗。那是無法描繪也無法解釋的。我只能幫你意識到真理的先決條件，至於經驗層面，則是上主的事。只要我們同心協力，便已具足了真理要求的條件，但最後讓你開竅的則是真理本身。**

我們既然從未離開過天堂，那麼，又何需回歸呢？其實，救恩不能算是一段旅程，因為光是憶起自性本然，便已安居家中。究竟而言，這種奧妙的真理完全超乎言詮，只能親身體驗，故耶穌也不再枉費口舌，最多只能親身示範這個一體真相，為我們點明覺醒的先決條件。首先，他幫我們了解我們打造的分裂世界是怎麼一回事；進而讓我們明白，自己妄造的背後所隱藏的動機，以及至今仍執迷不悟地妄造下去的原委。「最後讓你開竅的則是真理本身」，這一句話即是指上主那象徵性的最後一步。雖說真理本身無可學習，然而，邁向真理的條件——寬恕，還是可以傳授的。我們一旦完成寬恕的任務，真理就會開啟我們的眼睛。感覺上，好似上主也履行了祂的使命，其實，這些描述不過表示夢境終於結束，我們已經欣然甦醒，看到了自己不曾離開過的天堂實相。

(VI.10) **凡是上主願你擁有之物，非你莫屬。祂已經把自己的旨意賜給了祂的寶貝，祂的旨意就是祂的寶貝。你的寶貝置於何處，你的心就在何處，而祂也是如此。上主所愛的你實是最有福之人。向我請教這一真相，並且一起釋放那些與你同屬有福之人的神聖意願吧！**

這裡所謂「心就在何處」的「心」，當然是指抉擇者，它始終在我們的正念之內，而且有聖靈為伴；因聖靈所代表的愛會幫助我們憶起自己原是極其珍貴的上主之子。耶穌給我們這部課程的用意，是教導我們意識到自己還有一顆心靈，然後才教我們如何放棄小我的詛咒而選擇上主的祝福，如何放下分裂之念而接受救贖，如何不再著眼於恐懼而讓愛進入心中。只要能這樣活出來，我們就已經為所有人示範了自己由耶穌那兒學到的一切。

這首美妙的「自性頌」到此結束。它要我們回到現實生活後，隨時牢記這個一體性思維，每當面臨分裂的誘惑，立即將那些挑戰帶入永恆真理的主旋律內。話說回來，我們的心靈若無法保持儆醒，觀念說得再動聽，也起不了任何作用，因為它的深意只有等到我們甘願將眼前的幻相帶入那一真相之時，才會彰顯出來。要知道，「永恆一體」這個救贖觀念，始終存於正念之內，唯有它抵制得了人間恐怖的罪咎戲碼，也唯有它足以瓦解整套小我思想體系。回過頭來看，我們幾乎每一章都討論過救贖與小我的拉鋸戰，因為「小我對一體之境的恐懼」正是奇蹟交響曲一個至為重要的主旋律。接下來，我們要再度進入「小我的恐懼」這一主題，看看第八章是如何描述小我最深的恐懼的。簡單說，它最怕的就是：我們會放棄分裂而選擇一體，不再拜它為師而轉身接受聖靈的教誨。

小我深恐我們選擇一體真相

(I.1:1~3) **本課程的宗旨並非傳授真知，而是傳授平安。平安是抵達真知的先決條件，因為活在衝突中，人是不可能安心的；而平安卻是真知的必備條件，只因它是天國的必備條件。**

在《奇蹟課程》中，**真知**一詞與愛、真理、實相，均可視為同義詞。但這部課程真正要我們學習的並非真知之境，而是用奇蹟來鼓勵我們學習它的離苦得樂之道。只因衝突之苦若不得化解，我們是永遠不可能活得平安幸福的。故耶穌在此給了我們一個誘餌：「平安之境是學得來的！」我們先前說過，世界的起因源自於上主與小我之間並不存在的一場戰爭，如今，我們只要真心操練耶穌的寬恕功課，便能解除自己的特殊身分，上主與小我的衝突幻相也就消失了。

(I.1:4~6) **唯有當你具足這一先決條件，真知方有現身的機會。這並不是上主有意跟你討價還價，祂是從不講價的，而是你自己幻想出一個與上主不同的旨意，且假借此名義、妄用上主天律而形成的後果。**

平安，乃是獲得真知的先決條件；但若想活在平安中，僅憑寬恕仍是不夠的。充其量，寬恕只是一個必經的過程，因為我們在上主旨意之外又為自己打造了另一個自由意志。小我不想讓我們意識到這個內幕，更不想讓我們知道平安其實唾手可得，原本無需任何代價。準此而言，接受上主平安的意義，就是將自己的意志還原到上主旨意內，如此，那個不曾真正存在的「意志」與「自我」必然隨之化解，而先前妄用了上主聖愛與創造天律的罪名便無法成立，於是，由這莫須有之罪衍生出來的虛幻後果自然消失於無形。

(I.1:7~10) **真知才是上主的旨意。你若與上主的旨意作對，怎麼可能獲享真知？我告訴過你真知會帶給你什麼，你目前還不知珍惜這份禮物。你若能認出這禮物的珍貴，絕不會一聽到小我的招喚，便不由分說地棄真知而去。**

這一段引言點出我們老愛跟上主旨意作對的根本原因。說穿了，我們並不想要知道真相！我們寧可相信自己是活在形相世界的個體，即使明知它和天堂的一體境界截然相反。我們對一體真相真的一點興趣也沒有，因為不甘任自己消失於一體之境，我們一點都不想放棄自己的想法、感覺和經歷所構成的特殊之我。難怪一聽到小我的召喚，立刻趨之若鶩；原因就是我們對真知避之猶恐不及，隨時準備丟掉這個燙手山芋，結果，把心內代表真知之音的神聖導師一併趕出了心外。總歸一句，我們一心一意想要證明救贖原則及那位靈性老師全是錯的，我這分裂的個體才是天經地義的真實存在。

(I.2:1) **小我種種令人分心的伎倆似乎成了你學習的障礙，但除非你賦予它能力，否則小我是無法使你分心的。**

可想而知，這正是小我最不想聽到的話了，只因它再次點破小我的虛無。但請記得，除非心靈的抉擇者附和小我，否則小我根本一無所能。上面短短一段引言，所涵蓋的幅度可謂無遠弗屆，因為它直指整個世界的虛無本質。幻境內所有的能力都靠那個抉擇之心（當然，引言中的「你」絕非指這個有形的你）。「**幻相沒有程度之分**」以及「奇蹟沒有難易之分」的道理即在於此。所有的問題都是同一問題——心靈的抉擇者認同了小我的分裂之念；因此，所有的答案也只有一個——心靈的抉擇者認同了聖靈的救贖原則。天上地下所有的能力都賦予了我們（W-191.9:1），如今，我究竟願意陷身於小我的地獄，或決定返回天鄉，全憑抉擇者的一念。

(I.2:2~3) **小我的聲音純粹出自幻覺。你不可能指望它承認「我不是真的」。**

我們無法指望小我說「我不是真的」，同理，我們也別指望自己面對鏡中之我說：「這個形象不是真的；此刻的感覺、思想以及經驗到的自我也不是真的。」同樣的，耶穌不會指望我們說出這一句話，他只想幫我們認清「**說不出**這一句話」所引發的種種煩惱及不幸後果，這樣就夠了。他要我們明白，聽信小我之音必定有莫大的後遺症。不僅如此，如果我們真的決心反制小我，必須正視自己對小我言聽計從的背後原因才行。很明顯的，耶穌是要我們把焦點從認同於小我的那個決定，轉向作此決定的「**我們**」身上。唯有如此釜底抽薪，才解除得了小我那套瘋狂思想體系以及它引發的種種錯覺妄想。

(I.2:4~6) **我也不期待你自己去驅逐那些幻覺。我只是請你根據它所帶來的後遺症重新評估一下而已。只要你不想活得如此不安而拒絕那些幻覺，它們自然會由你心中銷聲匿跡的。**

小我絕對不想讓我們知道，自己的心靈在兩種聲音之間是有選擇的，它想盡辦法讓我們相信只有一種聲音是真的，就是**小我**之音。難怪我們一選擇了小我，它立即把自己投射成世界以及失心的身體，而把自己隱藏起來。一旦失心之後，選擇便失去了意義，因為我們不只意識不到聖靈，連小我都意識不到了。當然，我們還會意識到別人的小我，卻完全忘了那些小我全都出於自己心靈的選擇。直到有一天，寬恕喚醒了抉擇者的意識，我們才可能轉向聖靈求助，選擇平安而放下衝突，選擇慧眼而捨棄錯覺妄想。耶穌請我們正視小我的思維模式，然後反問自己：「這種想法會令我失落上主的平安，我真的想要過這種日子嗎？」無疑的，這正是本課程的一貫手法。

(I.3:1~3) **你對小我的每個答覆其實都在挑起戰火，而戰爭確實會剝奪你的平安。然而，這是一場沒有對手的戰爭。若要確保平安，你必須重新詮釋現實真相，這是你唯一需要做的事。**

試問，世間哪一個窮兵黷武的政治領袖會相信這種說法！只有陷於幻覺的人，眼中才會處處是敵人。在小我的瘋狂思維裡，上主成了它的頭號天敵。然而，上主對此瘋狂念頭一無所知。心靈分裂、戰場或戰爭這類東西根本不可能存在於天心內。說到底，戰爭的威脅僅僅是小我虛構出來的故事，誘騙我們逃離心靈，躲到世界尋找棲身之處。可以說，宇宙和人類的出現，追根溯源，全都出於小我這個錯覺妄想：上主向心靈開戰了，必須三十六計走為上策。下文馬上就會說到小我是如何反制聖靈的救贖及修正之道的，它讓我們相信大敵壓境，我們必須奮起抗暴。我們一旦聽信這個謊言，小我便能呼風喚雨，所向莫敵，使得上主圓滿而不可分割的一體境界，也好似不得不向小我分裂對立的世界俯首稱臣了。

(I.3:4) **你心目中那位對手原是你平安的一部分，你卻不惜捨棄**

自己的平安而發動攻擊。

我們經常會感到周遭的人遲早都會伺機傷害自己，故先下手為強也就理所當然了，根本想不到他們是自己的一體生命的一部分，不論在世上或天上都是如此。我們在人間向他人發動攻擊，其實就是存心推走天堂的平安。因為我們深恐平安會讓自己憶起一體真相，如此一來，這個有形可見的我便無法存在下去了。

(I.3:5~8) **你怎麼可能擁有自己存心揚棄之物？唯有給出，才會擁有，真正的你是不會放棄平安的。你若放棄平安，等於把自己放逐於平安之外。這種心態對天國來講簡直不可思議，在此心態下，你也不可能了解天國內的任何境界。**

耶穌在此反問我們：「你為什麼總是一邊拋棄平安，一邊抱怨自己活得如此不平安？」我們自絕於平安之外，只因我們不想活在天國的一體境界，故而打造出一個容不下平安的世界。這個世界無時無刻不在提醒我們：「戰爭勢必難免，我得設法取勝才行。」然而，外在那些證據不論看起來多麼真實有力，其實只是無知又虛無的小我投射出來的魅影而已。

(II.1:4~9) **小我完全不懂自己想要教你的課程。它根本不知道你的真相，卻想教你認識自己的真相。它是一位混淆是非的專家。除此之外，它一無所知。小我這種老師純粹是自惑惑人而已。縱使你想徹底否認聖靈的存在（這是不可能的事），你仍**

然無法由小我學到任何東西的，因為小我真的一無所知。

小我真的什麼也不是，這是耶穌一直想要點醒我們的觀念。言下之意，小我**本身**根本不是問題，問題在於有抉擇能力的心靈始終對小我深信不疑。這個觀念不論重複多少遍都不嫌多，因為它是寬恕的靈魂，也是奇蹟得以療癒分裂心靈的關鍵所在。難怪小我想盡辦法要我們相信它那套罪咎懼的思想體系，以及投射出來的紛紜萬象，目的就是要模糊焦點，讓我們看不清「它什麼也不是」那個事實。為此之故，看清小我的虛無是重新意識到心靈抉擇能力的第一步。這個迷障一旦破解，我們便能正視心靈過去的錯誤決定而重新選擇了。雖然如此，我們大概還會忍不住提出下面的疑問：

(VIII.8:1~2) **你也許會問，一個不存在之物怎麼可能發出這種鍥而不捨的聲音？你不妨想想，當你渴望某物時，那種令你癡心妄想而又欲罷不能的魔力何其驚人（縱然那東西根本不存在）？**

這幾句話，我們真該隨時拿來反問自己。投胎的選擇本身足以反映出我們多麼渴望擁有個體的價值，以至於視而無睹「小我純屬虛無」這一真相，這種瘋狂動機串連出我的一生，為了完成自己的特殊性，我們拒絕去看它所帶來的悲慘後果。耶穌在此為我們解答了這個問題——只因分裂的癮頭如此之大，才寧可視而不見我們為了追求個體價值而帶給整個人類以及自己的那些災難。

(VIII.8:3~4) **你一定也多次經驗過，自己的知見如何受到想要之物的扭曲。沒有人會懷疑小我作假誣告的本領，……**

國際上的列強和我們每個人一樣，充滿心機，詭譎多變。可以說，世界和人類當前的處境，為我們充分見證了小我的厲害，它為了維護一己的特殊價值，處心積慮地搜尋證據，為自己虛妄的目標和立場撐腰。無庸置疑，身體始終是小我手中的致命武器，它同時由宏觀和微觀的層面向聖子開戰，不斷扭曲聖子的本來面目，把心靈變成一具肉體，再透過批判及攻擊，與聖靈寬恕體系抗衡到底。

(VIII.8:5~6) **也沒有人會懷疑你對小我必然言聽計從，直到你決心只接受真理的那一刻為止。唯有等到你決心放下小我，小我才會知難而退。**

沒有錯，我們在人間活得如魚得水，本身即足以證明我們不只「樂於」而且「早已」聽信了小我之言。幸好，我們心中還有一個抉擇者，隨時都能棄小我如敝屣。這成了小我最深的恐懼，也逼出了小我的失心大計，以確保我們永遠作不出背叛它的選擇。隨著奇蹟交響曲一個樂章接一個樂章逐次推出，我們親眼看到這個主題重現的頻率愈來愈高，力道也愈來愈強。耶穌鍥而不捨地想把這個觀念根深柢固地打入我們心中，否則我們根本不是小我的對手。因為我們在人間一切的所言所行，全是投射和特殊性，無一不在為小我的失心大計推波助瀾。

(VIII.8:7~8) **你願聆聽聖靈多少，祂的聲音就會有多響亮。祂的聲音如果過度響亮，就有侵犯你自由選擇之嫌；聖靈一心只願幫你恢復自由，絕不會做出任何妨礙你自由的事。**

說實話，如果我們聽不到聖靈之聲，原因並非祂太過輕聲細語了，而是我們存心充耳不聞。可還記得，耶穌在第二章曾勸勉海倫，他不能拿走她的恐懼，海倫必須發揮自己的選擇能力，這也是奇蹟交響曲的一大主題（T-2.VII.1）。耶穌無意在背後操控我們（這又是另一重要主題），只因他絕不願貶低心靈的能力，故只能一遍又一遍地溫柔提醒，我們心內是有重拾平安的能力的。當然，小我也會無所不用其極地阻擋我們覺察到那種能力的存在，把我們的焦點一次次轉移到自己或他人的身上，因而一再耽溺於特殊性之夢。在下文的描述中，小我最深的陰謀可謂畢露無遺：

(IX.6:1~2) **小我想盡辦法削弱心靈的力量，它故意把身心分開，目的是要毀滅心靈。而小我卻認定自己是在保護心靈。**

前文已經提過小我矢志毀滅心靈的陰謀，這個企圖自然會在心內勾起劇烈的衝突。它先利用心靈來證明「我」真的存在，再藉著投射的伎倆，把這個我打入失心狀態。就這樣，小我不只打造出分裂的個體，還能享之不盡用之不竭。小我確實一直在伺機破壞那賦予我們存在感的心靈，難怪我們心中常會有一股無名的焦慮，感到自己的生命朝不保夕。正因我們早已忘了不平安的真正起因，才讓小我的計謀屢屢得逞。

(IX.6:3) 由於小我相信心靈是極其危險的東西，唯有把它貶為「非心」之物，才有療癒的可能。

這一小段道盡了小我思想體系的本質。心靈是小我最大的隱憂，因為它有能力消滅小我，故小我的自保之道就是讓我們失心。一旦看透小我的陰謀，便明白了它所有防衛伎倆的目的，包括人間錯綜複雜的特殊關係。同時也不難領會，為何唯有聖靈的寬恕才解除得了特殊關係的恩怨，只因寬恕能把聖子領回抉擇之心，開啟療癒的真正契機。

(IX.6:4) 但心靈是不可能變成「非心」的，否則表示它能把上主的造化變成虛無。

這正是小我思想體系的內在矛盾，也是令它寢食難安的原因。它一邊企圖讓我們放棄心靈，一邊又得依靠心靈才能讓我們相信自己沒有心靈。為此，小我想盡辦法也要令我們意識不到這個矛盾窘境，才會打造出這麼一具身體，轉移焦點，讓我們在心靈之外找個東西來肯定並維繫自己的存在。由於我們根本意識不到「失心」背後的隱衷，故了解小我的整套策略是如此的關鍵、如此迫切需要耶穌再三的提醒。一路研讀至今，我們愈來愈能領略〈正文〉交響曲不厭其煩地舊調重彈的苦心了。這一層領悟令我們對狡猾的小我愈來愈不敢掉以輕心，只因小我老是千方百計讓我們渾然不覺它葫蘆裡賣的什麼藥。接下來，我們要具體談談小我如何玩弄「兵不厭詐」，又如何用分化和攻擊的戰略來武裝自己的。

分裂構成攻擊的戰場

(IX.6:5~8) **小我輕視軟弱無能，卻不斷削弱你的力量。小我追求的總是自己憎恨之物。對小我而言，這是情非得已。小我如此相信攻擊的力量，它不會不發動攻擊的。**

僅僅幾句話，便讓小我的好戰習性暴露無遺了。小我如此相信攻擊，因為它正是靠攻擊起家的；它的存在其實就是建立在「分裂那一刻，我攻擊了上主」這一信念的。接著，小我繼續向上主的天音（聖靈）發動攻擊，向祂聲明自己對救贖毫無興趣的立場，因為那會化解剛剛成形的寶貝自我。就是為了保全這個自我，小我才迫不及待地打造出失心的世界及身體，作為抵禦外侮的堡壘。因為我們已經神智失常，堅信上主必會因我們的攻擊而加以報復。最後，身體還會攻擊自己以及其他的身體，也因此更加深了小我根深柢固的脆弱感；雖然它痛恨自己的軟弱無能，卻依然忍不住打擊自己，使自己更加脆弱。由此可見，小我整個王國就是建立在分裂上頭；它歷經四次分裂，每一次分裂就代表了一次攻擊。

第一層分裂是指天人分裂。我們向上主發動了攻擊，告訴祂，祂的愛不足以滿足我們。套用哈姆雷特對他母親說的話：「金屬都比妳有吸引力。」這**小小瘋狂一念**激起兩種截然不同又無法並存的反應，即小我和聖靈。我們必須在兩者之間選擇其一；這一選擇引發了**第二層**分裂。心靈的抉擇者一分為二，形成妄念之心（即小我）以及正念之心（即聖靈）。當聖子否定聖靈的天音而與小我之音認同時，我們等於埋葬了內在的神聖導師。從此，我們只會感到妄念之心的存在，相信小我造反成功了；從此，聖子與聖靈形同天人永隔。

小我繼續警告我們，上主在心內向我們開戰了，我們得趕緊逃離，因而打造出身體，這就是**第三層**分裂，即心靈和身體的分裂。一旦與心靈一刀兩斷，我們只可能自視為一具身體，必然會設法遺忘自己的心靈源頭。根據小我的分裂法則，分裂**後**的存在狀態會覆蓋分裂**前**的存在狀態，我們就這麼遺忘了自己身體的源頭以及生命的終極源頭。與上主分裂之後，我們徹底遺忘了造物主的存在，這一遺忘令我們更加深信不疑我們是自己打造出來的。一旦認同這一妄念，等於與正念之心切斷關係，正念便遭遺忘了。同理，我們只要一與身體認同，等於與心靈一舉切斷關係，完全遺忘了心靈的存在，徹底淪為一具失心的肉體，從此，小我的原始選擇再也沒有翻盤的機會了。

落入身體層次以後，身體會本能地繼續分化下去，於是，在心靈的驅使下，身體向身體開戰了。**最後**一道分裂（也就是攻擊）又可分兩種形式，第一種就是我們覺得受到他人的攻擊而理所當然反擊回去（本章對此著墨不多，重頭戲要等第九章才會全面深入）。這類攻擊最常見於特殊關係的日常衝突中，雙方的不寬恕心態就是在重演你我身體各有不同的分裂信念。第二種分裂形式發生於身體內的戰爭——細菌、病毒攻擊我們的身體，形成了疾病。換句話說，我們終日不僅得面對人際關係的戰爭，還得應付疾病的攻擊，而我們的身體在微生物前竟然如此不堪一擊。此外，我們還得受制於自然律，承受身體老化、機能衰退的打擊。總之，我們一生都在與衰老及疾病的身體交戰，而且節節敗退，最終還是被死亡打垮。

總的來說，小我的失心大計包含了四層分裂：小我與上主的分裂，妄念與正念的分裂，身體與心靈的分裂，以及身體與身體的分裂。最後這一層分裂只是上主與小我在心靈層次的交戰投射於人間的幻影，如今活生生地出現於人際關係以及身體的疾病。下一節就會談到，疾病的真正動機就是「分裂」，一場自己打自己的戰爭。反向推衍，療癒的宗旨必是「合一」，彌合心靈與身體之間的裂痕，再次證明**觀念離不開它的源頭**，也就是說，分裂之念不曾離開它的心靈源頭。那麼，疾病只能算是心靈的一個錯誤選擇，選擇了小我分裂體系的罪咎懼而已。據此推之，看似各自獨立的身體必然具有同一目的，就像身體和心靈一樣共享同一目的。如果選擇小我，身體的目的必是發動攻擊，讓我們永遠失心下去；而且你我成了毫不相干的陌路人，戰爭勢必永無止息之日。如果選擇了聖靈，身體也只有一個共同目的，就是解除攻擊的信念，恢復心靈的覺知。這時奇蹟便能發揮大用了，因為它最能幫助我們恢復心靈的抉擇能力。究竟而言，在聖靈眼中根本就沒有戰爭那一回事，祂看到的只是一個分裂妄念；連對立的兩方祂都看不見，只會看到一個誤選了分裂的決定而已。為此，只要甘拜聖靈為師，與祂的寬恕體系認同，分裂之念便療癒了，分裂的後遺症自然也隨之消失於無形。

從身體談攻擊（疾病）與療癒的兩極關係

接下來，我們要討論「身體是交流的工具」以及「身體是手段或是目的」這兩節的內容。耶穌為我們解說身體受制於兩種聲音，它若非聽從小我的攻擊之聲，就是聆聽聖靈的療癒之音；前者以個別利益為目標，後者則是共同福祉。我們先來看看，小我是怎麼把自己的分裂之念投射到身體而構成攻擊的。

(VII.1:1~2,6~8) **攻擊一向離不開形體。當你心裡起了任何攻擊之念，表示你已把自己當作一具身體了，而這正是小我對身體的詮釋。……你若把自己視為一具身體，不可能不意志消沉的。自視如此的上主之子，不只貶低了自己，還會貶低他的弟兄。既然他只能由弟兄身上找回自己的真相，如此一來，無異於斷了自己的救恩之路。**

我們一旦相信只有攻擊才是唯一的出路，人生的焦點自然會從心靈轉移到身體；這不只否認了自己的基督自性，同時也否定了弟兄的生命實相。如此一來，我們的意志怎麼可能不消沉？然而，只要我們轉向心內的導師求助，便能立刻重燃希望。這卻成了小我最大的隱憂，故它不斷在現實生活造出種種恐懼和焦慮，逼得我們不能不和身體認同，來掩蓋心靈自知攻擊了上主那個罪惡感。這種秘而不宣的罪咎嚴實封鎖了正念心境之門，使我們與聖靈所在的救贖絕緣，切斷了真理與我們的交流管道，也一併淹沒了一直在呼喚著我們「停止攻擊，選擇寬恕」的天音：

(VII.2) 你應記得，根據聖靈的詮釋，身體只是一種交流工具。聖靈才是上主與分裂兒女之間的交流管道，祂能憑著祂的光明自性重新詮釋你妄造出來的一切。小我依賴身體進行分裂。聖靈則藉身體與人相通。你目前無法以聖靈的眼光來看待弟兄，因為你還無法把身體純粹視為結合心靈的媒介，也就是結合你我及所有的心靈。只有聖靈的詮釋足以全面改變你對身體的價值觀。身體本身其實是毫無價值的。

相同的一具身體，小我可以同時用來充當攻擊別人以及被人攻擊的工具，而聖靈的課程則教導我們收回分裂的投射，回歸心靈，重拾選擇的契機。聖子一旦回心轉意，身體便有了一個神聖的存在目的，原本代表「個別利益」的分裂象徵的它，搖身一變，成了代表「共同福祉」的合一象徵。我們無法改造陰影，卻能改變陰影的來處，只需接受聖靈的幫助，化解深埋心內的咎，不再把陰影投射於身體，便能揭開特殊性的黑紗，讓那寬恕與療癒之光立即在身體大放光明。

(VII.3) 你若把身體當作攻擊的武器，它對你就會百害而無一利。你若能把身體當作一種媒介，向其他仍然相信自己只是一

具身體的人示範，身體不是攻擊人的武器，你才可能看出自己心靈的大能。只要你把身體純粹用於此處，它就不可能淪為攻擊的武器。身體若能為合一之境效力，它便成了教導共融的美妙課程；在達到共融境界以前，身體仍有存在的價值。上主就這樣將你妄造的有限之物發揮出無限的妙用。聖靈對身體的看法與你的觀點大相逕庭，因為祂知道，「恪盡天職，完成天命」才是萬物的唯一真相。

身體本身毫無意義，只是仰賴**目的**賦予它某種存在意義。耶穌這首交響曲反覆提醒我們：那具攻擊性的身體不是問題，問題只出在心內與小我認同的抉擇者；由此可知，救恩也只可能發生在抉擇者所在的心內，在身體層次是沒有救恩可言的。上面這段引言是針對前一章的**共融**觀念所作的補充，耶穌有意修正天主教對於「與耶穌結合」的偏頗詮釋，他告訴我們，身體和身體永遠沒有共融的可能，唯有心靈能夠共融。究竟說來，心靈也沒有結合的必要，因為我們**始終**結合於上主唯一聖子的一念中。故只要悟出我們全都結合於耶穌的**心**內，便已得救了，根本無需在耶穌的形體上與他結合共融。雖說如此，我們還是有賴於耶穌這號人物，才有機會明白他的心就是我們的心。他會教導我們轉換身體的目的，沿著投射的軌跡回溯到心靈的源頭，分裂便獲得了療癒，我們也覺醒於與造物主一體的光明境界。**這**才是「共融」的真義所在。下一段一開始就為我們強調「目的」的重要性：

(VII.4) 交流乃是結束天人分裂之道。攻擊只會助長分裂。身體是美妙或醜陋，是安詳或蠻橫，是有益或有害，全憑你如何發揮作用而定。你如何看待別人的身體，就會如何看待自己的身體。你若把身體交託給聖靈，致力於聖子奧體的合一之境，你就不會被身體的形相蒙蔽，而認出它的真相。也唯有當它為真理所用時，你才可能認出它的真相。你若誤用了身體，必定也誤解了身體，因為你在誤用之際，表示你已誤解它了。你若不由聖靈的眼光去詮釋，必會誤信身體。而誤信又會勾起你的怨恨、攻擊，最後失落了平安。

這段引言再次溫習了《奇蹟課程》另一個重要觀念。由於我們與失心的身體認同得如此之深，根本意識不到心靈暗地裡所下的決定，唯有透過耶穌的眼光和叮嚀，才可能意識到自己在外界所看到的一切全都源於自己心內，就因為「投射形成知見」。只要著眼於分別相，攻擊便勢所不免，但也給了我們一個捨棄批判而選擇慧見的大好良機，隨時警覺自己又妄用了心靈的大能，選擇小我為自己的老師及親密夥伴而深受其害。我們一旦妄用心靈能力，罪咎必然升起並開始投射出去，激發一連串的仇恨、攻擊，因而失落了平安。到了這一地步，我們不可能不誤判身邊的弟兄，不是把他們投射為特殊之愛，就是特殊之恨，從此，就更難認出我們全是聖子奧體的同一心靈分裂而成的碎片。下一段繼續為我們解說自我憎恨與外在仇恨之間的關係：

(VII.5:3~4) **⋯⋯當你把弟兄視為那具外在形體，他的能力及榮耀對你而言便已經「失落」了，連你自己的能力和榮耀也會一併失落。你攻擊了他，表示你必先攻擊了自己。**

那麼，如何才能療癒？直截了當地說，我們必須了悟唯有憶起聖子奧體的一體本質，才有得救的可能。也就是說，我們得在自己、弟兄和耶穌身上，看出我們全是同一聖子奧體分裂出來的幻相，卻依然神聖。這一慧見必然衍生出療癒的正見，即在所有聖子身上看到普遍同一的本質，而且毫無任何例外。縱然每個人在外觀上有所差異，但在本質上，我們全都擁有同一個分裂心靈（內含攻擊之念以及寬恕之念），而且共享同一抉擇者。根據「投射形成知見」的道理，我們願意把別人看成有罪或無罪，直接指涉出我們內心認為自己是有罪還是無罪的。我們永遠都在面臨這種選擇：究竟要選擇分裂小我的卑微生命，還是一體基督的莊嚴偉大。下文馬上就會進入這一主題，這可說是奇蹟交響曲每一樂章共通的主旋律：

(VII.5:5~8) **為了你自己的得救，不要這樣看待他吧！他便會因你而得救。在你心中，不要給他藐視自己的機會，將他由自貶的心態中釋放出來，如此你自己才得以從中脫身。他是你的一部分，如此的神聖。你是我的一部分，也同樣的神聖。**

看，弟兄就是這麼搖身一變，成了我們的救主！若非先前誤把他的形體視為真實的他，我們哪有機會返回妄念之心而作出更好的選擇？終有一天，我們會不甘渺小，下定決心與偉大生命認同，那時，不僅自己的心靈獲得了療癒，無形中還會增強他人選擇同一正念的動力。真的，我們所作的每一個選擇，都是在為聖子奧體作的。切莫忘記，不論在真理或幻相之境，聖子都是同一心靈。我們只需懷著這一記憶，繼續跟隨耶穌的腳步，最終必會明白，他的神聖本質不只非我莫屬，而且也是整個聖子奧體所共有的生命本質。在下一段，耶穌繼續為我們解說心念和身體壁壘分明，而且兩者互不相通：

(VII.7) **聖經有言：「聖言（或思想）成了血肉之身。」嚴格地說，這是不可能的事，因這似乎將某一層次之物轉譯為另一層次之物了。表面看來，真相好似有層次之別，奇蹟也好似有了難易之分。也只有在信念的層次，思想才可能變成血肉之身，因為思想原是無形之物。然而，思想也是一種交流，身體則不失為一種交流的媒介。這種用途倒很合乎身體的本性。你若以違反本性的方式利用身體，表示你不僅忘了聖靈給它的原有目的，也搞錯了祂這課程的目標。**

第七段一開始，耶穌又修正了《聖經》的另一觀念，即〈約翰福音〉第一章的開篇名句：「道成了肉身。」（〈約翰福音〉1:14）教會經常用這句話來「證明」耶穌的神性，《奇蹟課程》卻重新詮釋：上主之子永遠不可能離開天父，因為**觀念離不開它的源頭**；這才更合乎真相。也因此，耶穌誕生為人的故事只能當作神話來欣賞，如果把細節過於當真，必會混淆了實相的本質而中了小我的計。我們已多次說過，身體純粹是心靈投射的產物，根據「觀念離不開它的源頭」的道理，身體永遠跳脫不出心靈的領域，就好像我們在夢裡所經驗到的那些人物，無論看來多麼逼真，只可能存在於夢者的心念裡。一覺醒來，夢中的虛幻人物頓時消失於無形，與夢者毫無瓜葛了。不論是白天或夢裡見到的形象，無一不是根據內心之念而呈現的象徵，若是違反本性的罪咎之念，就淪為小我的傳播工具；若是自然而發的寬恕之念，則成為聖靈的交流媒介。

(VII.14) **你是不受身體限制的，思想也不可能變成血肉之身。只要心靈不受限於身體，也不把身體視為一種限制，身體是可能成為心靈的表達工具的。每當你看到他人受身體限制，你就已經將此限制加諸自己身上了。整個學習的目標原是幫你擺脫限制，你豈會甘心繼續受限？凡是視身體為攻擊的武器且相信它能帶來快樂結局的學生，可說是愚不可及。他竟然接受一個分明與整個課程的一貫宗旨背道而馳的目標，使他更不可能把這課程當成自己的人生目標了。**

此刻，耶穌又回到了「身體和心念」的話題，再度重申：心靈和身體兩者涇渭分明，沒有藕斷絲連的關係。我們多次一再重申，身體只是心靈的一念（或目的）所投射的結果，它可能生於小我的罪咎之念，也可能出自聖靈的寬恕之念。唯有寬恕，方能解除罪咎的牢籠，恢復生命的「無限」。但我們竟然罔顧聖子的一體真相，寧可相信藉著攻擊去壓制別人，自己才能活得心安，這不是神智失常，還會是什麼！攻擊他人**等於**

攻擊自己，直接剝奪了自己的快樂權利，因為唯有與他人同心一意，才有喜悅可言。但別忘了，我們得先開除自己的小我老師，才可能受教於耶穌。他教我們以共同福祉來終結人類的分裂處境，把我們的人生目的和他的目標（當然包含了上主的目標在內）統一起來。讓我們來讀一讀他是怎麼說的：

(VII.15) **本課程的一貫目標就是喜悅，只要是一貫的，必是上主的目標。一旦你的目標統一起來，便成了祂的目標。你若認為自己干擾得了祂的目標，表示你實在需要救恩。因你已經詛咒了自己，這個詛咒絕非來自上主。因此這個詛咒不可能真實。它所帶來的表面效應也沒有一個是真實的。當你只把弟兄視為一具形體，你等於詛咒了他，因你已先詛咒了自己。然而，所有的詛咒均非真實（它絕對不是真的，因為它只是一種攻擊而已），那麼，它自然不會導致任何真實的後果。**

這個一貫而且統一的目標，即是從罪咎轉向寬恕，由個別利益轉化為共同福祉。唯有如此，我們才可能體會出，我們對上主、對自己和他人發動的攻擊真的沒有任何後遺症；外面看到的一切症狀，全都不是真的。過去的錯誤就這麼溫柔地修正過來了，罪咎的噩夢也悄悄地轉變為寬恕及療癒的美夢。我要再提醒一聲，耶穌並非要我們否認有形可見的身體，他是要我們發揮正念特有的「否認」之力──否認小我賦予身體的目的，也就是分裂及特殊性。於是，原本為了限制愛而打造的身體（T-18.VIII.1:1~4），如今變成了中性（W-294），等著我們的妄念或正念之心去賦予它意義：究竟是要定罪還是寬恕？要強化判斷還是接受慧見？要留在夢中還是覺醒於真相？

上面這段引言隱含了《奇蹟課程》最根本的不二論：凡是不出於上主的，既不可能存在，更不可能產生實質的影響。我們無需窮盡畢生之力設法從小我及其無限的化身中解脫，而只需跳出小我那套**信念**就夠了。這表示我們不再相信上主和自己可能發生分裂、罪咎及攻擊，那麼，我們與他人的分裂也就無法存在了。這也意味著小我相信的瘋狂故事，只可能發生於瘋狂的世界或夢境裡。救恩的真理其實極其單純：「凡是虛妄的就是虛妄，凡是真實的則千古不易。」（W-PII.十.1:1）只要接受這個「單純的事實」（T-26.III.4:5），我們便痊癒了。這真是天大的喜訊！

(VIII.1:1~2) **你對身體所懷的心態等於你對攻擊採取的心態。小我對萬物的定義極其幼稚，通常根據此物在它心目中的功能而定。**

凡是跟小我的身體扯上關係的，都脫離不了攻擊的企圖，因為身體本**是**攻擊之念投射出來的形相，成了天人分裂之念的化身。然而，身體在聖靈眼中的目的恰恰相反，它反映出心靈選擇了寬恕而化解所有的攻擊。

回顧一下，耶穌在整部課程不時將我們比喻為孩童或嬰兒（T-4.II.5:2~3; T-22.I.6:3~7），有時甚至暗示我們還在襁褓中（T-

19.IV. 三 .9:3;10:4）；可以說，他一次也沒有把我們視為成人。是的，不得不承認，在心靈領域裡，我們真的幼稚得很，對周遭的事物及其意義所知極其有限，與其他同齡孩子的關係（也就是特殊關係），以及對周遭事件的反應，無一不從自己的利益著眼。凡是能滿足自己特殊性的就是好的，反之，便是壞的。萬物存在的目的只有一個，就是「**對我有何好處**」，而滿足需求的一貫方式就是「先攻擊，再內疚」。實在是一針見血，道盡了愛恨交織的特殊關係。

(VIII.2:1~2) **身體所在的世界彷彿常有兩種聲音在爭奪身體的主權。在這種世界裡，身體好似能夠不斷調換它結盟的對象，這使得健康與疾病的概念具有舉足輕重的地位。**

聖靈當然不會跟小我爭鬥，但小我堅信自己在跟聖靈交戰。嚴格地說，小我根本不知道聖靈的存在，故小我其實是在跟心靈內的抉擇者交戰，因為它深恐抉擇者會捨棄自己而選擇聖靈的救贖。故說心靈的選擇能力才是小我真正的心頭大患，難怪小我會想出這麼陰狠的計謀——失心大法，造出一具身體來禁錮心靈的能力。

健康觀念唯一的意義，就在於它「修正」了疾病。《奇蹟課程》的健康和疾病觀念都跟身體無關。生病不過代表心靈選擇了小我，健康則代表心靈選擇了聖靈。當心靈把聖靈或小我的選擇投射到身體上，我們的身體便衍生了健康或疾病兩種不同的經驗。其實，兩者皆為虛幻，因為在天堂的圓滿一體之境，沒有二元對立，故也沒有選擇的必要；唯有在二元幻境內，我們才有選擇的餘地。

(VIII.3) **想要克服小我「把身體當作生存目的」的信念，對你絕非一件易事，因為這與「相信攻擊是身體存在之目的」屬於同一信念。小我非常看重生病的價值。你一旦病了，還擋得住小我認定你脆弱不堪的那個信念嗎？這是小我最有力的辯詞，因它掩藏了疾病下面的攻擊企圖。只要認清這點，而且決心抵制那個攻擊企圖，你就不會為小我的立場作假見證了。**

說到底，疾病最能把我們的焦點拉回自己的身體，故它可說是小我的殺手鐧，杜絕我們回歸心靈之路而與救恩失之交臂。確實，還有什麼能比一具奄奄一息的有病之身更能證明我們「不」可能是上主創造的百害不侵之聖子！故耶穌期待我們發揮他的寬恕精神，為聖靈的救贖作證，不再把他人對自己肉體或心理層面的傷害過於當真，而應親身示範心靈百害不侵的本質。當然，小我最痛恨的正是這類典範了，故不遺餘力地說服我們，唯有打擊自己（即疾病）或攻擊別人（即批判），我們才有得救的希望。小我就是藉著這兩種攻擊形式穩固了人間江山。

(VIII.5) **身體並沒有什麼功能可言，這話一點也不假，因為它本身不是目的。然而，小我故意把它定為你存在的目的，如此才能掩藏身體的真正功能。小我所做的每一件事都暗藏這個企圖。它唯一的目標就是讓你忘卻萬物原有的功能。「有病的身**

體」這句話大有問題。它之所以沒道理，只因疾病不是身體原有的功能。除非小我的身體觀所根據的兩個基本前提是顛撲不破的真理，疾病才可能成為天經地義的事；那兩個前提即是：「身體是為了攻擊而存在」以及「你是一具身體」。你若否認了這兩個前提，疾病根本是不可思議的事。

這一段又為我們重述一遍小我的策略，就是令上主之子陷於「失心」狀態，若非利用疾病來打擊自己，就是透過憤怒來攻擊別人，一生的目光都離不開身體。身體純粹是小我為了保全自己而投射出來的，我們與這具脆弱肉體認同愈強，就愈加意識不到自知有罪的心靈。難怪小我最愛提醒我們：「身體病了，需要療癒；身體發動攻擊了，需要寬恕。」目的就是阻撓正念之心的運作，遮蔽疾病及創傷的真正起因——抉擇之心，這才是真正有待療癒及寬恕的對象。接下來，耶穌告訴我們疾病背後真正的動機：

(VIII.6:1~3) **疾病不過想要證明：你是可能受傷害的。它見證了你的脆弱、易受傷害，而且亟需外來的指引。小我以此作為你亟待它指引的有力說詞。**

小我就是這樣為我們設下了圈套。它使出一貫伎倆，扭曲真相來矇騙我們，若想逃避上主可怕的怒火，唯有一途，就是棄心而去，和它聯手打造身體作為庇身之所。我們竟然也相信了小我之言，甘心把自己囚禁在一具身體內，飽受疾病及死亡的折磨。繼而，我們又故意遺忘這具身體是自心的選擇。從此再也無路可退，只好努力適應這個動輒得咎的生存處境。我們為了保護這具脆弱的身體，以及應對最終難免一死的命運，就不能不仰賴別人。不消說，小我立即就發動「特殊性」前來拯救，難怪我們天生就懂得如何操控他人或他物，因為我們需要他們的保護，才能免於饑渴、恐懼、焦慮之苦，尤其是孤獨。

我們死心塌地聽信小我的指點，根本意識不到它居心叵測，縱然它給的錦囊妙計常令我們的處境雪上加霜，我們卻仍九死不悔地向它求助。直到有一天，我們突然領悟自己求錯了人，才會從心底喊出「一定另有出路才對」。但小我絕不允許此事發生，故搬出它的看家本領（即壓抑或遺忘），讓我們乾脆忘記過去因為聽信了小我而棲身於肉體這個愚不可及的選擇。不僅如此，更糟的是，「我還有選擇餘地」這個概念從此失去了意義。最後只能把小我當作唯一的知己，也只能日復一日地回頭找它來幫助我們解決身體的難題。可還記得，前文提過「分裂的兩重後果」：我們會忘記分裂**前**的境界，只記得分裂**後**的狀態。為此之故，我們必須牢牢記住這一點，才有機會看破小我的「失憶症」，而不致落入「選擇性覺知」的陷阱；也才可能「設法忘卻過去的記憶，憶起最初故意遺忘的真相」（T-5.II.6:1;T-7.II.6）。至此，我們才算作了一個真正有意義的選擇，誠心誠意接受聖靈的指引。

(VIII.6:4) **它〔小我〕不容分說地為你開出一串處方，幫你預防所有的厄運。**

無可否認，我們的人生確實厄運連連，而小我所開的每一道處方，都只會令我們的處境每況愈下。打個比方，我們的身體有時不能不服藥，後來發現那藥會引發副作用，必須配上其他藥物來對治，但那些藥物也可能置我們於死地。這正是小我最擅長的手法，它告訴我們只有特殊性才救得了自己，讓我們不敢不乖乖就範。其實，我們從小就明白這一招毫不管用，只因特殊性的甜頭根本就撐不了多久，然而我們依舊緊抓著特殊性不放，眼看著問題愈來愈嚴重，仍不能不指望它前來相救。可想而知，這種惡性循環一定會讓我們深陷於焦慮、內疚及痛苦而無法自拔。由於我們不認識另一位嚮導，只好不斷回頭求助小我，繼續使出特殊性的伎倆，投射出更多的形體，發動更多的攻擊，自然也只會在世上愈陷愈深，終究回天乏術。

(VIII.6:5~6) **聖靈把這一切清清楚楚地看在眼裡，卻懶得分析其中原委。因為蒐集的數據或資料本身若毫無意義，豈能分析出什麼結果？**

這兩句話說的正是奇蹟第一原則「奇蹟沒有難易之分」。我們無需去分析問題的細節，因為所有的問題都是同一回事。問題從來不在身體或世界的層次，純粹因為心靈作錯了選擇而已。聖靈眼中也只有這一個錯誤，為此，祂不會跳入問題的細節，也不會針對具體問題出手相助，祂只會利用種種問題的外在**形式**為我們點出同一**內涵**——我們又選擇了罪咎。只要我們的眼光一掉入問題的枝節，當下覺知便會被蒙蔽，再也意識不到問題及解答的單純性，使得心靈難以發揮重新選擇的能力。

(VIII.6:7~8) **真理的任務只是蒐集真實的資料。不論你用何種方法來處理錯誤的資料，又會得到什麼結論？**

這是真的，盯著某個問題反覆來回分析，不會有什麼結果的，因為只要落入小我體系內，沒有一個解決方案是行得通的。當然，耶穌並不否認人間某些方法可能會有一時之效，但他要我們明白，一旦習慣依賴小我的特殊性來解決問題，長此以往，我們就得為自己的愚昧付出沉重的代價，使得幻相愈演愈真，真相卻愈看愈假；那麼，以後的日子還可能好過嗎？

(VIII.6:9) **只不過，結論顯得愈複雜，使人愈難認清其實根本就沒有這一回事；你無需一一查證那些前提所導致的結論，照樣能對它們作出正確的評估。**

請留意，這個核心觀念會不斷在奇蹟交響曲中重現的。我們真的沒有必要去鑽牛角尖，比如盯著一個人際問題，硬要揪出哪裡出了差錯，那只會是一條死胡同，永遠繞不出名堂的。我並不是說釐清問題毫無用處，只不過，它的效用充其量只能幫助我們明白，不論分析得多麼精準，對問題的解決仍然無濟於事；而我們明知於事無補，卻還鍥而不捨地追究細節，真是何苦來哉！不論什麼關係，只可能犯了同一錯誤，就是選擇以小我為師；說得更確切一點，便是著眼於個別的利益（疾病）而罔顧彼此的共同福祉（療癒）。我們都知道，所謂共同福祉，絕不是跟這人結盟來抵制那人，真正的共同福祉必是共享的，包括**所有的人，任何時候，任何場合**。若非如此，就等於宣揚「幻相有程度之分」，這正是小我最具殺傷力的第一條無明法則（T-23.II.2），到現在，我們對它早已不陌生了。

(VIII.7:1~3) **學習工具不能充當老師。它無法教你如何感覺。你連自己有什麼感覺都說不清，因為你已被小我混淆了眼目，因而相信這個學習工具能夠告訴你，你究竟有什麼感覺。**

身體原本只是供心靈學習的一個工具而已，我們卻如此看重它，任它百般操控自己的感覺，把生理感受與心理情緒視為天大的事，而不自覺那只是分裂之念在作祟，只因問題始終離不開分裂的心靈。毫無例外的，任何痛苦感受均出於同一罪咎之心，而唯有救贖之念方能帶來真正的喜悅，因為它涵括了**所有的人**。我們的感覺不論透過多少形式呈現，它們的源頭始終不離聖子的抉擇之心。

(VIII.7:4) **疾病只是另一個例證，顯示你死心塌地向一位不明就裡的老師求教。**

當心靈認同了小我，而且凡事言聽計從，相信罪咎才能解救自己，這就是真正的疾病！生理症狀只不過是它投射在身體的一道陰影而已；真相是，心內的罪咎以及身體的症狀兩者代表了心靈與疾病認同的雙重決定，雙管齊下，硬是把心內的導師及智慧推出了心外。正念之心以及抉擇者就這麼被罪咎和身體埋葬了。

(VIII.7:5~7) **小我不可能知道你的感覺的。當我說，小我一無所知；關於小我，只有這一說法是千真萬確的。再沿用一下三段論證的推理：如果只有真知才有生命，而小我沒有真知，那麼小我便沒有生命。**

這幾句話，說得多麼語重心長，但小我絕不容許我們真正去了解的。大多數奇蹟學員讀到這類說法時，眼睛盯著文字表面，腦子往往一片空白，最多只會說：「喔，但願如此！」卻未能體會耶穌這番懇切的心意，他要我們徹底明白，我們為了保住虛假的生命，防止自己憶起心靈的力量而覺醒於自性，才會屢屢拜在小我的門下。

(VIII.9:1~4) **聖靈會教你如何把身體純粹用在你與弟兄的連結上，如此，祂才能透過你來傳播祂的信息。這不只會療癒他們，同時也會療癒你。任何一物只要按照聖靈心目中的任務而發揮其用，是不可能生病的。違反這一原則，才會引發疾病。**

如今，「合一」成了我們的人生目標，不再為分裂效力，我們的特殊關係也自然不會定人之罪，而會開始珍惜這個機緣，學習認出你我並非兩個不同的個體生命。如此一來，即便是人間最尋常的關係，也一樣能夠成為人生教室，一樣能啟發我們：儘管各自活在不同的身體內，我們的心靈卻是為同一目標而活。即使一具病懨懨的身體或一段不健康的關係，都可能將我們領回那有病的抉擇之心那兒。從此，人生每個際遇都具有一個相同的目的，就是喚醒心靈的覺知。然則，如何才能顯示我們真的活在覺知之中？答案很明顯，就是開始願意選擇救贖而不著眼於分裂，選擇共同福祉而放下個別利益，選擇療癒來取代疾病。

(VIII.9:5~7) **不要讓身體成為反映心靈分裂的一面鏡子。也不要讓它成為你卑微無能的標誌。更不要讓它成為你攻擊心態的倒影。**

耶穌這首交響曲一開始便為我們詮釋了，身體層次只是反映心靈的決定，並且叮囑我們特別留意心靈和身體的因果關係，切莫陷於層次混淆。身體原本只是象徵心靈選擇了分裂、罪咎和攻擊的結果；知見一旦改變，身體的象徵便會隨之改變，開始反映出療癒的心靈，因為它選擇了救贖、寬恕與平安，滿心喜悅地接受莊嚴偉大的基督自性，取代了渺小卑微的小我。

(VIII.9:8~10) **只要你肯接受聖靈的詮釋，不難看出健康其實是萬物的自然狀態；萬物在聖靈眼中絲毫不具攻擊性。只要你不再無情地利用身體，你不可能不健康的。只要你接受了那位深知生命真相且為生命發言的聖師的指引，健康不過象徵著正確的人生觀已然在你心中生根發芽而已。**

至此，我們已充分明白，疾病不過代表了妄心選擇了認同小我，並且以罪咎和攻擊作為此生目標；反之，健康則代表我們認同聖靈的目標，修正了妄心的錯誤選擇，因而看清了世界不過代表我們選擇了小我而已。是的，唯獨這一領悟，方能將我們帶回心靈那兒；也唯獨進入心內，我們才有機會選擇真正的導師而得到療癒。當然，心靈的轉變未必會改變身體的狀態，因為身體與真正的健康是兩回事；心靈的平安才是催促我們學習《課程》的真正動機，也是唯一的目標（T-8.I.1:1~2;T-24.in.l:1）。總之，唯有選擇聖靈這個決定，方能將我們從死亡的邊緣拉回，邁向天堂的永生之門。

(IV.4:l~7) **你難道看不出世界和你一樣需要平安？你難道不願把自己想要的平安分享給世界？除非你給出去，否則你不可能得到。你若想由我這兒獲得，便必須先給出去。療癒無法來自他人，你只能從自己內在接受指引。而且必須全心渴望那一指引才行，否則它對你就顯不出任何意義。**

確實如此，如果我們真心想獲得耶穌的療癒，就必須真誠地和所有人分享他的平安才行，否則，只會是徒具形式的祈禱，骨子裡其實在強化分裂，而且還會如願以償地陷於小我的罪咎、恐懼、煩惱之苦。此刻，我們好似聽到奇蹟交響曲的主旋律再度響起：別再聽信小我的指引了，重新選擇，和耶穌一起踏上寬恕的旅途，快快樂樂地回家吧！

(IV.4:8) **為此之故，療癒原是一趟「聯袂探險」的旅程。**

耶穌之所以說療癒本身即是一趟「聯袂探險」的旅程，因為疾病的症狀必然就是分裂，故也絕不可能與人聯袂而行；那麼，若想療癒，必得認出你我不僅不是兩個對立的生命，而是結合在同一人生目標之下的弟兄。可還記得，耶穌在第四章便已說過，「救恩原是一趟『聯袂探險』的旅程。」（T-4.VI.8:2）這一聯袂關係包含了兩層意義，先是與耶穌攜手合作，接受他的寬恕教誨；接著，便自然延伸為與弟兄攜手合作的關係。到了〈正文〉第二十章又把這關係描繪為：「進入和平方舟的，都是成雙成對的。」（T-20.IV.6:5）簡單明白的一句話，就推翻了小我「非此即彼，勢不兩立」的生存原則，恢復了上主唯一聖子本有的一體生命。

(IV.4:9~11) **我會告訴你該做什麼，可是你必須跟我配合，並且相信我知道你該做什麼。唯有如此，你的心靈才可能作出「跟隨我」的選擇。缺了這個抉擇，你是不可能療癒的，因為你一定會抵制療癒；這等於抵制我為你作的決定，使得療癒不得其門而入。**

請注意，這可不是僅僅照本宣科地遵循耶穌的指引而已，最重要的，我們必須全盤而徹底地接受他整套思想體系才行。切莫忘記，我們說的純然針對心念的層次，因為小我的罪咎或聖靈的寬恕，全都不離一念。心靈若不能真心跟隨耶穌的教誨，療癒的過程必定十分險阻，因為選擇小我等於是選擇了疾病。我必須再提醒一次，我們所談的與行為無關，端視心靈是否甘願以寬恕來療癒特殊性與疾病而定。這和決心追隨耶穌而從小我死亡之夢覺醒，根本就是同一個選擇。

(IV.5:1) **療癒不過反映了我們的共同願力。**

這部課程再三提醒我們，療癒和身體或行為無關，它只是修正了心靈一度想要分裂的那個決定而已。如今，心靈終於回心轉意，決心和耶穌與弟兄結合，這種合一心境自然會化解小我一直想跟聖愛決裂的分裂信念。我們繼續讀下去：

(IV.5:2~5) **這是理所當然的，只要你深思一下療癒的宗旨。療癒乃是克服分裂之途。唯有合一方能克服分裂。分裂是無法克服分裂的。**

「目的」的主題再度出現了。確切而言，療癒的目的所在，絕非要讓身體舒服一點或世界和平一點，它只是克服分裂信念的一個工具而已。因為分裂信念本身一無所能，它不過是仗恃抉擇者之力。故抉擇之心一旦學會與人分享寬恕的目的，它就痊癒了。重獲基督慧見的心靈，自然能在唯一聖子百千萬破碎的化身當中，看到他們共有的同一生命本質。

(IV.5:6~8) **合一的決心不能模稜兩可，否則心靈便會分崩離析而失其完整性。你當前的處境是出自你的選擇，靠的就是心靈的決定能力。你能把這能力用在分裂或合一上，因而經驗到痛苦或喜悅的不同結果。**

這幾句話再度為我們點明，療癒是靠心靈所選擇的**內涵**——它究竟選擇了疾病還是健康？分化還是合一？痛苦還是喜悅？在小我的分裂夢境裡，心靈所剩下的唯一能力也僅僅是這個選擇。

(IV.5:9~14) **我的決定無法壓過你的決定，因為你我的決定都同樣強而有力。若非如此，上主兒女之間便沒有平等可言了。透過我們的聯合決定，沒有做不到的事；單靠我的決定，對你並沒有什麼幫助。你的意志與我的意志一樣自由，連上主都不會違逆你的意志。非上主所願之事，我是無法一廂情願的。我只能給你我的力量，使你的意志所向無敵，但我無法推翻你的決定，否則就等於與你的意志較勁，這會冒犯上主對你的旨意。**

〈正文〉第一章即已明白點出，我們的心靈力量和耶穌的相比，絲毫不遜色，唯一不同之處，就看我們在時空世界賦予心靈什麼目的了。我們的長兄始終耐心地等候著我們有朝一日能和他一般堅定不移地選擇聖靈，但因他無法替我們選擇，或使我們得救，這和基督教「代理式」的救贖概念（就是耶穌犧牲自己的生命為我們贖罪）大異其趣。更重要的，每當我們感到耶穌好似開始施壓，要求我們作犧牲時，必須警覺那是小我的呼喚，它又存心削弱心靈的選擇力量了。縱然小我要我們做的事，外表看來好似合乎正見，但在內涵層次往往未必如此。請記得，耶穌真正的目標始終在於幫助我們意識到自己的心靈是有選擇的，故他最多只能**溫言軟語**地相勸。我們一旦憶起自己的選擇能力，必會像他一樣尊重每個心靈的決定；同時，自己也會勇敢面對過去的致命錯誤，因而滿心歡喜地重新選擇與他同行。

下文又把我們帶回「身體什麼也不是」的主題：

(VII.13:4~6) **因此，健康不過是指你的生命終於恢復了一貫的目標而已。身體唯有致力於心靈的目標，才可能恢復完整，因為心靈只有一個目標。攻擊只可能是身體假造的目的，因為身體一旦與心靈分離，便已失落了存在的目的。**

所謂身體「恢復完整」，並不是因為生理機能改善了，而是因為心靈改變了身體的功能。如今，身體只朝向合一的目標，為憶起那同一個生命而努力，它再也不甘助紂為虐，充當攻擊及分裂的見證了。總之，我們需要牢記於心，疾病或健康的準則，和「症狀消失與否」根本是兩回事。更進一步說，身體種種毛病唯一的作用，就是讓我們提高警覺，不時把焦點拉回心靈，只因所有問題的起因及療癒之道全都繫乎於此。

(IX.1:5~7) **每當小我誘使你生病之際，不要祈求聖靈治療你的身體，否則，表示你已接受了小我的信念，認為身體才是有待療癒的對象。你應祈求聖靈傳授給你有關身體的正確知見，因為只有知見才有扭曲的可能。也只有知見能夠生病，因為只有知見會犯錯。**

請看，耶穌如此直白地告誡我們，切莫祈求聖靈來療癒身體，因為身體從來就不是問題的癥結。他反而質問我們：「何苦浪費精力去療癒一個徹頭徹尾虛無之物？這具身體只是心靈罪咎之念投射的一道陰影而已。」然而，對於相信自己仍活在世上的我們而言，倘若身體尚有一絲價值，無非就是它會把我們推到正確的方向——心靈那兒。小我深恐我們識破身體的虛無本質，必會先下手為強，把身體變成一個狀況頻頻的問題，不斷慫恿我們去祈求那位導師兼治療師，快快來幫忙治療這具身體。就這樣，我們的心思完全聚焦在身體，便失去機會去面對真正的心病，更無緣解除心靈的妄見了。

(IX.3:2) **各種疾病，甚至死亡，其實都是害怕覺醒的具體信號。**

只要我們真心願意聆聽聖靈，選擇祂的救贖，遲早會從特殊性和死亡之夢甦醒，而聽到「原來我們從未離家一步」這個天大喜訊的。那時，我們才會深刻體會到，原來疾病在小我「失心之夢」的陰謀中扮演那麼關鍵的角色，一具脆弱的身體頃刻就能讓心靈全盤繳械；心靈使不出選擇能力，自然沒有覺醒的可能，只好在苦海中永世輪迴下去了。

(IX.3:3~4) **由於害怕覺醒，小我〔種種病症〕不能不讓你睡得更沉。這是何等可悲的事，這好比為了不想看到而不惜破壞自己的視力一樣。**

所謂的「視力」，其實也要依靠心靈才能發揮作用。但我們一與小我認同，心靈便好似武功盡廢，識趣地讓位隱退。於是，小我另行打造出眼睛、耳朵、大腦這些官能作為補償，讓我們去看，去聽，**自以為**了解一切。正是這些官能把我們的覺知吸引到心靈外的紛紜萬象上頭，再也意識不到慧見所在的正念心境。由此可知，世間種種的療癒秘法，容或在某些靈修學派扮演重要角色，但跟《課程》的療癒不只扯不上關係，還會讓奇蹟學員偏離正軌。因為它們助長了小我失心大計，阻撓了耶穌想要恢復心靈覺知的初衷。總之，對聖靈而言，身體與疾病只可能發揮一個目的，就是提醒我們：心靈生病了，因為抉擇者病了。

(IX.5) 療癒能消除人對覺醒的恐懼，並且以覺醒的決心取而代之。覺醒的決心反映出愛的願力，因為任何療癒說穿了，就是以愛取代恐懼的過程。聖靈不可能幫你區分錯誤的大小輕重，如果祂告訴你「這病比那病更嚴重」，這無異於說「某種錯誤比另一錯誤更真實」。祂的唯一任務就是教你分辨真假虛實，如何以真實取代虛假之物。

這一段話又把我們領回耳熟能詳的奇蹟名句「**療癒沒有難易之分**」（只是換了一個主詞）。聖靈從不著眼於癌症、愛滋病、心臟病，乃至腳趾小傷；祂眼中只有一個疾病，就是心靈企圖抵制寬恕而選擇罪咎，如此而已。我們若祈求聖靈解決現實問題，無異於存心把祂變成心目中那個可怕的神明。試問，聖靈豈會看到根本不存在之物？在祂眼中，錯誤根本沒有大小輕重之分。我們只犯了一個錯誤，就是誤與小我的恐懼認同了。也因此，修正方式也只有一個，就是選擇與聖靈之愛認同。這正是〈練習手冊〉說的「一個問題，一種解決」之深意（W-80.1:5）。為此，《奇蹟課程》的療癒，完全是藉由心靈的

「眼力」越過攻擊性的身體以及分裂的小我，從而直觀真理之境，一舉解除小我的攻擊和分裂信念，令它的失心大計徹底崩盤。由此可知，只要與人分享聖靈這種正知見，我們的心靈便能頓時清明無比，欣然目睹聖子的真實面目：他們全都擁有同一分裂的心靈，也同樣擁有永恆的一體生命——基督天心。

寬 恕

現在，我們要進入本章第三節「神聖的會晤」，它的核心旨意其實就是寬恕，只是沒有直接使用「寬恕」一詞而已。前面說過，在天堂的一體境界，既無分離的個體，自然也無寬恕可言；但在分裂之境，寬恕卻有舉足輕重的作用——唯獨它能夠化解得了分裂的信念，並且讓我們看到，我們在人間只有一個目的，就是反映出我們內在共有聖子的一體生命。即便我們不自覺地彼此投射潛意識的罪咎時，也無一不是學習「另一種」交流方式的契機。終有一天，我們會領悟出：原來我們全都同樣的神智失常！唯有學習放掉小我的「**非此即彼**」原則，不再分別誰是受害者，誰是加害者，我們方能接受耶穌的**共生或共滅**的修正原則。

(III.4) **不論你遇到什麼人，應牢牢記得這一會晤的神聖性。你如何看他，你就會如何看自己。你如何待他，你就會如何待自**

己。你如何想他，你就會如何想自己。千萬不要忘了這一點，因為在他身上，你若不是找到自己，就是失落自己。每當兩位上主兒女萍水相逢之際，就是天降救恩之刻。不要錯過這個給予對方救恩和親自領受救恩的機會。因為我會與你同在，為你憶起你的真相。

的確如此，我們如何看待他人，就會如何看待自己。說到底，人類的目光絕不可能「客觀」，為此，我們與他人的每一個互動恰恰反照出自己潛意識的決定。然而，若非徹底了解《奇蹟課程》的兩大核心理念——「觀念離不開它的源頭」以及「投射形成知見」，我們是不可能真正明白上面那段引言的深意的。也就是說，我們存心隱藏在內而投射於人的罪咎之**念**，始終沒離開過自己的心靈源頭；但因我們將它**投射**出去了，自然只會在弟兄身上**看到**罪的蹤跡，因之更加相信小我所言不虛——觀念**確實**離開了它的源頭。為此之故，向耶穌求助的真正含意乃是：決心轉換目光，不再向外到處追拿凶手了；那樣的時候，自會想起一切都是自己的投射，因而看清了自己為別人所定之罪（我是指**內涵**層次，而非**外在**的罪行），其實莫不源於自己，而且始終藏在心內（W-134.9）。唯有把目光轉向心內，才可能重新選擇，於是，過去因認同小我罪咎體系而「失落」的正念之心，終於失而復得了。純潔無罪的我與弟兄始終都是一體不分的，因為不論在真相或幻境層次，上主只有一個聖子。耶穌無疑便是那個正念之心的象徵，我們唯有靠他臨在我們心內的愛，方能喚起「自己的本質就是愛」這個記憶。因此，憶起心內的耶穌本身必有救恩的作用，因為它會讓我們更快想起自己的聖子身分是具有抉擇能力的；所以才說，憶起耶穌成了「選擇救恩」的先決條件。

(III.5:1~5) **不論你選擇什麼老師，課程的目標不外乎「知道自己的真相」。除此之外，沒有什麼值得追尋。每個人都在尋找自己，想找回他以為失落的能力及榮耀。每次你與人邂逅，都是讓你重新找回能力與榮耀的機會。你的能力與榮耀都在對方的心內，因為它們非你莫屬。**

唯有耶穌的慧見，能幫助我們藉著人際關係拾回自以為失落的能力及榮耀。我們之所以感受不到那個天恩，只因我們認定那是因為別人竊取了這寶貝，故要理直氣壯地搶奪回來，如此，勢必造成人我對立及利益衝突的分裂狀況，再次鞏固了非此即彼的小我原則。雖說我們好似十分渴望基督自性的純潔無罪，內心其實卻深信自己不配擁有那個天恩；小我必會因之全面防堵療癒的管道，讓我們看不到人人皆有而且絕無例外的生命光輝。然則，這也正意味著沒有人可能盜走這個神聖生命，如此一來，所有的失落、罪過，甚至小我，全都頓失立足之地，我們就不藥而癒了。是的，只要我們接納了這個喜訊，自性的記憶便會溫柔地浮現，不平安的心靈就這麼安下來了。

(III.5:6~10) **小我一直想由你身上尋回它們，因為小我根本不知該從何處下手才是。聖靈則會告訴你，你若只往自己身上找，絕不會找到自己的，因為真實的你根本不在那兒。唯有與你弟**

兄同在之際，你才可能明白自己的真相，因為你在教他你的真相。他的回應不是痛苦就是喜悅，全看你想尊誰為師。他不是被你囚禁就是被你釋放，全取決於你的決定；而你也難逃同一命運。

小我其實很清楚該往哪兒看，故意將我們的焦點轉向身體與世界，離開心靈愈遠愈好，讓我們意識不到自己和弟兄此生的同一目的，而與救恩徹底絕緣了。

我們在第七章已經領受聖靈教導我們如何分辨痛苦與喜樂之別（T-7.X），在此，耶穌又藉著「神聖的會晤」，教導我們分辨囚禁與自由之別（下文還會詳述）。簡而言之，心靈若想自由，就必須認出你我的同一性；反之，只要一著眼於一己的利益，便會生出被人禁錮的感覺。但小我卻告訴我們，我們如此受制於人而且那麼不快樂，都是別人害的。其實，這種被囚禁的感覺與他人的所作所為根本無關，完全出於自己**內心的選擇**。再說一遍，若想活得自在，必須學習把他人視為弟兄，才會明白不論在基督內或小我內，我們都是同一生命。由是，心靈也會隨之茅塞頓開：原來，囚禁之感是起於分裂之苦。分裂一旦療癒，必會油然生出自由的喜悅。說真的，我們無法為任何人作選擇，然而，我們自己究竟要為小我或聖靈撐腰，這個決定勢必直接影響到所有人的選擇。不僅如此，根據**投射形成知見**的原理，只要著眼於分裂之苦，自己內心的咎必會把別人視為有罪之人，並且相信他們活得跟自己一樣悽慘不堪。由此可知，不論我們選擇哪一套思想體系，其實就是在示範以及學習那一套思維方式。下一節繼續探討教與學的關係，為〈正文〉即將正式推出的寬恕理念鋪路。

教與學

「尊誰為師」這一主題，我們已經從不同的角度多番探討過了。雖然我們無法掌控自己「隨時都在學也隨時都在教」這個事實，但是，到底要向誰學習？要教人分裂還是合一？這個選擇始終操之於自己。這一節，我會用幾段引言來重申這一觀念：在小我和聖靈之間，我們究竟要尊誰為師以及承受何種後果，其實是有選擇的。

(I.4) 你過去的經驗必然教了你不少錯誤，只因它不曾給你真正的快樂。僅憑這一點，你就應該質疑它那些經驗的價值。如果學習是為了改變（這是學習的一貫目標），那麼你是否滿意過去的學習經驗所帶給你的改變？學習成效如果差強人意，表示你的學習失敗，你並沒有獲得自己想要的結果。

各位可還記得，耶穌經常用「利己」為誘餌，鼓勵我們跟他學習。畢竟說來，我們學習這部課程不是因為它多麼神聖、美妙、真實，或是出自耶穌的旨意，而純粹因為那會讓我們的日子好過一點而已。正因如此，我們會經常聽到耶穌反覆提醒，拜小我為師只會令我們活得很不快樂；倘若拜他為師，那種幸福不只超乎想像，還會帶來意想不到的喜悅。

(VII.8:1~2) **最使學徒飽受挫折的，莫過於一個令人無從學起的課程。這必會使他感到一無是處而意志消沉。**

這是每個孩童都會有的經歷，比如說，當他們不知道自己有學習障礙，眼見別人學得輕鬆愉快，自己卻老是學不會，那種時候，他一定會感到一無是處而意志消沉。這正是所有人的寫照，因為我們全都有學習障礙，故常有「想學而學不成」的沮喪。這時小我便會慫恿我們：「還是跟我學吧！我的『特殊性指南』會讓你快活一點。」我們就這樣中計而聽從了它的教誨，結果卻一敗塗地。眼看著一個關係接著一個關係破裂，一個工作比一個工作更難忍受，我們怎麼可能不沮喪！放眼四望，人間竟然沒有一物能滿足我們，也沒有一事能讓自己心安。所幸，這個問題並不難修正，因為我們僅僅是拜錯了師門而已。只不過，自從我們決心踏入這個瘋狂世界，真正的老師只能退居一旁，耐心地等候我們回心轉意。

(VII.8:3~4) **世上沒有比一個想學而學不成的課程更令人沮喪的事了。事實上，這就是世界如此令人消沉喪志的根本原因。**

世間真的是令人灰心喪志之地，因為沒有一物不辜負我們的期待。不幸的是，我們仍不死心，無論是個人或集體，都一再前仆後繼，卻不願面對「世界存在的目的就是要搞砸的」這個事實。我們不斷捲土重來，再次期待、祈禱或夢想「這一回會有所不同」。其結果，每次都重蹈覆轍，因為小我打造世界的目的，就是要鞏固分裂與罪咎以及怪罪別人這種惡性循環。這也正是何以然耶穌要想盡辦法，讓我們看清世界的慘狀以及背後的原因，目的就是希望我們能夠鼓起勇氣，接受他的「另一條路」。

(VII.8:5~6) **聖靈的課程絕不會讓人消沉，因祂的課程充滿喜悅。當學習令你沮喪之時，表示你已偏離了課程的真正宗旨。**

說穿了，小我的目的就是讓我們活得很不快樂，繼而責怪身邊所有的人，但它刻意隱瞞了這個陰謀；為此，耶穌送來這一部課程，用意就是揭發小我的陰謀。因此，只要透過耶穌的慧眼，不難明白我們學習寬恕學得如此沮喪消沉而嘗不到救恩的喜悅，正是小我防止我們選擇救贖的伎倆。相反的，喜悅是聖靈課程所致力的目標，我們卻一直置若罔聞，難怪耶穌會反問我們：「小我讓你一生學得如此灰心喪志，為何還要繼續選擇這種老師呢？」

(II.2:1~5) **你還有什麼理由去選擇這種老師？徹底否認小我所教的課程，不是更合理的選擇嗎？上主之子若想找回自己，豈能向這種老師請教？小我從未合理地解答過你的問題。就憑你自己由它那兒學來的經驗，難道還不足以撤銷它充當你未來老師的資格？**

對正念之心而言，上述這一番道理是不說自明的。不幸的是，我們已經落入妄念之中了。我們心裡雖然十分憎厭小我的罪咎及痛苦的處境，但下意識裡卻深受它的吸引。小我為了繼續囚禁我們，鍥而不捨地說服抉擇者：「唯有追隨分裂及特殊性的思想體系，我們此生才有意義與希望；而聖靈的寬恕只會害我們淪於萬劫不復。」難怪耶穌的語氣如此懇切，因他希望我們看清楚，繼續跟隨這種老師廝混下去，是何等的瘋狂！他接著說：

(II.3) 只要你的意志保持自由，小我便無法傳授你任何東西，因為你不會聽信它的。受困的不可能是你的意志，因為你的意志是自由的。為此之故，小我本身即是對自由意志的一種否認。上主從不威脅利誘你，因為祂與你共享同一旨意。祂的天音只會教你與祂旨意一致的事，不是因為那是聖靈的課程，而是因為那是你的天性。聖靈只會這樣教你：你的意志與上主的旨意是不可能牴觸的，因為它們原是一個。這一招便足以瓦解小我企圖傳授你的那一套了。此後，不只課程的方向不會自相矛盾，連它所教的內容也會前後一致了。

小我先否定心靈的選擇能力，藉此也否定了自由意志的存在，然後，它又設法把上主和聖靈拉入人間夢境，按照自己的特殊形象，將祂們打造成小我的神明，於是上主和聖靈都成了喜歡操控、酷愛懲罰的嚴厲神明。然而，聖靈的課程其實單純至極：分裂只是幻相，一體才是真相。但請記住，這番話是針對心靈而說的，目的是要喚醒抉擇之心，意識到真正的問題始終在心內而非世界，選擇上主旨意、放下小我妄想的自由也始終在我們心內。只需領悟這一點，真理和幻相之間的矛盾必會應聲而解，這部課程和心靈的內涵於焉匯合為一個目標：從夢中覺醒，回歸我們從未離開過的家園。

(II.4:1~3) **小我企圖教你，是你自己想要與上主旨意作對的。這種違反天性的課程，你是學不來的，「蓄意去學」這一企圖本身便已侵犯了你的自由，使你開始害怕自己的意志，因為意志天生就是自由的。聖靈絕不會讓上主之子的意志受到任何禁錮，因祂深知上主之子的意志即是天父的旨意。**

小我深恐我們選擇真相而脫離它的掌控，為了防止這註定的結局，它牢牢地將我們囚禁在「罪咎—投射—特殊的愛—特殊的恨」這套思想體系下。然而終有一天，我們必會識破「批判能帶來和平」那種信念的荒謬，而寧可選擇救贖體系的幸福和自由。

(I.5:1~5) **救贖的課程與你自己設定的課程恰好相反，它們產生的結果自然截然不同。如果你自己學來的那一套令你如此不快樂，而你又想要得到不同結果的話，你顯然需要改換課程。改變的第一步乃是轉變方向。任何課程若有真實效用，它的內涵必然前後一致。一個課程若出自兩位理念相反的老師，這課程怎麼整合得起來？**

顯然的，我們不可能**同時**拜耶穌和小我為師，因為他們代表兩套互不相容的思想體系。然而，小我十分狡猾，它把形式和內涵以及因和果混為一談，教我們在世界裡大玩層次混淆的把戲。為此之故，耶穌才會特別叮嚀我們，切莫同時踏上兩條截然相反的路，他的用意不外乎：「不要叫我幫你解決世間的問題，我愛莫能助。」小我世界裡的耶穌卻要我們相信他真有此能耐，教我們如何改變**形式**而忽略**內涵**。《奇蹟課程》的耶穌則說得明明白白，他的思想體系和小我勢不兩立，我們**不可能**腳踏兩條船的。可以說，這是「非此即彼」原則在正念心境的用法。

我們都知道，小我最怕我們牽起耶穌的手而向他請益就教，只因這麼一來，小我和它那套仇恨與分裂的思想體系便難以立足了。為此，小我不懷好意地把耶穌請進了**它的**思想體系——基督教和許多傳統宗教就是這麼看待它們的靈性導師的，許多奇蹟學員也不幸地落入了同樣的陷阱。一旦把靈性拉入物質層次，兩者攪和不清，我們是學不出什麼名堂的，因為兩個截然相反的理念豈有整合的可能？要知道，人間所有的痛苦，莫不源自於我們否定了自己的靈性本質。唯有看透這一事實，方能將我們領回抉擇之心——自己的心靈，它才是我們飽受滄桑之苦**果**的**源頭**。

(I.5:6~10) **如果兩位老師同時教導這一課程，他們只會彼此干擾。到頭來反而會讓學生進退失據，這種動盪稱不上是改變。**

它所造成的衝擊吉凶難卜。在他們還不能放下原有方向之前（即使那根本稱不上是一種方向），他們是不可能選擇新方向的。這自相矛盾的課程只是告訴他們，他們能選擇任何方向，然而卻沒有教他們如何選擇才是最合理的。

說實話，我們真的是動盪不安的物種，因小我本身乃是震盪出來的產物，它相信自己毀滅了上主，上主必會反過來毀滅它。為了逃避這個悲慘的宿命，我們試圖把上主請進自己的思想體系，心靈自然會在真相與幻相之間來回擺盪。小我卻萬萬沒想到，這種異想天開的解決方案，只會讓它更加坐立難安，因為請進心內的那位義怒之神，勢必會要求我們受苦犧牲來贖自己的罪。我們從此便插翅難飛了。接下來，耶穌讓我們看出這套想法的荒誕不經：

(I.6) **你必須全面認清這類課程的荒誕無稽，才有機會改變自己的方向。你不能同時向兩位見地南轅北轍的老師學習。他們合教的課程會令人無從學起。他們採取完全不同的教學方法，傳授完全不同的課程；教其他事情也許還說得過去，但他們所教的是關於你的真相。縱然他們改變不了你的真相，可是，你若聽信他們，你對自己真相的看法便從此分裂了。**

這門「令人無從學起」的功課，正是小我最終的目的，因為它一心巴望我們永遠學不會。小我還有更厲害的一招就是「**打不過它，就與它結盟**」。小我知道自己無法全面否定耶穌的臨在，便乾脆迎請耶穌進入它的陣容，刻意把形式與內涵，身體與心靈，或因與果兩種層次相互混淆不清，令耶穌為它說話而不是代我們發言。如此一來，便給了我們一個幻覺，感到耶穌真的能在夢境中為我們解決身體的疑難雜症。小我就這樣拐走了耶穌和他的課程，讓他們替自己完成「失心大計」，甚至不惜把夢境中的耶穌送上救主的寶座；而真正的基督（自性）只好隱退下去，耐心等候著我們的神智恢復清明。

接著，我們再度回到「自由與禁錮」這個主題：

(II.4:4~5:5) **聖靈必會引導你堅定地走在自由的路上，教你如何漠視或越過那些阻擋你前進的障礙。**

我們已經說過，聖靈會教你分辨痛苦與喜悅的不同。這與教你分辨禁錮與自由其實是同一回事。若非聖靈，你根本無法分辨兩者的不同，因為你一直在教自己：禁錮等於自由。你既已相信它們是同一回事了，還能認出兩者的不同嗎？你又怎能期待過去教你相信它們原是同一回事的那一部分心靈，回頭教你分辨兩者的差異？

我們一直縱容小我代我們判斷，以至於常會曲解本章「課程的方向」和「禁錮與自由之別」這兩節的真義，因為它說得如此斬釘截鐵而毫不妥協：「不是全有，便是全無！」小我最怕的，也莫過於這一原則了。我們只要選擇了聖靈，便不可能和小我為伍。唯有拜聖靈為師，聽從祂的引導，而且奉耶穌為我們的學習典範，才算重申了覺醒的大願，表示自己甘願從分裂及特殊性的小我夢中覺醒。也唯有如此，才抵制得了以前為了逃脫上主的「暴政統治」，而選擇的那個特殊的、獨立自主的個別之我！但小我絕不會坐以待斃的，它必會使出偷天換日的手法來冒充聖靈，從而把祂騙進特殊性的二元夢境，囚禁於失心的物質世界內。結果，我們還可能真正學到東西嗎？更糟的是，我們很可能誤以為自己修得挺好的，毫不自覺自己正在助長那套充滿罪咎以及個人特質的小我思想體系。至此，我們終於體會出為何《奇蹟課程》一開始就三番兩次告誡我們：「若真心想要自由，必須向聖靈求助或牽起耶穌的手。」接下來，讓我們再談談這位長兄。

耶　穌

本章一開始便推出耶穌的「一體頌」，吟唱不絕地歌頌我們在天堂的圓滿生命，以及看似分裂而實則一體的聖子奧體。我們在此重播這首頌歌，但把焦點移至我們和耶穌亦師亦友的一體關係上。

(IV.2:1) **「我之本體」有如光明進入這「自絕於一切萬有之外」的世界。**

這個意象借用了福音的經句（〈約翰福音〉12:46），卻為**世界**和**光明**賦予了全新的意涵。

(IV.2:2~3) **世界會淪落到這個地步，只因它與一切萬有斷絕了關係。因此，它最多只能給你一個孤獨的幻相，而害怕孤獨的幻覺愈強，孤立感就愈深。**

這幾句話涵攝了多重的深意，不易解讀，卻把小我世界描述得入木三分。簡單說，物質世界只是分裂之念（也就是當初自絕於生命源頭以及自性的那一念）投下的一道陰影罷了。小我打造世界的初衷，原是想要解除天人分裂引發的焦慮以及恐懼的錐心之痛，也因此，這個世界不過是反映出人心孤立幻覺的一幅外在圖像而已。既然這份孤獨的感受始於自絕於上主，必會衍生出與整個世界隔絕的孤立感。從此，世界好似成了導致人心種種恐懼的罪魁禍首了。

(IV.2:4~6) **我說了，我時時與你們同在，直到世界終結。為此之故，我成了世界之光。在這孤獨的世界裡，既有我與你同在，孤獨就不復存在。**

問題在於：孤獨乃是分裂思想體系的一部分，而我們正是這套體系的化身，故分裂與孤獨一旦消失了，我們也會隨之消融的。由此可知，與真實的耶穌合一，對小我而言，是個萬分可怕的經驗。難怪我們寧可選擇與自己打造出來的耶穌「**形象**」結合，因為只有那個耶穌會認可我們特殊又個別的存在。故這一段話常常被奇蹟學員誤解。順便一提，上述這段引言就是借用兩處的福音經句而來的：〈馬太福音〉28:20，以及〈約翰福音〉8:12。

(IV.2:7) **你既不曾落單，那孤立的幻相便難以為繼。**

只要與耶穌同在，我們是不可能感到孤單的。然而，耶穌隨後又多次提醒我們，若要與他同行，必須先放下小我，因小我無法與他並存。不幸的是，小我是最得我們歡心的夥伴，因此我們經常不自覺地獻給耶穌一個自己的小我，再度掉入了小我的陷阱：「**打不過它，就與它結盟。**」

(IV.2:8~9) **我雖有克服世界的使命，但我從不發動攻擊，我的光明所到之處，世界必然知難而退，這是基於世界的存在本質之故。**

世界等於黑暗，黑暗又等於無明；故光明一旦照射進來，黑暗自然消失。請留意，這兒講的「世界」，與我們眼前的世界毫無關係，因為它既然不存在，故也沒有拯救的必要。耶穌要拯救的是誤以為世界存在的那個心靈，只因那個心靈誤信了小我之故。寬恕則代表心靈轉變了自己的想法，猶如一線光明，溫柔地驅散了罪咎的黑暗。「**溫柔**」，實在至關重要，因為只要一有攻擊之意，表示我們已經把幻相當作真相，才會用力去壓制或克服它。然而，若真想克服幻相，只需向耶穌借「光」，射穿那掩蔽真相的妄念之雲，便會恍然大悟小我原是子虛烏有，它打造的世界自然也成了海市蜃樓。

(IV.2:10~13) **光明從不攻擊黑暗，但它的光輝確實能驅逐黑暗。我的光明若隨時隨地與你同行，你就能與我一同驅逐所有**

的黑暗。這光明成了我們的光明，你再也不會活在黑暗之中了，黑暗再也無法逗留在你身邊。你只要憶起我來，等於憶起了自己的真相，最後終將憶起派遣我來到世界的那一位。

耶穌要我們把這個觀念隨時隨地謹記心頭，把它當成「遺忘的歌曲」（T-21.I）的一段旋律。每當我們忍不住著眼於人我的「分別相」時，只要一聽到耶穌的這首歌，便不難看清自己的孤獨感（不論是特殊的愛或特殊的恨所引起的），骨子裡其實是想要和上主之愛一刀兩斷。縱然此刻我們未必準備放棄自己的特殊性，但只要意識到自己對上主聖愛的恐懼，並且看出自己正在以某種方式推開祂的愛也就行了。這個覺察本身，足以表示自己決心把幻相帶入真理，把黑暗導向耶穌的療癒光明之中。

(IV.3:1~3) **在聖子奧體任何一部分完成上主旨意之前，你始終活在黑暗之中。直到那一部分完成這一旨意，整個奧體才算圓滿成就。除此之外，還有什麼其他圓滿成就的途徑？**

如果說上主的旨意早已圓滿完成，那麼，它此刻必然存在於每個人心內，它不只為每個人存在，也與每個人同在；因為上主奧體是一個生命，否則它便稱不上圓滿，與基督自性更是毫不相干。唯有小我才會存心誤導我們，要我們相信分裂的心靈需要個別拯救。事實上，耶穌完成他的救恩使命那一刻，我們就始終跟他在一起了（M-23.6:8~10），因為不論在真理或幻境內，上主之子只有一顆心靈。

(IV.3:4) **我的使命不過是覺醒於天父的旨意，才能將聖子奧體與天父的旨意結合為一。**

我們既是同一生命，那麼，就在耶穌從死亡之夢復活而開始拯救世界之際（C-6.5:5），我們必然已經和他在一起了（請留意，由死亡之夢覺醒和基督教所謂的肉身復活是兩回事）。我們一直和耶穌在一起，純然是因為我們共有同一心靈。耶穌代表了正念心境的救贖，在夢中宣揚「聖子不曾與上主旨意分裂過」的福音。誠如耶穌所說：「我就是救贖。」（T-1.III.4:1）但我們若不把自己無聊的抵制伎倆攤在他的救贖光明下，耶穌的救恩對我們便起不了任何作用。換一種說法，每當我們不自覺地顯示自己與眾不同，甚至大肆渲染自己的特殊價值時，不消說，我們已經圓了小我的永續之夢。

(IV.3:5) **我來到世界所要給你的正是這一覺知，而你卻感到難以消受，使得世界也無福消受。**

世界之所以無福消受，只因我們決心不接受耶穌賜予的救贖原則。小我為了隱藏真正的問題，故意製造出無數的事端和層出不窮的憂慮。倘若我們把心力投注於此，等於擺明了要拒絕「天人根本沒有分裂」這一真相。

(IV.3:6~7) **一旦突破這一障礙，救恩便來臨了，為此之故，我確實堪稱為世界的救恩。也為此之故，世界必會藐視我、排斥我，因為世界堅信愛是不可能存在的。**

這便是小我最深的恐懼。這份恐懼使得耶穌在我們心中成為一個可怕的象徵，因為他的愛若真的臨在我們心內，表示小我和世界宣揚的那一套必是錯的，連同那被小我扭曲的特殊之愛也一併成了虛妄的假相。為此，和特殊性認同愈深的人，必會對《奇蹟課程》的耶穌敬而遠之，拒絕接受「上主之愛不僅可能存在且從未離開過我們」這個救恩訊息。

(IV.3:8~11) **只要你接受了我與你同在的事實，這無異否認了世界而接受了上主。我的意旨就是祂的旨意，你決定聽從我的話，等於決定聽從祂的天音並活出祂的旨意。上主派遣我到你這兒來，我也同樣將你派遣到別人那兒去。讓我們一起迎向他們，才能教他們平安與合一之道。**

請不要對「派遣」一詞望文生義。以海倫為例，我們很可能擁有海倫一樣的經歷，覺得有些人似乎是耶穌專程派來的。其實，那是因為海倫知道自己的小我絕不會派她去幫助任何人，才會認定自己所幫助的人必定是耶穌送來的。由此可知，海倫之所以會感到那些人好似由天而降，其實是基於她拒絕聆聽正念的指引之緣故。若從真理的層次去了解，海倫或我們感到上天為我們派遣了某些人的那種經驗，不過反映出我們在那一刻接受了耶穌始終臨在我們心內的愛與託付，以及超越世俗的和平觀念，而將耶穌的真實平安帶回聖子的心靈。請記住，我們並非耶穌手中的一顆棋子，任棋手擺佈。耶穌也沒有一套拯救世界的計畫，只因世界根本不存在。耶穌本人**就是**救恩計畫。他那超乎時空的愛原本沒有任何形式，是**我們**賦予這愛一個內涵。不幸的是，我們竟然忘卻自己的關鍵角色，開始幻想上天為我們設定一個特別的計畫，賦予自己或他人一個特別的角色。毋庸置疑，小我就是藉著這種特殊性在人間打造它的王國的，故在經驗層次都會顯得特別具體。為此，耶穌才會針對這一層次說出上述這一番話，而不是針對埋在無意識下的抉擇之心，雖然它才是一切計畫的始作俑者。

(IV.6:3~5) **你若有心效法我，我必會助你一臂之力，因為我知道我們原是一樣的。如果你存心與我不同，我只好等待，直到你改變心態為止。我能夠教導你，但聽從與否完全操之於你。**

耶穌深知「我們原是一樣的」，問題是，我們意識不到這個同一性。我曾提醒過，每當我們感到耶穌在施壓或對我們提出任何要求時，一定是小我在作祟。耶穌除了愛以外，他什麼也沒做，只是耐心地等候我們回心轉意，重返他內而已。不論我們選擇小我的特殊幻相，或選擇無所不容的寬恕真相，耶穌始終尊重我們的選擇。縱然我們很想把他變成心目中的偶像，也永遠無法將他變成他所不是的人。請記得，耶穌只有一個旨意，就是**我們**遲早會變得像**他**那樣，成為救贖之念以及完美聖愛的化身。

(IV.6:6~9) **除此之外，我還能如何？因為天國即是自由。你無法從專制作風學到自由真諦的，只要有一個心靈強勢地操控另一個心靈，你便難以認出聖子之間完美的平等性。上主兒女的**

意願具有同等的重要性，因它們全代表了天父的旨意。這正是我來到世上所要傳授的唯一課程。

試問，有誰相信戰爭能夠帶來和平？有誰相信專制統治會讓天下太平？這種信念簡直瘋狂至極。當然，瘋狂的絕不只各國元首，我們所有人都在幹同樣的事，企圖掌控他人的意願，相信自己比別人更清楚狀況。在有形的世界裡，容或某一些人比另一些人更聰明能幹一點，但只要我們企圖用自己的意志來壓制他人的想法，表示我們什麼也不懂！真愛絕不會干涉或打壓任何人，因為它須臾不忘心靈具有選擇自由或專制的能力。這才是救恩的真諦。為此，愛的本身足以重振我們的選擇力量，而耶穌正是愛的溫柔典範。現在，讓我們繼續聆聽他對自由的歌頌：

(IV.7) **你我的意願若有所不同，便不可能是天父的旨意。這表示你已囚禁了自己的意志，撤銷了它的自由。憑你自己，你什麼也做不成，因為憑你自己，你什麼也不是。沒有天父，我什麼也不是；沒有我，你什麼也不是，因為否認天父等於否認了你自己。我時時刻刻惦記著你，你對自己的記憶存於我對你的記憶中。我們對上主的記憶則存於我們對彼此的記憶中。而你的自由又存於這一記憶中，因為你的自由必存於祂內。和我同聲讚美上主吧！也讚美祂所創造的你。這是我們獻給祂的感恩，而祂會與整個造化一起分享這一禮物的；凡是祂能接受的禮物，都會平等普施所有的人。因為祂能接受之物，必定屬於**

自由之禮，這也是祂對所有兒女的旨意。你只有在給人自由之際才能重獲自由。

請看，耶穌不時又回頭糾正基督教兩千年來的錯誤了。他聲稱：「我並不是**唯一**的上主之子；上主確實只有一位聖子，但這唯一性包括了分裂聖子的每一部分。」耶穌在此苦口婆心地向我們解說，他的旨意和我們的意志其實是不可分的一個整體，包含了聖子奧體的每一份子在內，絕無例外。只要排除了一位（無論排除的是自己或他人），我們便全都一起陷入了分裂及罪咎的小我牢獄。不論所有聖子外表看來多麼不同，我們若想重獲自由，必須接受所有聖子全都擁有同一顆分裂心靈這一事實。這個領悟成了我們從分裂夢境覺醒的先決條件，如此才可能憶起上主及整個造化的一體生命。是的，我們愈能彼此提醒這一真相，一體意識在我們心中便會愈發鞏固。

(IV.8:1~2) **自由，表示你已接納了上主兒女與上主的本來真相，因此自由是你能獻給上主兒女的唯一禮物。自由就是創造，因為它就是愛。**

自古以來，大多數人都視死亡為一種解脫，慶幸自己終於擺脫了身體的束縛。其實，唯有心靈的自由才稱得上真正的自由，和身體一點關係都沒有。它是一種選擇，一個代表救贖的自由之**念**而已；但也僅此一念，便足以解放我們，且以上主之聖名去愛，去創造。

(IV.8:3~10) **凡是你有意囚禁之人，你便不可能愛他。因此，當你有意囚禁任何一人（包括你自己在內），表示你不愛他，也不可能與他認同。當你囚禁自己時，你便再也認不出你、我以及天父的同一身分。你的真實身分無法自外於天父與聖子的身分。你也不可能只認同一位而不認同另一位。你若屬於其中一位，必也屬於另一位，因為祂們原是一個。三位一體的上主之所以如此神聖，乃是基於祂的一體性。如果你將自己放逐於一體之外，你就會把三位一體視為三個神明了。**

換言之，只要我們從個別利益出發，或為自己的痛苦、批判、憤怒尋找藉口，其實就是在分化聖子奧體，更別提天父了。可別忘了，耶穌的一體頌歌中反覆迴盪的主旋律就是「**一體性**」。此刻，我又忍不住再度提醒大家，我們若不懂用這個正見來解除過去學來的觀點，繼續認為自己被人囚禁而理當反擊回去，或者視他人的福祉與自己無關，那麼，耶穌的一體頌歌唱得再美妙也終究無濟於事。說到底，弟兄在我們眼中若只是另一個「外人」，我們不只不可能真正愛他，還會用特殊性去操控他。為此，耶穌才會一再聲明，他和我們完全一樣。但我們若不甘願放掉「耶穌和我大**不**相同」那個觀念，他的一體之愛對我們也就愛莫能助了，因為我們執意要將自己、將耶穌以及整個聖子奧體一起打入地牢。

(IV.8:11~13) **三位一體既是一切萬有，你的生命必然涵攝於祂內。除非你接受自己活在祂內的事實，並且完成你那一部分任**

務，否則三位一體的上主會和你一樣若有所失的。你若想要知道祂的真相，你就不能囚禁祂內任何一個生命。

聖子奧體乃是三位一體的第二位，而我們所有人都包含在這獨一無二的聖子奧體之內。這幾句話，我們實在需要鐫刻在心裡，如此，每當自己忍不住起了判斷及攻擊的念頭而企圖分化聖子奧體之際，便能當下憶起這個一體真相。縱然一時忘了，也無需苛責自己，只要別再為那些妄念尋找藉口就好了。我們只需要明白，攻擊他人和攻擊上主、耶穌，乃至於攻擊自己，都是同一回事，並且看清攻擊帶來的苦果，然後誠實反問自己：「這真的是我想要的日子嗎？」

接下來，我們即將進入「聖子奧體一體無間的願力」這一節了。在我們欣賞這首動人詩篇之際，請記得把耶穌的一體頌歌留在耳邊，因為我們與耶穌的關係乃是憶起上主之子一體生命的捷徑。

(V.2:8~12) **上主及祂的造化是一體不分的。你必須了解你我的意願也是一體不分的，才可能明白這一真相。你唯有接納我，才可能沐浴於上主聖愛的光輝下。我的真相既是你的，也是祂的真相。你的心靈只要與我的結合，即意味著你已經意識到上主的旨意確實只有一個。**

縱然我們未必準備好親自領受救贖，也難以相信自己既是基督又是上主不可分割的聖子這一靈性真相，但我們仍然有能力學習成為一體實相在人間的倒影的。回顧一下，我們討論過「與耶穌結合」的深意，那是一種選擇，也就是我們認同了耶穌「共同福祉」以及「無所不包」的思想體系；這個選擇，等於否定了小我「個別利益」以及「排外」的思想體系。唯有進入耶穌心內，才會看清我們全都一樣瘋狂，也同等需要由小我的分裂夢境覺醒。請記得，我們此生的目標，就是每天、每時、每刻、每秒把這個領悟帶入現實生活以及每一個人際關係。儘管我們同時會驚訝地發現自己忘得有多快，但切莫自責，只需看清這一點：自己每一次讀完或聽完一段發人深省之語後，只要它們不合乎自己當前的「特殊」需求，就會立刻將它們拋諸腦後。這表示我們心靈始終有一部分依舊崇拜著特殊性的偶像，並不真心嚮往我們的真實自性或上主愛子的身分。說真的，我們實在迫切需要反覆聆聽耶穌這首頌歌，直到它融入自己生命的主旋律為止。

(V.3:1~2) **上主的一體生命與我們的一體生命密不可分，因為我們的一體性包含在祂的一體性內。與我結合，你才可能重建上主賜你的大能，因為那是我們共有的能力。**

福音中的耶穌曾說過：「天上地下所有的權柄都賦給了我。」（〈馬太福音〉28:18）他在《奇蹟課程》中卻說：「天上地下所有的權能都賦予了**我們。」**意思是，當我們與耶穌結合，同時真正寬恕了過去視為陌路的弟兄時，我們便會體驗到天賦予我的能力，而且為之歡欣不已。

(V.3:3~6) **我不過是幫你認出「祂的能力盡在你內」這一終極的真相。當我們結合時，就等於與祂結合。榮耀歸於上主及其神聖兒女的一體生命。一切榮耀歸於祂們，因為祂們終於合而為一了。**

聖子奧體的榮耀乃是建立在它的一體本質上，而不是因著耶穌這類特殊份子的緣故。當我們把弟兄視為異類而難以寬恕時，便已病入膏肓了，因為這等於否認自己是上主的神聖兒女，好似向世界宣告：「我是小我之子而非上主之子！請看我的特殊性，這才是我的榮耀。」我們若想用真理來破除這個謊言，唯有把自己為了選擇特殊關係而不惜捨棄與上主一體的榮耀所付出的代價看得一清二楚，如此，自然就會重新選擇了。

(V.3:7) **我們所行的奇蹟，不只為上主之子見證了天父的旨意，同時也為我們見證了與上主旨意結合的喜悅。**

這段話再次告訴我們，奇蹟與外形或作為毫無關係，它不過反映出我們改變了自己心態或看法而已，顯示我們已經從追逐個人夢想的小我陰暗世界，轉向體現上主一體旨意的正念之境。到了第十六章，奇蹟交響曲說得更透徹：奇蹟究竟如何通過我們而推恩出去，不是我們該操心的事（T-16.II.1）。我們只需安心享受寬恕所帶來的歡樂美果就成了，因為它必會洗清人心深藏不露的罪惡感。

(V.4:1~3) **你只要與我結合，小我便無法從中作祟，因為我已徹**

底棄絕了小我，不可能與你的小我同流合污。因此，我們的結合便成了你棄絕小我的捷徑。我們共有的真相也非小我所能動搖。

只要讀了上述這番話，便不難了解我們對耶穌的心結。因為我們既要耶穌**也要**小我，還要特殊性的種種甜頭；說實話，我們並不真想捨棄小我而和耶穌一起進入真理的正念之境。為此，《奇蹟課程》可說是一部駭人至極的課程，也因此，耶穌常提醒我們，不僅要把他的愛和喜悅聯想在一起，還要把小我的特殊性和痛苦聯想在一起才行。

(V.4:4~6) **我們遲早會超越小我的，上主親自為我們作保；為了你我，也為了所有的人，我願分享這一信心。我要把上主的平安帶回給祂的兒女，因為我是為了所有的人而領受這一平安的。只要我們有志一同，必然所向無敵，因為沒有人抵擋得住上主的旨意。**

〈正文〉開始沒多久，兩次提到「最後的結果必如上主一般屹立不搖」（T-2.III.3:10; T-4.II.5:8），只因上主的旨意**始終**一貫不變，**始終**都與聖子奧體結合於祂的平安中，我們怎麼可能戰勝不了那子虛烏有的分裂幻境？正因為耶穌太愛我們了，才會鍥而不捨地追問下去，生怕我們忘了這個天大的喜訊。

(V.5:1~3) **你可知道上主對你的旨意何在？向我請教吧，我已代你明白了，你終會找到它的。我不會拒絕你任何事物的，因為**

上主從未拒絕過我。

寥寥幾句話，說得如此簡單而堅定，但我們心內的恐懼卻使它變成了天大的難事。只因向耶穌求助，等於要我們放棄特殊性的需求，難怪我們總是對他的呼喚充耳不聞，拒絕牽起他的手而一起踏上由「失心」到「覺醒」、由小我回歸上主的這趟心靈旅程。儘管耶穌對我們有求必應，他的愛更許諾了正念的喜樂平安，但我們內心對自性又愛又怕，才使得我們和耶穌的關係變得如此曖昧而又充滿矛盾。

(V.5:4~6) **我們的旅程就是回歸上主，祂是我們真正的家。途中，若有恐懼侵入我們的平安，表示小我企圖加入我們的旅程卻無法得逞。小我會深感挫折而惱羞成怒，設法為自己遭受拒絕而伺機報復。**

關於小我的兇狠和它的報復本性，下一章還會深入探討。其實小我對我們做不出任何事，這一段所描述的「挫折、惱羞成怒、伺機報復」，只不過讓我們感受一下分裂之我唯恐我們放棄小我思想體系的恐怖程度。切莫忘記，整個物質宇宙的出現（包括你我的生命在內）都是建立在「上主的愛是可畏的」這一前提。說得更露骨一點，「上主可畏」正是我們所作的「**選擇**」，而這種恐懼心態已經緊緊嵌入了我們的DNA（基因）——Do Not Accept Atonement（不要接受救贖）。由此可知，我們之所以不自覺地抵制這部課程，不想拜耶穌為師，背後的原因就是捨不下自己的特殊性。切莫對恐懼基因掉以輕心，因它解釋了為何我們總想把耶穌扯進**自己的**思想體系，卻不甘投入他的體系而失落了小我。我們也明白了，為何許多心懷善意的基督徒一生都在批判或攻擊別人，還真的相信自己是「和平之君」（耶穌）的忠貞門徒。

(V.5:7) **但它的報復威脅不了你，因為我與你同在。**

問題是，耶穌本人成了我們的心頭大患。我們很想對他說：「我不想要與你同在，我只想要**我**心目中那個耶穌。」只因真實的耶穌一進入內心便會化解掉特殊之我，誰會想跟這種耶穌在一起呢？為了讓自己理直氣壯地「不」寬恕，我們已把自己搞得脆弱不堪而且痛苦萬分，只因這樣才能怪罪別人。還有比這更瘋狂的想法嗎？難怪耶穌如此苦口婆心地勸我們選擇他的思想體系，接受百害不侵的生命本質。畢竟，唯有如此，我們才可能享有真正的平安以及永恆的喜悅。

(V.5:8~9) **在這旅途中，你已決心捨棄小我而選擇我作為你的同行伙伴。千萬別腳踏兩條船，否則你會在兩條不同道路之間迷失了方向。**

我們在本章一開始便已指出耶穌和小我之間的「勢不兩立」。我們不妨把《奇蹟課程》說成「單手課程」──我們的手**不是**牽著耶穌，**就是**牽著小我，我們不能再玩「兩手遊戲」了；因為選擇耶穌便會失去小我，反之亦然，但我們還會忍不住幻想自己可能同時牽住兩者的手。請記住，分裂心靈之境始終受制於「**非此即彼**」的原則，這一原則也拒絕了小我總想把「有形攻擊」和「內心的平安」攪和在一起的把戲。

(V.6:1~2) **小我之路絕非我的道路，亦非你的道路。聖靈為所有的心靈指出了同一方向；祂為我指出的道路也是你該走的路。**

我們看到耶穌反覆重申了多少次「**非此即彼**」的原則，叮囑我們不要把他扯進特殊性的世界裡，而應把自己的特殊性帶到他那兒。換句話說，他要我們透過他的愛，誠實地反觀自己多麼崇拜特殊的「我」，而且堅信那才是真正的自己。說穿了，我的問題，我的特質，甚至我的美德等等，凡是和我有關的一切，都是分裂思想體系不可或缺的因素，故也成了自己攻擊上主的工具。請記住，我們真正害怕的並非小我的警告「上主會反擊或報復」，而是心內的抉擇者不再替小我的攻擊計畫買單了。

(V.6:3~6) **不要困於幻相而迷失了方向，只要你對其他方向還存有一絲幻想，便會遮蔽聖靈為每個心靈指出的方向。切莫為虎作倀而賦予小我干擾你這旅程的能力！它無此能耐，因為這是通往真相的旅程。放下所有的幻相吧！跨越小我企圖牽制你的種種伎倆。**

這是小我最不想聽到的話了！因為它戳破了小我的謊言，否定了小我吹噓的偉大能力和智慧。小我最怕我們知道它一無所能，而不過是貯藏心靈罪咎垃圾的一座倉庫罷了。為此，小我非常擔心我們把心力投入救贖原則，故瘋狂地吹噓它的大能，耶穌才會提出這個修正：「切莫為虎作倀而賦予小我干擾你這旅程的能力！它無此能耐……。」耶穌是要我們警覺小我存心隱藏真相的那點小小能耐。我已說過，小我並不是一個在人心作祟的魔鬼或陰魂，它只是人心內萬分害怕失去特殊性的那一部分自我而已。故耶穌特別點出我們不想和他一起回家的隱憂，實在是因為我們害怕自己一旦放下小我就等於放棄了憤怒和衝突的權利，這已經直接打擊到「**非此即彼**方是我的救恩」那個信念了。

(V.6:7~10) **我在前面領路，因為我已超越了小我。因此，拉住我的手吧！只因你也同樣想要超越小我。我的力量絕不會短缺的，只要你有心給出這一力量，你也必能如願以償。我甘心樂意給你這一力量，因為我需要你不亞於你對我的需要。**

這一段話結束了耶穌的「愛之頌」。他請我們牽起他的手一起回家。「他需要我們」和「我們需要他」的程度顯然無法同日而語，但我們若不主動放下小我的手而伸向他，不論他有多大的能耐，對我們也愛莫能助。唯有和他以及所有弟兄同行並進，我們才能快快樂樂地踏上歸路，回到那不曾離開我們的聖愛懷抱。

結　語

最後，讓我們一起讀一下本章結尾的幾段話，它表面上好似在談另一主題，卻為我們的討論作了完美的總結，正如交響樂的終曲。

(IX.7:3~7) **上主之子只有一個聖名，它勸你去作愛的事工，因為我們共享上主的一體生命。我們的心靈完整無缺，因為它們屬於同一生命。你若生病，表示你在逃避我。然而，你不可能只迴避我一人的。你迴避我之際同時迴避了你自己。**

在實相的層次，我們和耶穌既然都代表同一自性，那麼，我若只知著眼於彼此的外在差異（也就是特殊性），等於將耶穌一把推開了；其實，我們推開的不只是他，同時也推走了自性。耶穌在此特別點出，我們生病乃是逃避他的苦果；他再次溫柔地提醒，若想知道自己的真相，唯有和他結合才會知道我們原是同一個上主之子。

(IX.8:1) **你一定逐漸意識到這課程的實用性，如此鐵口直斷，毫不含糊。**

如果我們真心想要返回上主愛的家園，真心想要感受到耶穌的平安，唯有一途，就是與弟兄分享耶穌的愛和平安，不再視他們為毫不相干的「外人」。我們需要藉著人生每一個因緣，練習選擇聖靈的共同福祉，學習捨棄小我的個別利益，如此具體操練，我們的生活方能反映出天堂的一體境界。

(IX.8:2~4) **我不可能要求你去做你辦不到的事；凡是我能做到的，你不可能做不到。基於此，沒有任何事情阻擋得了我要求你做的事，而且宇宙萬物都在為你聲援，我這話可是千真萬確。我不會加給你任何限制的，因為上主從未限制過你。**

千真萬確，我們是**能夠**親自領受救贖的！我們**也能夠**放下人我的恩怨和間隙。耶穌要我們看清自己對寬恕的恐懼，並點出了恐懼的根本原因，他還教導我們如何改變心念。正因我們的心和他的心同樣無所不能，而且沒有人能夠為愛設限，故也沒有人阻擋得了我們作此選擇。

(IX.8:5~7) **當你畫地自限時，我們就不再同心一意了，那就是疾病之始。疾病不是身體的問題，而是心靈的問題。所有的疾病都是心靈分裂的徵兆，表示它已拒絕了那個一貫目標。**

生理與心理的種種症狀，都是分裂心靈投射出來的破碎陰影，企圖藉此維繫天人分裂的現狀，而決心繼續將耶穌及聖靈推到千里之外。疾病既然起於心靈，療癒自然也只會發生於心內。確切而言，疾病等於分裂之念，療癒等於寬恕之念。至此，我們不難看到，耶穌這位音樂大師在第八樂章的終曲，如何把本章幾個重要觀念串聯起來，而且還不斷推陳出新。

(IX.9:1) **聖靈唯一的療癒之方即是幫你重新把目標統一起來。**

這句話再次重申了「療癒和身體無關」。我們不是靠什麼咒語、覆手加持或任何儀式化的形式而療癒的；純粹是靠自己將此生目標和聖靈的目標統合為一，心靈便療癒了。然而，要如何與聖靈合而為一？答案無他，就是停止攻擊而選擇奇蹟：「願奇蹟取代所有的怨尤。」（W-78）這無異於反轉了天人的解離狀態，切斷了小我的命根子，認同了聖靈的唯一目標，此時，療癒便出現了。

(IX.9:2~3) **因為唯有那一層次的療癒才有意義。在混亂無序的思想體系中，唯有重新賦予它某種意義才可能產生療效。**

選擇聖靈取代小我，等於捨棄「無意義」之物，給予「意義」一個重現的機會。因此，從無意義轉向有意義，其實就是從身體及世界的層次轉向抉擇的心靈，也等於由失心狀態轉向覺醒之境。

(IX.9:4~6) **你的職責只是備妥「意義」所需的先決條件，因為意義是屬於上主之境。然而，唯有等到你重新活出意義，上主的意義才會圓滿，因為你的意義是祂意義的一部分。因此，你的療癒成了祂健康的因素，因為你的療癒屬於祂圓滿生命的一部分。**

前文已經討論過，意義的先決條件就是寬恕以及在萬事萬物上頭都看到共同的目標。這種慧見必會帶給我們平安，而只有在平安中我們才可能覺醒於真知之境。容我再說一遍，健康與否和身體扯不上任何關係，何況聖靈和上主根本沒有身體，祂們的健康純粹建立在心靈的完美及圓滿本質上。我們都是那圓滿生命的一部分，一旦感受到任何不適，只表示我們已選擇了分裂之我，而且為上主之子定了罪，才會感受不到自己圓滿而健康的生命本質。

(IX.9:7~8) **祂不可能失去圓滿性，但你卻可能對這圓滿生命一無所知。上主的旨意依舊願你活得圓滿，而祂的旨意必然永存於萬物之中。**

這幾句話說的就是救贖原則，至於我們接受與否，就操之在己了。幸運的是，就算我們不接受救贖，也不會失落上主的一體生命，因為：「每個人都有拒絕自己遺產的自由，卻沒有建立遺產的自由。」（T-3.VI.10:2）由於我們不曾離開過生命之源一步，故我們的聖子身分以及上主旨意賦予我們的遺產，始終分毫未損。如今，我們終於恢復了這個記憶——「天國來臨了」。

這一樂章為我們重溫了前面幾個樂章的美妙境界，同時把耶穌教誨的主軸「寬恕」正式推上舞台。在本章結束之前，我要再次叮嚀，不論《奇蹟課程》說得多麼動人心弦，我們若不把它們具體運用到現實生活，它就完全形同虛設了。換句話說，這部課程的宗旨是要我們隨時隨地把分裂幻相帶入心內的一體真相，把陰森的罪咎放到寬恕的療癒之光中。

附　錄

奇蹟課程思想體系圖

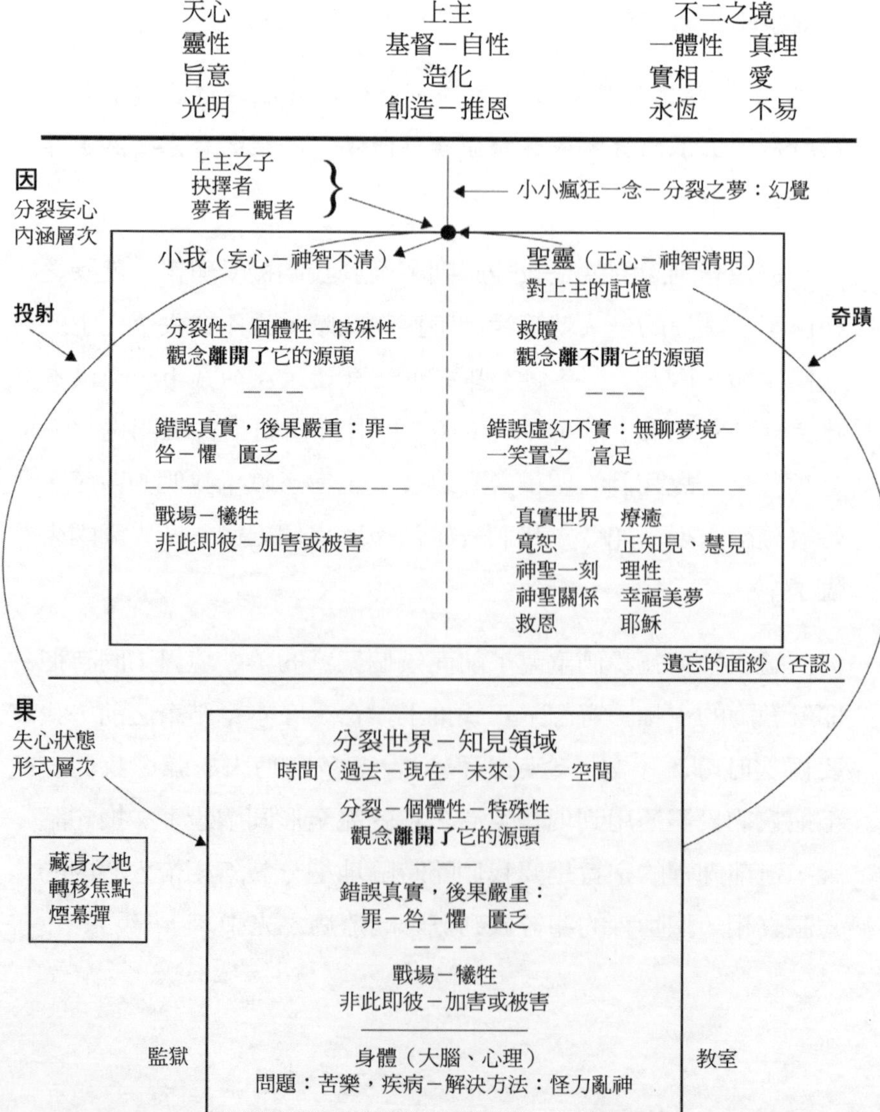

奇蹟資訊中心出版系列：

《奇蹟課程》（A Course in Miracles）——新譯本

《奇蹟課程》是二十一世紀的心靈學寶典，更是近年來各種心理工作坊或勵志學派的靈感泉源。中文版已在 1999 年由若水譯出，並由作者海倫・舒曼博士所委託的「心靈平安基金會」出版。

新譯本乃是根據「心靈平安基金會」2007年所出版的「全集」，也是原譯者若水在「教」「學」本課程十年之後再次出發的精心譯作。全書分為三冊：第一冊：〈正文〉；第二冊：〈學員練習手冊〉；第三冊：〈教師指南〉、〈詞彙解析〉以及〈補編〉的「心理治療」與「頌禱」二文。新譯本網羅了《奇蹟課程》所有的正式文獻，使奇蹟讀者從此再無滄海遺珠之憾。**（全書三冊長達 1385 頁）**

《奇蹟課程》〈學員練習手冊〉新譯本隨身卡

《奇蹟課程》第二冊〈學員練習手冊〉共三百六十五課，一日一課地，在力求具體的操練中，轉變讀者看事情的眼光，解開鬱積的心結。

若水由十餘年的奇蹟課程教學譯審經驗出發，全面重譯這部曠世經典。新譯版一本經典原文的精確度，語意更為清晰，文句更加流暢。精煉再三的新譯文，吟誦之，琅琅上口，饒富深意，猶如親聆J兄溫柔明晰的論述，每天化解一個心結，同享奇蹟。

為方便現代人在忙碌生活中操練每日一課，經三修三校的重譯版，首度以隨身卡形式發行，以頂級銅西卡精印，紙版尺寸 8.5 x 12.6 公分，另有壓克力卡片座供選購。**（全套卡片共 250 張）**

奇蹟課程導讀與教學系列

《奇蹟課程》雖是一部自修性的課程，只因它的理論架構博大精深，讀者常易斷章取義而錯失精髓，故奇蹟資訊中心陸續推出若水的導讀系列、米勒導讀，以及一階理論基礎及二階自我療癒DVD、其他演講錄音或錄影教材，幫助讀者逐漸深入這部自成一家之言的思想體系。

若水導讀系列

(一)《創造奇蹟的課程》**（全書 272 頁）**
(二)《生命的另類對話》**（全書 272 頁）**
(三)《從佛陀到耶穌》**（全書 224 頁）**

若水在這三冊中，解說《奇蹟課程》的來龍去脈與理論架構，透過問答的形式，說明崇高的寬恕理念如何落實於生活中；最後透過《奇蹟課程》的理念，闡釋佛陀和耶穌這兩位東西方信仰系統的象徵，在實相裡並無境界之別，而只有人心的「小我分裂」與「大我一體」的天壤之隔。

米勒導讀

《奇蹟半生緣》

一位慧心獨具卻不得志的記者，三十多歲便受盡「慢性疲勞症候群」的折磨，群醫束手無策，他在走投無路之下，不禁自問：「究竟是誰把我這一生搞得這麼慘?」

《奇蹟課程》讓他看到，自己竟是一切問題的始作俑者。他對這一答覆百般抗拒，直到有位心理治療師對他說：「恭喜你！你若讀得下這本書，大概就不需要心理治療了！」

《奇蹟半生緣》全書穿插作者派屈克・米勒浮沉人生苦海的經歷，但他並不因此獨尊自身的經驗和詮釋，而以記者客觀實証的精神，遍訪散居全美各地的奇蹟講師與學員，甚至傾聽圈外人的質疑。本書可說是一部美國奇蹟團體的成長紀實。**（全書 319 頁）**

奇蹟課程有聲教學教材

奇蹟資訊中心歷年發行《奇蹟課程》譯者若水的演講錄音或錄影光碟，將《奇蹟課程》的抽象理念與現實生活銜接起來，幫助讀者了解《奇蹟課程》的精髓所在，是奇蹟學員不可或缺的有聲輔讀教材，由於教材內容每年不盡相同，欲知詳情，請上網查詢。
www.acimtaiwan.info 奇蹟課程中文網站
www.qikc.org 奇蹟課程中文部簡体網

肯恩實修系列

《奇蹟原則50》

許多讀者久仰《奇蹟課程》之盛名，興沖沖地讀完短短的導言後，就怔忡在一條一條有如天書的「奇蹟原則」之前。讀了後句忘前句，「奇蹟」的概念好似漂浮在字裡行間，始終無法在腦海中落腳，以至於閱讀了一兩頁之後便後繼無力，難以終篇，竟至棄書而逃。

「奇蹟原則」前後五十條，其實是整部課程的濃縮，若無明師指點，讀者通常都不得其門而入。於今多虧奇蹟泰斗肯尼斯旁徵博引，以深入淺出而又幽默的答問形式，將寬恕與奇蹟的精神落實於生活中，為初學者乃至資深學員提供了一個實修的指標。**（全書209頁）**

《終結對愛的抗拒》

追尋心靈成長的人，學到某個階段往往面臨一個瓶頸：儘管修習多年，一遇到某種挑戰，就不自覺地掉回原地，因而自責不已。問題到底出在哪裡？

佛洛依德在他的臨床經驗中，驚異地發現，病人的潛意識中有「拒絕療癒」的本能，肯尼斯根據《奇蹟課程》的觀點，犀利地剖析人們「拒絕療癒或轉變」的原因，又仁慈地為讀者指出穿越小我迷霧的關鍵，由停滯不前的窘境中突圍。對於追尋心靈成長和平安的人而言，本書不但有提點指授的功效，更有當頭棒喝的力道。**（全書109頁）**

《親子關係》

坊間論及親子問題的書籍可謂汗牛充棟，泰半繞在親子關係複雜且微妙的糾結情懷，唯獨肯尼斯．霍布尼克不受表象所惑，借用《奇蹟課程》的透視鏡，澈照出親子之間愛恨交織的真正關鍵。

本書表面上好似在答覆「如何教養子女」、「如何對待成年子女」以及「如何照顧年邁雙親」等具體問題，它其實是為每一個人點出我們在由「身為兒女」，到「照顧兒女」，繼而「照顧雙親」的艱苦過程，以及我們轉變知見時必然經歷的脫胎換骨之痛。**（全書238頁）**

《性．金錢．暴食症》

在紛紜萬象的世界裡，性、金錢與食物可說是人生問題的「重頭戲」，最易牽動小我的防衛機制，故也最具爭議性。作者肯恩沿用《奇蹟課程》中「形式與內涵」的層次觀念，針對性、金錢等等所引發的光怪陸離現象（形式），揭露它們背後一貫的目的（內涵）——小我企圖藉無止盡的生理需求，抹滅心靈的存在，加深孤立、匱乏、分裂等受害感，最後連吃飯、賺錢與性交都可能變成一種攻擊的武器。

肯恩與學員的趣味問答，反映出我們日常是如何受制於這些生理需求的；然而，我們也能藉聖靈之助，將現實挑戰化為人生教室，將小我怨天尤人的陰謀，轉為寬恕與結合的工具。**（全書196頁）**

《仁慈——療癒的力量》

這是一部針對奇蹟教師及資深奇蹟學員的實修指南。全書分上下兩篇，上篇列舉奇蹟學員常有的現象，例如以奇蹟之名攻擊他人，或以善意為由掩蓋自己批判的心態；下篇探討如何用仁慈的眼光來看待自己與他人的缺陷，教我們將自身的限制或缺陷轉為此生的「特殊任務」，在人間活出寬恕的見證，成為聖靈推恩的管道。**（全書251頁）**

《逃避真愛》

本書是針對道理全懂卻難以突破的資深學員而寫的，它一針見血地指出，綑綁我們修行腳步的，不是世界的黑暗，也非人間的牽絆，而是自己打造出來的一道心牆。

只因我們深怕真愛會消融了自己的特殊性，故把心靈最深的渴望隱藏到心牆之後，與之「解離」，在人間展開一場虛虛實實又自相矛盾的追尋。一邊痛恨小我的束縛，一邊又忙著為小我說項；以至於內心有一部分奮力向前，另一部分則寧可原地觀望。藉著裝傻、扭曲、辯駁，把回歸真愛的單純選擇渲染成複雜又艱深的學問。

《逃避真愛》溫柔地解除了人心無需有的恐懼，讓我們明白心牆的「不必要」，陪伴我們無咎無懼地跨越過去。**（全書156頁）**

《假如二二得五》

從古至今，多少人心懷救苦救難的大志，傾注一生之力貫徹自身理想，卻往往受現實所囿而終不能及。我們這些凡夫俗子，亦不乏拼搏自救之心，然而在現實面前，還是屢屢敗陣，活得憋屈而無奈。問題究竟出在哪裡？

對此，本書剴切提出：整個世界其實一直按照 2＋2＝4 的「鐵律」來運作，萬物循著固定的軌跡盈虧盛衰，一切可謂「命中註定」，無怪乎歷史上的種種救世之舉皆以失敗告終。然而，《奇蹟課程》識破世界的詭計，小我既然使出 2＋2＝4 的苦肉計，它便祭出 2＋2＝5 的救贖原則，破解小我編織的羅網，溫柔地引領我們走出世界的幻境。本書即是教導我們，如何在貌似 2＋2＝4 的世界活出 2＋2＝5 的生命氣象，而且更進一步，迎向天地間唯一真實的等式 1＋1＝1。**（全書171頁）**

《駱駝・獅子・小孩》

本書書名出自德國哲學家尼采的代表作《查拉圖斯特拉如是說》裡的「三段蛻變」——駱駝、獅子、小孩。這則寓言提綱挈領地勾勒出靈性的發展過程，尼采的幾項重要論點，包括強力意志、超人、永劫輪迴，也在肯恩博士精闢的詮釋之下，與奇蹟學員熟悉的抉擇心靈、資深上主之師、小我運作模式等觀念相映成趣。

肯恩博士為奇蹟學員引薦這位十九世紀天才的作品，企盼在大家為了化解分裂與特殊性而陷入苦戰之際，可以由這本書得到鼓舞和啟發。我們終將明白，唯有「一小步又一小步」的前進，從駱駝變成獅子，再進一步蛻變為小孩，不跳過任何一個階段，才能抵達最後的目標。**（全書177頁）**

肯恩《奇蹟課程釋義》系列

《奇蹟課程序言行旅》

如果說《奇蹟課程》是一首曠世交響曲，《序言》便奠定了整首樂曲的氣質與基調，不僅鋪敘出奇蹟交響樂的關鍵理念，還將讀者提昇到奇蹟形上思想的高度和意境，堪稱《正文行旅》最佳的暖身之作。

肯恩有如一流的樂評家，領著讀者，在宏觀處，領受樂章磅礡的主旋律，在微觀處，諦聽暗藏其中的千百種變奏，致其廣大，盡其精微，深入課程之堂奧，回歸心靈之家園。**（全書121頁）**

《正文行旅》（陸續出版中）

《奇蹟課程》在人類靈性進化史上的貢獻可謂史無前例，而《正文行旅》乃是《奇蹟課程釋義》三部曲的完結篇。肯恩由文學，詩體，音樂三重角度，依循各章節的主題，提供了「重點式」以及「全面性」的導覽，幫助學員深入奇蹟三昧，沉浸於智慧與慈悲之海。

這部行旅可說是肯恩一生教學的智慧結晶，奇蹟學員浸潤日久，必會如他所願：奇蹟，發自心靈，必將流向心靈。**（第一冊335頁，第二冊314頁）**

《學員練習手冊行旅》（陸續出版中）

整套《奇蹟課程釋義》的問世，可說是無心插柳。1998年起，肯恩應學生之請，為〈學員練習手冊〉做了一系列的講解，基金會將研習錄音增編彙整為逐句詮釋的〈練習手冊行旅〉。此案既定，〈正文行旅〉以及〈教師指南行旅〉應運而生，為奇蹟學員提供了最完整且精闢的修行指針，訂名為《奇蹟課程釋義》，幫助學員將〈正文〉理念架構所引伸出來的教誨，運用到現實生活中。這三部《行旅》，可說是所有踏上奇蹟旅程的學員最貼心的夥伴。

《學員練習手冊行旅》的宗旨，乃是幫助奇蹟學員了解三百六十五課的深意，以及它們在整部課程中的作用。更重要的是，幫助學員將每日一課運用於現實生活中，否則《奇蹟課程》那些震古鑠今之言可謂枉費唇舌，徒然淪為一套了無生命的學說。**（第一冊346頁，第二冊292頁，第三冊234頁，第四冊337頁）**

《教師指南行旅》

（共二冊，含《詞彙解析行旅》）

〈教師指南〉是《奇蹟課程》三部書的最後一部，它以「如何才是上主之師」為主軸，提綱挈領地梳理出〈正文〉的核心觀念，全書以提問的形式鋪敘而成，為其他兩部書作了最實用的補充。

肯恩在逐句解說〈教師指南〉時，環繞著兩個主題：「個別利益」對照「共同福祉」，以及「向聖靈求助」。因為若不懂得向聖靈求助，我們根本學不會「共享福祉」這門功課。當然，全書也穿插不少副題，如「形式與內涵」、「放下判斷」等等，就像貝多芬的偉大樂章那樣，不時編入數小節旋律，讓主題曲與變奏曲銜接得更加天衣無縫。肯恩說：「我希望藉由本書讓學員看出，耶穌是如何高明地把他的基本訊息串連為一個整體，一如交響樂以主旋律與變奏曲那般交叉呈現、迴旋反覆地將我們領上心靈的旅程。」**（第一冊337頁，第二冊310頁）**

其他出版品

《寬恕十二招》

《寬恕十二招》的作者保羅．費里尼，有鑒於人們的想法與情緒反應模式，早已定型僵化，成了一種「癮」，不是一朝一夕可以化解得掉的。因此，他將《奇蹟課程》的寬恕理念，分解為十二步驟，一步一步地引導我們超越自卑、自責以及過去的創痛，透過自我寬恕而領受天地的大愛。這是所有準備好負起自我治癒之責的人必讀的靈修教材，也是曠世靈修經典《奇蹟課程》的輔讀書籍。**（全書 110 頁）**

《無條件的愛》

作者保羅．費里尼繼《寬恕十二招》之後，另以老莊的散文筆法，細細描述我們每一個人心中都擁有的「無條件的愛」。他由大我的心境出發，以第一人稱的對話方式，直接與讀者進行心與心的交流，喚醒我們心中沉睡已久的愛，開啟那已被遺忘的智慧。此書充滿了「醒人」的能量，是陪伴你走過人生挑戰的最好伙伴。**（全書 215 頁）**

《告別娑婆》

宇宙從哪兒來的？目的何在？我究竟是什麼？為什麼會在這裡？我要往哪裡去？我該怎麼活在這個世界裡？當你讀完本書，會有一種「千年暗室，一燈即亮」的領悟。

全書以睿智而風趣的對話談當今世局、原子彈爆炸，一直說到真愛、疾病、電視新聞、性問題與股價指數等等，讓我們對複雜詭異的人生百態，頓時生出「原來如此」的會心一笑。它說的雖全是真理，讀起來卻像讀小說一樣精彩有趣，難怪一問世便成了西方出版界的新寵。**（全書 527 頁）**

《一念之轉》

作者拜倫．凱蒂曾受十餘年的憂鬱症所苦，一天早上，她突然覺悟了痛苦是如何形成又如何結束的。由此經驗中，她發明了四句問話的「轉念作業」(The Work)，引導你由作繭自縛中徹底脫身，是一本足以扭轉你人生的好書。**（全書 448 頁，附贈轉念作業個案 VCD）**

《斷輪迴》　阿頓與白莎回來了！

繼《告別娑婆》走紅之後，葛瑞的生活形態發生重大的轉變，也面臨了更多的挑戰。葛瑞仍是口無遮攔地談八卦、論是非、臧否名流，阿頓和白莎兩位上師在笑談棒喝中，繼續指點葛瑞如何在現實挑戰下發揮真寬恕的化解（undo）功能，徹底瓦解我執，切斷輪迴之根。**（全書 304 頁）**

《人生畢業禮》

本書是保羅與 Raj 在 1991 年的對話記錄。對話日期雖有先後，內涵卻處處玄機，不論由哪一篇起讀，都會將你導入人類意識覺醒的洪流。

Raj 借用保羅的處境，提醒所有在人間孤軍奮鬥的人，唯有放下自己打造的防衛措施，才可能在自己的心靈內找到那位愛的導師。也唯有從這個核心出發，我們才會與所有弟兄相通，悟出我們其實是一個生命。**（全書 288 頁）**

《療癒之鄉》

《療癒之鄉》中文版由美國「獅子心基金會」委託台灣「奇蹟資訊中心」出版。

作者羅賓．葛薩姜把《奇蹟課程》深奧又慈悲的教誨化為一套具體的情緒啟蒙和心靈復健課程，協助犯罪和毒癮的獄友破除心理障礙，學習處理人與人之間的衝突，調整情緒，建立自信，切斷「憤怒→攻擊→憤怒」的惡性循環。《療癒之鄉》陪伴無數受刑人度過獄中歲月。

《療癒之鄉》也是為所有困在自己心牢裡的讀者而寫的。世間幾乎沒有一人不曾經歷童年的創傷、外境的壓迫，以及為了生存而形成種種不健康的自衛模式。獄友的心路歷程給予我們極大的啟發，鼓舞我們步上心靈療癒之路。**（全書 440 頁）**

《我要活下去》

這本書不只是一本鼓舞信心的療癒指南，還是一個女人把自己從鬼門關前拉回來的真實故事。

作者朱蒂．艾倫博士（Judy Edwards Allen, Ph.D.） 原本是成功的專業顧問、大學教授、大學教科書作者，四十歲那年獲知罹患乳癌的「噩耗」，反而成為她生命的轉捩點，以清晰、熱情的文筆，記錄了她奮力將原始的求生意念成功地轉化為「康復五部曲」的歷程。讀者會看到她如何軟硬兼施地與醫生打交道，如何背水一戰克服無助感，又如何透過寬恕，喚醒內心沉睡已久的愛與生命力。最後，她終於超越自己對生死的執著，在這一場疾病與療癒的拔河大賽中，獲得了靈性的凱旋。**（全書 280 頁）**

《時間大幻劇》

人們對於時間，存在著種種截然不同的看法，比如：時間是良藥，可以癒合一切創傷；善惡終有報，只等時候到；時間是無情的殺手，終將剝奪我們的一切……。人類早已視時間的存在為天經地義，戰戰兢兢地活在過去的懊悔、現在的焦慮和對未來的恐懼中。我們好似活在一座無形的牢籠裡，苟延殘喘，等待大限的到來。

《奇蹟課程》的泰斗肯恩博士曾說：「不了解時間，不可能讀懂《奇蹟課程》的。」他引經據典，將散落全書有關時間的解說，梳理出一個完整的思想座標，猶如點睛之龍，又如劃破文字叢林的一道靈光，讓我們一窺《奇蹟課程》的究竟堂奧（究竟義）。此書可說是肯恩留給奇蹟資深學員最珍貴的禮物。**（全書413頁）**

《奇蹟課程誕生》

《奇蹟課程》的來歷究竟有何玄虛？為什麼它選擇經由海倫・舒曼博士來到人間？它的記錄方式及成書過程，與它傳給人類的訊息有何內在關係？有幸親炙此書的我們，又該如何延續奇蹟精神的傳承？

不論你只是好奇《奇蹟課程》的精采傳奇，還是有心以「史」為鑒，窮究奇蹟的傳承精神，本書都提供了最可靠的第一手資料。作者因與茱麗、海倫與比爾等人交往密切，故受這些開山元老之託，冷靜而客觀地梳理《奇蹟課程》的記錄及成書經過，佐以三位奇蹟元老的親筆自白，融鑄成一部信實可徵的《奇蹟課程》誕生史，帶領讀者重新走過五十年前那段精采神奇的心靈歷程。**（全書195頁）**

《飛越死亡的夢境》

本書榮獲美國出版界著名的「活在當下書籍獎」（Living Now Book Awards），全書以嶄新的視角詮釋曠世靈修經典《奇蹟課程》的教誨，為讀者剴切指出「起死回生」的著力點。

作者特別選取在人間每個角落不時作祟的「死亡陰影」入手，揭露小我抵制永恆生命的伎倆。作者以親身的經歷為奇蹟作證，並且提供了極其實用的反省練習，解除我們潛意識中對死亡的恐懼，為百害不侵的生命本質開啟了一扇門，真愛與喜悅得以流過人間，讓奇蹟成為日常生活裡「最自然的事」。**（全書524頁）**

國家圖書館出版品預行編目資料

奇蹟課程釋義：正文行旅. 第二冊（第五章～第八章）／肯尼斯・霍布尼克博士（Kenneth Wapnick, Ph.D.）著；若水譯 -- 初版 -- 臺中市：奇蹟課程・奇蹟資訊中心，2021.6
面；　公分
譯自：Journey through the Text of a course in miracles
ISBN 978-986-98554-7-1（平裝）

1. 靈修

192.1　　110007790

奇蹟課程釋義

正文行旅　第二冊

作　者　肯尼斯・霍布尼克博士（Kenneth Wapnick, Ph.D.）
譯　者　若 水
編　輯　李泰運
責任編輯　李安生
校　對　李安生　黃真真　吳曼慈
封面設計　林春成
美術編輯　陳瑜安工作室
出　版　奇蹟課程有限公司・奇蹟資訊中心
桃園市光興里縣府路 76-1 號
聯絡電話　（04）2536-4991
劃撥訂購帳號　19362531　戶名　劉巧玲
網　址　www.acimtaiwan.info
電子信箱　acimtaiwan@gmail.com

印　刷　世和印製企業（02）2223-3866
經銷代理　聯合發行公司
電話（02）2917-8022 # 162
（03）212-8000 # 335

定　價　新台幣 340 元
出版日期　2021 年 6 月初版

ISBN　978-986-98554-7-1